大 学 体 育

梁鹭　编著

图书在版编目(CIP)数据

大学体育/梁鹭编著.—武汉:中国地质大学出版社,2018.8
ISBN 978-7-5625-4283-4

Ⅰ.①大…
Ⅱ.①梁…
Ⅲ.①体育-高等学校-教材
Ⅳ.①G807.4

中国版本图书馆 CIP 数据核字(2018)第 132759 号

大学体育			梁鹭 编著
责任编辑:彭钰会 段连秀	选题策划:周旋 易帆		责任校对:徐蕾蕾
出版发行:中国地质大学出版社(武汉市洪山区鲁磨路388号)			邮编:430074
电 话:(027)67883511	传真:(027)67883580		E-mail:cbb@cug.edu.cn
经 销:全国新华书店			http://cugp.cug.edu.cn
开本:787 毫米×1092 毫米 1/16		字数:270 千字	印张:10.5
版次:2018 年 8 月第 1 版		印次:2018 年 8 月第 1 次印刷	
印刷:武汉市华东印务有限公司			
ISBN 978-7-5625-4283-4			定价:46.00 元

如有印装质量问题请与印刷厂联系调换

前　言

本教材根据《中华人民共和国体育法》《学校体育工作条例》和教育部颁布的《体育与健康》教学大纲的有关规定编写的，充分体现了体育教学规律和大学体育的发展趋势。教材突出规范性、实用性、新颖性，具有观念新颖、内容丰富、通俗易懂的特点。

本着以育人为宗旨，以增强体育意识、学会锻炼方法、提高活动能力、培养锻炼习惯为主线，树立"健康第一"的思想，体现人本主义特征，将体育、娱乐、健康有机地融为一体，引导青年学生主动接受体育教育，在欢乐中享受体育乐趣，最终达到"重新学会生存""提高生活质量""身心健康发展"的目的。

1. 充分探索人类文化生态圈的内涵，注重对体育文化的挖掘与弘扬，力求使本书具有较深的文化底蕴，体现大学体育的特征。

2. 将体育运动与绿色生态有机地结合起来，使人与自然环境和谐统一。通过生态体育活动，促进人们自觉地保护人类赖以生存的自然环境。

3. 遵循"身心合一"的现代体育教育观和现代大学生的身心特点、兴趣爱好，坚持以人为本，力求突破传统教学模式，淡化运动技术。根据"为我所用"的原则，对运动技术进行了简化和重组，从而增大了教材的容量，安排现代体育、生态体育项目，充分体现现代体育的多功能特征，以满足学生不同的兴趣爱好和社会需要，为"终身体育"奠定基础。

4. 逐步探索并形成大、中、小学相衔接的科学"体育与健康"课程体系，全面推进素质教育。

本书共十六章。每章具体介绍了各项目的基本知识、技术战术、练习方法、裁判方法。本书可作为普通高等学校体育教学的教科书和参考书，也可供体育爱好者自学参考。

武汉传媒学院　梁鹭
2018 年 3 月

目 录

第一章 体育概述 ·· (1)
    第一节 体育的起源与分类 ··· (1)
    第二节 体育的本质与意义 ··· (4)

第二章 体育竞赛的组织与编排 ·· (10)
    第一节 运动竞赛的种类 ·· (10)
    第二节 运动竞赛赛事 ··· (15)

第三章 常见运动损伤的预防与处理 ·· (23)
    第一节 运动损伤概述 ··· (23)
    第二节 运动损伤的急救 ·· (25)
    第三节 常见运动损伤的处理 ·· (33)

第四章 田 径 ··· (36)
    第一节 田径运动概述 ··· (36)
    第二节 田径运动的基本技术 ·· (38)
    第三节 田径运动的技术原理 ·· (44)

第五章 足 球 ··· (51)
    第一节 足球运动概述 ··· (51)
    第二节 足球运动的基本技术 ·· (51)
    第三节 足球运动的基本战术 ·· (57)
    第四节 足球运动的主要规则 ·· (59)

第六章 篮 球 ··· (62)
    第一节 篮球运动概述 ··· (62)
    第二节 篮球运动的基本技术 ·· (62)
    第三节 篮球运动的基本战术 ·· (66)
    第四节 篮球运动的主要规则 ·· (68)

第七章 排 球 ··· (71)
    第一节 排球运动概述 ··· (71)
    第二节 排球运动的基本技术 ·· (73)
    第三节 排球运动的基本战术 ·· (79)
    第四节 排球运动的主要规则 ·· (84)

第八章 羽毛球 ……………………………………………………………… (87)
第一节 羽毛球运动概述 ……………………………………………… (87)
第二节 羽毛球运动的基本技术 ……………………………………… (89)
第三节 羽毛球运动的基本战术 ……………………………………… (98)
第四节 羽毛球运动的主要规则 ……………………………………… (99)

第九章 乒乓球 ……………………………………………………………… (103)
第一节 乒乓球运动概述 ……………………………………………… (103)
第二节 乒乓球运动的基本技术 ……………………………………… (103)
第三节 乒乓球运动的基本战术 ……………………………………… (109)
第四节 乒乓球运动的主要规则 ……………………………………… (110)

第十章 网球 ………………………………………………………………… (113)
第一节 网球运动概述 ………………………………………………… (113)
第二节 网球运动的基本技术 ………………………………………… (113)
第三节 网球运动的基本战术 ………………………………………… (116)
第四节 网球运动的主要规则 ………………………………………… (117)

第十一章 武 术 …………………………………………………………… (118)
第一节 武术概述 ……………………………………………………… (118)
第二节 武术基础 ……………………………………………………… (119)
第三节 太极拳 ………………………………………………………… (125)

第十二章 健美操 …………………………………………………………… (135)
第一节 健美操运动概述 ……………………………………………… (135)
第二节 健美操运动的基本动作 ……………………………………… (135)
第三节 健美操竞赛的主要规则 ……………………………………… (138)

第十三章 体育舞蹈 ………………………………………………………… (142)
第一节 体育舞蹈概述 ………………………………………………… (142)
第二节 体育舞蹈的基本技术 ………………………………………… (142)
第三节 体育舞蹈竞赛的主要规则 …………………………………… (145)

第十四章 跆拳道 …………………………………………………………… (147)
第一节 跆拳道概述 …………………………………………………… (147)
第二节 跆拳道基本技术 ……………………………………………… (147)
第三节 跆拳道竞赛的主要规则 ……………………………………… (149)

第十五章 拓展训练 ………………………………………………………… (151)
第一节 拓展训练概述 ………………………………………………… (151)
第二节 拓展训练项目 ………………………………………………… (153)

第十六章 定向越野 ………………………………………………………… (156)

参考文献 …………………………………………………………………… (161)

第一章 体育概述

通过有规则的身体运动改造人的"自身自然"的社会实践称之为体育。

体育科学是一门新兴学科,它研究各种体育现象(包括竞技运动、身体锻炼、身体娱乐、体育教育等在内的一切体育活动过程),揭示各种体育现象的过程、本质与规律,认识和发挥人体运动能力,以提高人类健康水平、促进人的全面发展为目的。

第一节 体育的起源与分类

一、体育的起源

体育虽然有悠久的历史,然而"体育"一词却出现得较晚。在"体育"一词出现之前,世界各国对体育这一活动过程的称谓都不相同。

体育一词的英文本是 Physical Education,是指以身体活动为手段的教育,直译为身体的教育,简称为体育。在古希腊,游戏、角力、体操等曾被列为教育内容。17—18世纪,在西方的教育中也加进了打猎、游泳、爬山、赛跑、跳跃等活动,只是尚无统一的名称。18世纪末,德国的古茨穆茨曾把这些活动分类、综合,统称为"体操"。进入19世纪,一方面德国形成了新的体操体系,并广泛传播于欧美各国;另一方面相继出现了多种新的运动项目。在学校也逐渐开展了超出原来体操范围更多的运动项目,建立起"体育是以身体活动为手段的教育"这一新概念。于是,在相当长一段时间里,"体操"和"体育"两个词并存,相互混用,直到20世纪初才逐渐在世界范围内统一称为"体育"。

"体育"一词,据世界体育资料记载,最早是法国人于1760年在法国的报刊上一篇论述儿童身体教育问题的论文时首先使用的"Education Physique",现在国际上普遍用"Physical Education"泛指"体育"。"Sport"一词一般认为源于拉丁语"Disport",它的本意是指离开工作去游戏、玩耍、进行娱乐活动等。后来逐渐形成具有新含义的一个概念,即竞技运动(竞技体育)。

人们对于体育起源问题的认识大体经过了三个阶段。第一阶段主要源于最初的自然主义学说,以遗传本能说为代表,与此相关的还有需要论、心理冲动论等从艺术起源领域中移植过来的理论。第二阶段是在人们认识到"纯生物学观点"的局限后,出现的一种"一源论"观点,即体育产生于生产劳动论。认为以马克思主义的观点来分析,劳动既然创造了人类,自然也就创造了人类的社会活动,其中包括体育。第三阶段是在前两个阶段的基础上所出现的

"多源论"观点,认为各种社会因素,包括劳动、人类生理和心理、宗教与战争等均在体育的产生及初期发展过程中分别起到了各自的特殊作用。但在多种因素中,劳动——物质生产的实践活动,是起决定性作用的,是第一位因素,与之相比,其他因素都是次要的,处于从属地位。历史文献、人类学和民族学资料及已经发现的原始人类活动的遗迹证明,以人类的社会劳动为主,包括多种因素在内的体育起源的"多源论"是比较符合历史事实的。

二、中国体育的发展

我国体育历史悠久,但"体育"却是一个外来词。它最早见于20世纪初,我国有大批留学生东渡去日本求学,仅1901—1906年,就有13 000多人,其中学体育的就有很多,回国后,他们将"体育"一词引进到中国。

在我国,"体育"一词最早见于1904年,在《湖北幼稚园开办章程》中提到对幼儿进行全面教育时说:"保全身体之健旺,体育发达基地。"在1905年《湖南蒙养院教课说略》上也提到:"体育功夫,体操发达其表,乐歌发达其里。"

在我国,最早创办的体育团体是1906年上海的"沪西士商体育会"。1907年,我国著名女革命家秋瑾在绍兴也创办了体育会。同年,清王朝学部的奏折中也开始有"体育"这个词。辛亥革命以后,"体育"一词就逐渐运用开来。

1762年,卢梭在法国出版了《爱弥尔》一书,使用"体育"一词来描述对爱弥尔进行身体的养护、培养和训练等身体教育的过程。由于这本书激烈地批判了当时的教会教育,在世界各地引起很大反响,因此"体育"一词同时也在世界各国流传开来。从这里我们可以清楚地看到,"体育"一词的最初产生是起始于"教育",它最早的含义是指教育体系中的一个专门领域。到19世纪,世界上教育发达的国家都普遍使用了"体育"一词。而我国由于闭关自守,直到19世纪中叶,德国和瑞典的体操传入我国,随后清政府在兴办的"洋学堂"中设置了"体操课"。1902年前后,一些在日本留学的学生从日本传来了"体育"这一术语。随着西方文化不断涌入我国,学校体育的内容也从单一的体操向多元化方向发展,课堂上出现了篮球、田径、足球等课程。许多有识之士提出不能把学校体育课称为体操课,必须理清概念层次。1923年,在《中小学课程纲要草案》中,正式把"体操科"改为"体育课"。从此"体育"一词成为标志学校中身体教育的专门术语。

"体育"一词在含义上也有一个演化过程。它刚传入我国时,是指身体教育,作为教育的一部分,是一种与维持和发展身体的各种活动有关联的教育过程,与国际上理解的"体育"(Phyical Education)是一致的。随着社会的进步和体育事业的不断发展,其目的和内容都大大超出了原来"体育"的范畴,体育的概念也出现了"广义"与"狭义"解释。用于广义时,一般是指体育运动,其中包括体育教育、竞技运动和身体锻炼三个方面;用于狭义时,一般是指体育教育。近年来,不少学者对"体育"的概念提出了一些解释,但比较趋于一致的解释为:"体育是以身体活动为媒介,以谋求个体身心健康、全面发展为直接目的,并以培养完善的社会公民为终极目标的一种社会文化现象或教育过程。"这一定义既说明了它的本质属性,又指出了它的归属范畴,同时也把自身从与其邻近或相似的社会现象中区别出来。但是,体育的概念并非是一成不变的,随着社会的发展和进步,对体育的认识也将有所发展。

三、体育的分类

1. 体育

体育的广义概念(亦称体育运动)是指以身体练习为基本手段,以增强人的体质、促进人的全面发展、丰富社会文化生活和促进精神文明为目的的一种有意识、有组织的社会活动。它是社会总文化的一部分。体育的狭义概念(亦称体育教育)是一个发展身体,增强体质,传授锻炼身体的知识、技能,培养道德和意志品质的教育过程,是对人体进行培育和塑造的过程,是培养全面发展的人的一个重要方面。

2. 竞技运动

竞技运动亦称"竞技体育",是指为了战胜对手,取得优异运动成绩,最大限度地发挥和提高个人、集体在体格、体能、心理及运动能力等方面的潜力所进行的科学的、系统的训练和竞赛。包含运动训练和运动竞赛两种形式。特点是:①充分调动和发挥运动员的体力、智力、心理等方面的潜力;②激烈的对抗性和竞赛性;③参加者有充沛的体力和高超的技艺;④按照统一的规则竞赛,具有国际性,成绩具有公认性;⑤娱乐性。当今世界所开展的竞技运动项目是社会历史的产物。远在公元前700多年的古希腊时代,就出现了赛跑、投掷、角力等项目,发展至今已有数百种之多。普遍开展的项目有田径、体操、篮球、排球、足球、乒乓球、羽毛球、举重、游泳、自行车等。各国、各地区还有自己特殊的民族传统项目,如中华武术,东南亚地区的藤球、卡巴迪等。

3. 娱乐体育

娱乐体育是指在闲暇时间或特定时间所进行的一种以娱悦身心为目的的体育活动。具有业余性、消遣性、文娱性等特点。一般有球类游戏、活动性游戏、旅游、棋类以及传统民族体育活动等。按活动的组织方式可分为个人的、家庭的和集体的;按活动条件可分为室内的、室外的;按竞争性可分为竞赛性的和非竞赛性的;按经营方式可分为商业性的和非商业性的;按参加活动的方式可分为观赏性活动和运动性活动。开展娱乐性体育活动,有益于身心健康,陶冶情操,培养高尚品格。

4. 大众体育

大众体育亦称"社会体育""群众体育",是为了娱乐身心,增强体质,防治疾病和培养体育后备人才,在社会上广泛开展的体育活动的总称。它包括职工体育、农民体育、社区体育、老年人体育、妇女体育、伤残人体育等。主要形式有锻炼小组、运动队、辅导站、体育之家、体育活动中心、体育俱乐部、棋社以及个人自由体育锻炼等。开展群众体育活动应遵循因人、因地、因时制宜和业余、自愿、小型、多样、文明等原则。广泛开展群众性体育活动,是发挥体育的社会功能,提高民族素质和完成体育任务的重要途径。

5. 医疗体育

医疗体育指运用体育手段治疗某些疾病与创伤,恢复和改善机体功能的一种医疗方法。一般不受时间、地点、设备条件的限制。通常采用医疗体操、慢跑、散步、自行车、气功、太极拳和特制的运动器械(如拉力器、自动跑台等)以及日光浴、空气浴、水浴等治疗手段,宜因人而异,持之以恒、循序渐进,并配合药物或手术治疗和心理疏导。

第二节 体育的本质与意义

一、体育的本质

体育的本质是指体育所固有的根本特性,是人类社会的一种身体教育活动和社会文化活动。体育的本质功能就是以身体练习为手段,发展身体,增强体质,促进人的全面发展,为社会发展服务。关于体育的功能,理论界一直争论不休。20世纪80年代以前,主要是从"增强体质"和"培养意志品质"方面去认识的,随着社会主义现代化进程的加快,体育多元化的功能日益显现,人们对体育的认识日益深化,对体育的功能有更多的发现,如健身功能、娱乐功能、促进个体社会化功能、教育功能、社会情感功能、政治功能、经济功能、文化功能等。以下谈谈几个重要功能。

1. 体育的运动和健身功能

运动和健身功能是体育的本质功能,在这一本质功能的基础上才有其他的功能。毛泽东同志曾经说过:"体育之效,在于强筋骨,进而增知识,因而调感情,固而强意志。筋骨在,吾人之身;知识、感情、意志在,吾人之心;身心皆适,是谓俱泰。"毛泽东同志对体育本质的认识,是十分深刻而准确的。体育的作用可以有很多,但基本的在于强筋骨,亦即增强体质,离开了这一点,别的属性也就不存在了。"生命在于运动"这一真理性的格言,不仅对哲学意义上的宇宙生命有着宏观意义,而且对于生物学意义上的体育运动也具有深刻的微观意义。

在现代生活中,体育锻炼尤为重要。近年来深圳市体育局对市民体质的调查显示,超过60%的深圳成年人缺乏经常性的体育锻炼,有超过70%的青壮年人的心肺功能不合格,在这一项重要指标中,男性不如女性,青年不如老年。许多年轻人思想进入了误区,自认为现在年轻力壮,不需要体育锻炼,能承受沉重的工作压力,甚至"透支"体力,结果身体健康出现了问题。而多数老年人,由于生活安稳,又有较强的健身意识,也有更多的时间进行体育锻炼,身体健康水平反而得到了有效提高。

运动生理学提示,体育锻炼过程是人有意识地促进机体新陈代谢的过程。从生物学角度来看,人体的同化作用与异化作用并存。当新陈代谢积极、旺盛、同化过程大于异化过程时,机体处于生长发育、机能水平提高的过程;当新陈代谢过程处于迟滞、衰老、异化过程大于同化过程时,将会促使机体衰老,各器官的系统将处于功能减退的状态。体育锻炼等身体活动是促进新陈代谢的一种刺激,能引起组织系统发生兴奋,加速物质代谢和能量转换。科学家提示:体育锻炼能增强体质是由于身体活动引起能量物质的消耗,随后便能引起同化作用的加强,加强恢复过程,可使体内组织细胞得到更多补充,合成新的物质,使有机体获得更多旺盛的活力,从而促使机体得以发展和发达,体育锻炼是经过科学处理的身体活动,可使机体向着完善的方向转化。体育锻炼的这一功能,是其他文化形式所不能替代的。特别是生活在现代文明的今天,越来越多的机械动力代替了肌肉动力,越来越多的自动化使人的劳动过程简单化。而另一方面,丰富的物质生活,导致了许多诸如高血压、糖尿病、肥胖症等类型的"文明病"。体育锻炼是预防和抵抗疾病,特别是现代"文明病"的最佳手段之一。

2. 体育的政治功能

体育是社会发展的产物,为社会发展服务,同时,体育也为政治服务,这在历史的发展中是常见的社会现象。在古希腊,有一个不成文的惯例:奥林匹克大会(后来演变成现代奥运会)期间,所有战争都停止。因此奥林匹克竞技大会又是和平的象征。历史上,战争有时阻止了奥运会的举行,但奥运会有时又阻止了战争的发生。早年的奥运会,运动员的荣誉甚至可以左右法律。一位本应被判抛崖处死的妇女,就因为她的儿子获得了冠军,被破例允许看完了比赛,导致了当时"禁止女性参加和观看比赛"的法律"弹性执行"。

体育的政治功能主要表现在:体育是当代国际政治斗争的工具之一;体育可以提高国家的声望,改善国家的形象,显示国家的成就和实力;体育可以增强爱国主义精神,增强民族自信心和凝聚力,促进国家政治上的一体化;体育还可以作为训练手段,提高士兵的身体素质和意志品质,增强部队的战斗力。

20世纪70年代,中美关系山重水复、柳暗花明,作为和平使者,以及两国首脑正式谈判前"政治中介"的,不是腰缠万贯的亿万富翁,也不是叱咤风云的外交家,而是两国互派乒乓球队,进行"友谊比赛",最后导致了"尼克松的手伸过了太平洋,紧紧地握住了毛泽东的手",被周恩来总理戏称为"小球转动了地球"。

3. 体育的文化功能

体育起源于人类改造大自然的活动。据考证,标枪就是起源于早期人类的捕猎活动。人们为了提高自身的捕猎技能和体力,会举行一些投远比赛,逐渐产生了游戏规则,就演变成现代田径运动中的标枪项目。马拉松、接力这些现代体育项目也是在生产力极其落后的远古,人们为了传递统治者的信息而产生,而后逐渐演变过来的。在这些初期的体育项目的萌芽中,还伴随着其他的社会文化活动,例如祭神活动,一半是祈求神的保佑,一半是希望自己威力无比,战胜对手。古代雅典青年的体育锻炼,被认为是与公民身份相符合的事。因为在冷兵器时代,在需要用人的体能战斗时代,要求每一个青年都是战士。雅典年轻人的日常生活大部分时间都是在体育场长跑、投掷、赛车、角斗,炼得肌肉饱满、身手矫捷、反应灵敏。雅典的悲喜剧诗人,大多是为这个时刻而活着、而写作的。竞技大会上,年轻人跑步、投掷、角斗、拳击、赛马、赛车。诗人跟在健儿身后,用夸张的语句,赞美他们的腿脚和拳头。

无论是在古代体育竞技中伴随着的祭神活动,诗人对健儿的赞美,还是现代体育中游戏规则的制定以及体育节、体育博览会等现象,都是体育文化的一种表现形式,体现出体育观、体育的价值观、体育行为准则、道德规范等在内的社会意识形态以及反映这一形态的体能特征、民族习俗、心理特征、审美情趣等。这正是体育文化需要挖掘和研究深层课题。

在体育发展的过程中,也自然而然地产生出一些精神产品,有的还升华出哲理思想。奥林匹克运动"更高、更远、更强"的精神,就是人类改造大自然永远向上的精神。体育比赛几乎成为公平、公正、公开的代名词。鲁迅杂文中"费厄泼赖"即英文的 Fair Play,也是从体育比赛中引申出来的,就是公平比赛、公平竞争,这是人类追求和渴望的永恒目标之一。

体育可以生产出许多精神产品,特别是大型的综合性运动会,既是一个国家、一个地区综合实力的体现,也是营造培育某种文化氛围形成某种文化习惯的助推剂。一位精明卓见的领导人指出:一个地区、一个城市 GDP 增长 1~2 个百分点,在世界上根本不会有什么反应,而英超的一个点球,全世界都会知道,十分确切、形象、生动地描述了体育文化的影响力。运动会圣火的传递、点燃,国旗的升起,国歌的奏响,裁判员、运动员的宣誓,大型主题团体操的表演,领导号召性的讲话等等,看似每一个运动会的规范程序,但都体现出运动会的神圣和庄严,象征并显示了社会生活的圣洁和庄重,启迪和引导人们对社会生活公平竞争及顽强拼搏的生活态度与生活激情。总体上说,体育运动可以培养良好的团队精神、顽强拼搏的作风和奋勇直前的大无畏精神。

体育作为一种群众广泛参与的社会活动,不仅可以增强人民体质,而且有助于培养人们勇敢顽强的性格、超越自我的品质、迎接挑战的意志和承担风险的能力,有助于培养人们的竞争意识、协作精神和公平观念。高水平竞技体育对丰富人们的文化生活,弘扬集体主义、爱国主义精神,增强国家和民族的向心力、凝聚力,都有着不可缺少的作用。我国体育健儿在奥运会和世界性大赛中表现出来的拼搏精神,激发了我国人民的爱国热情和民族自豪感,鼓舞我国人民战胜困难,奋发向上。

体育是促进友谊、增强团结的重要手段。通过体育活动,能够扩大人们的情感交流,增进人与人之间的相互了解,改善人际关系,建立健康、合理的生活方式,创造文明、和谐的社会环境。国际间的体育交往,能够促进国家与国家之间、人民与人民之间的相互理解,有益于人类社会的"团结、友谊、进步"。

4. 体育的经济功能

体育的经济功能主要表现在三个方面:一是从体育在劳动力再生产过程中的作用来分析,体育可以提高劳动者的身体素质和心理素质,从而促进劳动力素质全面提高;二是从体育提高劳动生产率的作用来分析,体育可以从多方面促进劳动生产率的提高;三是从体育在经济增长中的作用来分析,体育产业不但可以创造产值,还可以促进对运动服装、运动器材、运动场馆建设等相关产业需求扩大,从而促进经济的增长。前面两点主要从理论和逻辑方面可以得到应证,最后一点可以从定量的研究中得到结论。

体育活动是人类社会的一种身体教育活动和社会文化活动。体育的本质特点,是以身体练习为手段,发展身体,增强体质,促进人的全面发展,为社会发展服务。

运动既是一种习惯,也是一种能力。体育运动能培养孩子的能力与习惯。从行为模式的角度来看,某些运动能力还是一个人综合能力的重要组成部分。比如会游泳,在遇到突发事件落水时就是一种救命的能力;会骑自行车,在日常生活中不但能锻炼身体,也是一种很好的交通手段;由运动练就的机敏灵活的反应、巧妙的双手和强健有力的臂膀,到了工作岗位上就有可能转化为许多劳动或工作的基础性能力。

运动习惯和能力的培养,也要从娃娃抓起。人的本能最少,几乎所有的生存能力和行为习惯都要在后天特别是成长的初期养成。在这一过程中父母的作用尤为重要。第一是在认识上要摆正孩子智力发展与身体发展的关系,即把身体的发展放在第一位。真正做起来并不容易,当前社会的大氛围就是升学的竞争,而竞争的核心是考核智力,加上父母往往认为智力需要认真下工夫,身体则只需要给足营养自然成长就行了,于是培养孩子运动习惯就成了"盲区"。任何一个家长都知道在孩子得病时要先治病,那为什么在未得病时就不能先注重身体的健康和锻炼呢?第二是身体力行,坚持户外活动,逛公园、郊游、漫步、游戏、玩滑板、骑车等，这样可以从小养成孩子爱运动的习惯，从而保持运动的天性。第三是把运动与娱乐相结合，在兴趣和玩乐中参与运动。体育运动本身就蕴藏着无穷的乐趣。什么能引起乐趣？变化、未知、胜利、成功、探索等都能引起乐趣。而这些因素几乎在体育运动中都能找到。即便有些看似枯燥的体育项目，也可以开发出兴趣，比如跑步，在跑步的过程中可以用成绩的不断提高刺激兴趣。第四是把培养习惯与能力相结合。培养习惯在于天天督促孩子做，日子长久了，慢慢就成为习惯；但能力却包含着技巧，必须认真教和认真学，还要反复练习。培养能力本身还蕴藏着巨大的乐趣。骑车、游泳、滑冰、轮滑……从不会到会，其过程充满探索和感悟，因此乐趣无穷；只有将习惯培养与能力培养相结合，运动才会展现无穷的魅力和实用价值。第五是选择适当的项目。从需要的角度来看，运动项目有三类：娱乐性项目、必选类项目、终身性项目。对于学龄前的儿童，娱乐性项目的运动应多选，如各种游戏、游览动物园、玩沙子、玩积木、戏水等。等孩子们长大了，就由他们自己选择感兴趣的项目，而家长可以帮助他们创造条件。有些运动项目笔者认为是必选的，如游泳、骑自行车等，不但可以锻炼身体，而且还具体有极大的实用性。

终身项目，即是每天都要进行以至于可以坚持终身的项目。为什么每个人都应该有这样的项目？这是保证一个人每天必须活动的条件，也是养成运动习惯的重要标志。哪些项目可以作为终身项目呢？这种项目要有几个特点：一是对场地、器械要求不高；二是能够活动全身，有相当的运动量；三是以自身活动为主，比如长跑、快步走、体操、健身舞、武术、踢毽、跳绳等。

无论是运动员，还是爱好运动者，都可以给自己制订运动计划，督促检查和创造条件。对待孩子的身体锻炼，家长至少要像重视其智力发展一样，甚至要更加重视，应该制订一个关于孩子身体成长和运动健身的计划，并坚持经常性的督促和检查。

二、体育的意义

体育运动具有强身健体、娱乐、教育、政治、经济等功能。体育运动所处的历史阶段不同，其所具有的功能也不同。自从体育产生以来，强身健体和娱乐功能自始至终是体育的主要功能。体育是一种复杂的社会文化现象，以身体活动为基本手段，以增强体质、增进健康及培养人的心理品质为目的。随着社会经济的发展，人们生活水平的提高，人们对精神方面的需要高于对物质方面的需要，人们对于体育的认识不仅仅限于强身健体，更希望通过体育活动的参与得到精神享受。例如，在观看体育比赛时，优美的体育动作、扣人心弦的竞赛场景等都给人们以美的享受；在比赛现场，随着比赛的激烈进行，人们可以大声地叫喊，尽情地发泄自己的情感，使人们在精神上获得一种轻松感。一次成功的射门，一个漂亮的投篮，或随着音乐跳动的健美操等，不只是健身，更重要的是给人们一种精神与神经方面的释放感、愉快感、成就感和舒畅感，这些都是体育带给人们精神方面的价值。生活水平越高，人们越是注重体育精神层面的价值。

另外，体育也有助于培养人们勇敢顽强的性格、超越自我的品质、迎接挑战的意志和承担风险的能力，有助于培养人们的竞争意识、协作精神和公平观念。一些体育活动和体育赛事对丰富人们的文化生活、弘扬集体主义、爱国主义精神，增强国家和民族的向心力、凝聚力，都有着不可缺少的作用。体育是人类社会发展中生产和生活的必然产物,遵循人体身心的发展规律,以身体练习为基本手段,为达到增强体质,提高运动技术水平,进行思想品德教育,丰富社会文化生活而进行的一种有目的、有意识、有组织的社会活动,是伴随人类社会的发展逐步建立和发展起来的一个专门的科学领域。

三、体育的益处

1. 预防心血管病

心血管病是当今世界上危及人类生命的头号杀手。美国心脏协会(AHA)2016年心脏病与与卒中统计数据更新显示,2013年美国1/3死亡与心血管病有关,心脏病已成为全球人群健康的头号杀手,卒中紧跟随其后,位居第二。在我国死于心血管病的人亦居首位。大量研究表明,参与有规律的体育锻炼可以显著地降低心血管病形成和发生的危险性。

2. 改善呼吸系统

人在体育锻炼过程中呼吸过程加深,会吸进更多的氧气,排出更多的二氧化碳,从而使得肺活量增大,残气量减少,肺功能增强。经常锻炼的人由于身体适应能力较强,其呼吸显得平稳、深沉、匀和,频率也较慢,平均呼吸少于18次/min,而不锻炼的人平均呼吸大于18次/min。

3. 促进消化系统

体育锻炼会增强体内营养物质的消耗,使整个机体的新陈代谢增强,从而增强消化系统功能。体育锻炼还会促进胃肠蠕动和消化液分泌,改善肝脏、胰腺的系统功能,从而使整个消化系统的功能得到提高,为人的健康和长寿提供良好的物质保障。

4. 健全神经系统

人的活动是在神经系统支配下的协调活动,坚持锻炼的人(特别是中老年人)常表现为机体灵活、耳聪目明、精力充沛,这正是神经系统功能健全的表现。

5. 防治糖尿病

糖尿病的特征之一是人的血糖水平很高,如果病人不加控制,还会引起许多其他健康问题,如视力减弱和肾亏等。有规律的体育锻炼由于能控制血糖水平的提高,从而使个体产生糖尿病的可能性大大减小。

6. 预防骨裂

骨质疏松会引起骨裂,骨裂在各个年龄层次的人群中均会发生,在老年人(特别是老年女性)中比较普遍。研究表明,有规律的体育锻炼可以通过提高骨质密度和骨的强度,达到预防骨裂的目的。当然,体育锻炼对于骨质疏松病人也具有积极的治疗作用。

7. 延缓衰老(延年益寿)

老年人的主要特征之一是身体活动能力的逐步衰退,尤其是60岁以后,身体活动能力的退步尤为明显。事实表明,有规律的体育锻炼能使老年人身体活动能力的退化减慢。

8. 瘦身塑型

众所周知,过分肥胖会影响人的正常生理功能,尤其是容易造成心脏负担加重,寿命缩短。如果一个人的皮下脂肪超过正常标准的15%~25%,那么他的死亡危险率会增至30%。

俗话说:"长练筋长三分,不练肉厚一寸。"由于体育锻炼能减少脂肪,增强肌肉力量,保持关节柔韧性,故可以控制体重,改善体形和外表。

9. 延年益寿

俗话说:"身体锻炼好,八十不算老;身体锻炼差,四十长白发。"大量的研究表明,有规律的体育锻炼可以延年益寿。有一项持续30年的研究显示,不锻炼的人比经常锻炼的人早逝的可能性为31%。那么,为什么有规律的体育锻炼有助于延年益寿呢？主要原因在于有规律的体育锻炼可以预防心脑血管病和癌症的发生。

第二章 体育竞赛的组织与编排

人们以各种运动项目为内容,根据竞赛规则的要求,进行个人或集体在体能、技艺、心理等方面的对抗,进行比赛,比赛的直接目的为争取优胜。

第一节 运动竞赛的种类

一、运动竞赛的意义

运动竞赛是指以运动项目、游戏活动或身体练习活动为内容,组织学生进行各种体育竞赛活动的组织形式。运动竞赛是体育活动的重要组成部分,也是学校体育教育的重要形式之一。它有力地推动了学校体育活动的广泛开展,促进学校体育的普及与提高,是实现学校体育教育目标,贯彻"健康第一"思想的基本途径之一。

参与运动竞赛,要求参加者尽可能地在比赛中尽可能体现出和发挥出最大机能潜力,在人体各种能力的极限水平甚至超极限水平上进行激烈的角逐。在运动竞赛过程中,其结果往往很难预料,在人们的心理上常常会引起种种悬念,而最终结果取决于参与者的技术、战术、身体素质、心理、智力等各种因素的激烈较量。

运动竞赛强有力地宣传了体育运动,能吸引和鼓舞更多的人参加体育锻炼,发展学生的运动技能,增强体质,丰富学生的文化生活。通过有组织、有计划地开展各项运动竞赛,可以有力地促进运动技术水平的提高,增进团结和友谊,培养勇敢顽强、奋力拼搏、集体主义和爱国主义等优良品质。

学校体育教学和训练的效果如何,有什么进步和不足,都可以通过体育竞赛反映出来,从而促进教学水平和训练质量的不断改进与提高,有利于更快地发现和培养优秀的运动人才,提高全民身体素质。

通过运动竞赛,可以调节和陶冶人们的道德情操,对社会主义精神文明建设和提高全民族文化素养有着重要的意义。在现代生活中,体育竞赛还可以加强各族人民之间的团结,促进世界各国人民之间的了解和友谊,推动国际关系正常化。

在现代生活中,体育已成为人们生活的重要组成部分。各种形式的运动竞赛,受到了人们的普遍欢迎,我们必须充分认识运动竞赛的规律,发挥运动竞赛在推动体育运动中的杠杆作用,迅速持久地促进体育事业向着广度和深度发展。

二、综合性竞赛和单项竞赛

综合性竞赛又称为运动会或综合性运动会。它包括若干个运动项目的比赛,其目的是全面检查各项运动普及和提高的情况,广泛总结和交流经验,从而推动体育运动的发展。这种竞赛由于比赛项目众多、规模较大、组织工作较复杂,通常都是每四年举办一届,如奥运会、亚运会、全运会、全国大学生运动会等。

单项竞赛是以某一项目为内容而单独进行的竞赛形式,常用的单项竞赛形式有以下几种。

1. 测验赛

测验赛是为达到一定的标准,或了解运动员提高成绩的情况而组织的比赛。这类比赛一般不计名次,但应记录测验的成绩。

2. 联赛

联赛是每年定期举办的一种列入计划的规模较大的比赛。

3. 对抗赛

对抗赛是指由两个及以上实力相近的单位举办的竞赛,可以是双边、多边、定期或不定期的,目的是交流经验、切磋技艺、取长补短、共同提高。

4. 邀请赛和友谊赛

邀请赛和友谊赛是指单位之间,为增进友谊和团结,互帮互助,共同提高某一运动项目的水平而举办的比赛。这种比赛属非正式比赛,各种访问比赛也都属于友谊赛,其宗旨和邀请赛相同。

5. 选拔赛

选拔赛是为发现和挑选运动员,组织和补充代表队,准备参加高一级别的运动竞赛而进行的比赛。如学校为了充实某一运动队,组织有关同学进行比赛,从中发现和选拔人才。

6. 表演赛

表演赛以宣传体育活动、扩大影响、参加庆祝、慰问纪念、集资等为目的而举行的比赛。此项比赛着重技术、战术的发挥,一般不记名次。对准备开展的项目进行示范性介绍或参加重大比赛后的汇报表演均属于此类。

各类学校除可以组织上述比较正规的比赛外,还可以开展一些规则简单、形式灵活、对场地器材要求不高、容易组织和便于经常举行的各种非正规比赛,以吸引更多的人参加经常性的练习活动和锻炼,提高身体素质。

三、运动竞赛的组织

为了顺利完成竞赛的任务,不论是综合性运动会,还是单项比赛,都应看成是一项系统工程。这项工程大致可分成三阶段进行,即赛前的策划组织、赛中的有力监控、赛后的认真总结。组织规模较大的竞赛活动,应成立相应的大会组织委员会或筹备委员会。

在各类学校中,组织校运会或单项比赛,应组建领导小组,在主管院(校)长的领导下,由有关部门如院(校)办公室、体育部(室)、教务处、学生处、团委、学生会、工会、总务处、医务处、保卫处等各方的领导或代表组成,根据工作需要分成若干小组,如宣传组、竞赛组、裁判组、场地器材组、后勤保障组等,各组的工作内容或任务大致如下。

1. 宣传组

搞好运动竞赛的宣传、教育工作;鼓励运动员赛出水平、赛出风格;宣传教育观众,争当文明啦啦队。

2. 竞赛组

制定《竞赛规程》。为使竞赛工作严密有序地进行,应做好以下工作。

(1)审查报名表。

(2)做好抽签和编排工作,编印和下发秩序册。

(3)组织好裁判员,保证裁判员的数量和质量。

(4)及时研究、明确分工,解决竞赛中出现的有关问题。

(5)如确需要,下发补充通知,解决规程中未尽事宜。

(6)比赛前应认真全面检查场地器材,需要进行整改的应及早安排,要保证安全。

(7)比赛期间要及时印发、公布成绩公报。

(8)比赛结束后,认真负责地核对比赛成绩,编印成绩册,技术资料分别归类,及时发送有关部门单位。

3. 裁判组

裁判员应本着"认真、公正、准确、及时"的执法原则,认真履行职责。作为裁判员,应表现出高尚的道德准则和业务水准。裁判员在工作中应遵守以下要求,认真履行职责。

(1)认真学好规程、规则,统一认识,统一裁判方法;对比赛中可能出现的问题加以研究并落实处理方案;组织必要的实习或考核。

(2)裁判长要合理安排裁判员,对抗性强或决定胜负的关键场次应重点关注。

(3)裁判员在履行职责时应精力集中,既要严格执行规则,又要讲文明礼貌。

(4)执法中不能弄虚作假,如发现反判、漏判、误判等应立即纠正。

(5)比赛结束后,广泛认真听取各方意见,总结经验,改进工作。

在学校中举行的各类竞赛,应大胆积极地在学生中挑选和培养裁判人才,给他们创造在实践中学习和锻炼的机会。凡符合条件者,向有关部门推荐,发给相应级别的裁判证书,充实裁判队伍,推动体育运动的发展。

4. 场地器材组

根据规则和规程的要求,认真合理地布置好竞赛场地和器材设备,认真负责地做好场地的修整、清理等工作。

5. 后勤保障组

后勤工作应向运动员、教练员、裁判员及工作人员提供一个良好的比赛、工作条件。

四、运动竞赛的方法

采用怎样的比赛方法,需根据比赛任务、项目特点、参赛人(队)数、时间安排、场地设备等因素来统筹考虑和选择。下面介绍几种常用的比赛方法。

1.淘汰法

淘汰法是在比赛进行过程中逐步淘汰成绩差的,最后决出优胜者。淘汰法有两种淘汰情况:一种是按一定顺序让参赛者一人(组)进行比赛,表现出参与者的最佳成绩,通过及格赛、预赛、复赛、决赛等赛次,淘汰劣者,比出优胜名次,如田径、游泳项目比赛多采用这种方法。另一种情况往往被球类和其他对抗性比赛项目所采用,即一对一按预先排定的淘汰表进行比赛,胜者进入下一轮,直至最后一队决出胜负。

为了使比赛尽可能公正,淘汰编排时应注意以下几点。

(1)根据实际水平设立若干种子队。种子队分开排列,以免强强过早相遇。

(2)排定种子队后,为使参赛者机遇、机会均等,其余位置均应抽签排定。

(3)淘汰赛比赛场次的计算,可以采用下列公式:

比赛场次=参赛队数-1

(4)如参赛队数(人数)不是2的乘方数时,则在第一轮应排出"轮空","轮空"位置要分散排列。

以下为8队参赛的淘汰制比赛轮次表(图2-1)。

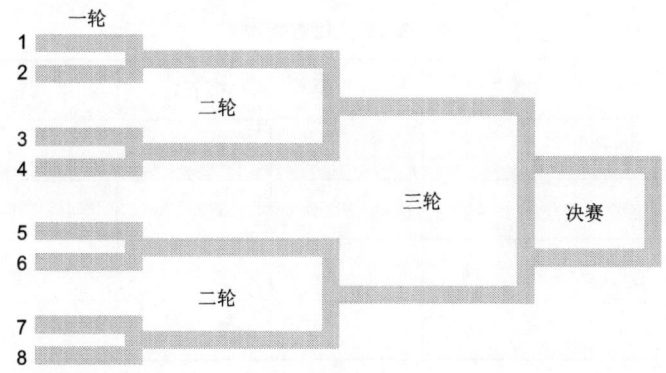

图 2-1 淘汰制示意图

2.轮换法

将参赛者分为若干小组,在规定的同一时间内,分别进行各个项目的比赛。赛完一项后,各组按预先排定的比赛顺序依次轮换再进行下一轮比赛。体操团体比赛的男子6个项目、女子4个项目均采用这种方法进行。

3.循环法

循环法又称循环制,包括单循环、双循环、分组循环三种方法。

(1)单循环:所有参赛的人(队)在比赛中均能相遇一次,最后按参赛者在全部比赛的胜负场数、得分多少来排列名次。这种方法一般适用于参赛人(队)不多,竞赛时间又较长的项目。

(2)双循环:所有参赛的人(队)在比赛中均相遇两次,按最后比赛中的胜负场次、得分多少排列名次。这种方法适用于参赛的人(队)较少,而竞赛时间又较长的项目。

(3)分组循环:把参赛的人(队)分成若干组,分别进行单循环。这种比赛方法适用于参赛人(队)数多而竞赛时间短的项目。

循环赛的优点是不论参赛者的水平高低、实力强弱,都有机会与其他参赛者进行比赛,因此锻炼机会增多,有利于互相学习、共同提高,能比较准确地反映出参赛者的技术水平,产生的名次比较客观。

循环制的编排方法较多,比较复杂。现以 8 队和 7 队采用单循环比赛的轮次表为例进行说明(表 2-2、表 2-3)。

表 2-2 8 队比赛轮次表

第一轮	第二轮	第三轮	第四轮	第五轮	第六轮	第七轮
1——8	1——7	1——6	1——5	1——4	1——3	1——2
2——7	8——6	7——5	6——4	5——3	4——2	3——8
3——6	2——5	8——4	7——3	6——2	5——8	4——7
4——5	3——4	2——3	8——2	7——8	6——7	5——6

表 2-3 7 队比赛轮次表

第一轮	第二轮	第三轮	第四轮	第五轮	第六轮	第七轮
1——0	1——7	1——6	1——5	1——4	1——3	1——2
2——7	0——6	7——5	6——4	5——3	4——2	3——0
3——6	2——5	0——4	7——3	6——2	5——0	4——7
4——5	3——4	2——3	0——2	7——0	6——7	5——6

注:碰到 0 号队轮空一次。

单循环比赛场次计算公式为:

$$X = \frac{N \times (N-1)}{2} \qquad (\text{其中 } N \text{ 为队数})$$

单循环比赛轮次的计算方法:参加比赛队数是奇数时,则比赛轮次等于队数;参加比赛队数是偶数时,则比赛的轮次为队数减 1。

第二节　运动竞赛赛事

一、国际、国内大型综合运动会

1. 现代奥林匹克运动会

(1)夏季奥运会。自1896年第一届雅典(希腊)夏季奥运会到现在,按四年一届计算,应举办了31届。但是因为第一次和第二次世界大战,被迫停办了第六届(德国柏林,1916年)、第十二届(日本东京,1940年)和第十三届(英国伦敦,1944年)三届奥运会,实际上只成功举办了28届。目前的夏季奥运会共有近30个运动项目的比赛,竞赛时间包括开幕式在内不得超过16天。根据国际奥委会的规定,各国或地区的单项体育组织及其所管辖的运动项目,需得到国际奥委会的认可才能列入奥运会的比赛。同时还规定,列入奥运会比赛的男子项目,至少要在三大洲40个国家和地区广泛开展;女子项目至少要在两大洲25个国家和地区广泛开展。

(2)冬季奥运会。1992年以前,在举行夏季奥运会的同一年,也会举行冬季奥运会(注:从1994年第十七届利勒哈默尔冬季奥运会开始,冬季奥运会比夏季奥运会提前两年举行)。1908年的第四届夏季奥运会增加了花样滑冰项目,1920年的第七届夏季奥运会又增加了冰球项目。花样滑冰和冰球加入奥运会后引起了观众的极大兴趣,但因天气条件给组织者带来诸多不便,于是决定把冰雪项目从奥运会中分离出来,单独进行冰雪项目的奥运会。正式的冬季奥运会始于1924年,在法国的夏蒙尼市承办了当时被称为"冬季运动周"的运动会。经当时的国际奥委会主席顾拜旦多方面的工作和努力,终于在1925年举行的国际奥委会会议上,正式决定举办冬季奥运会,每四年举办一届。但届数按实际举行的次数计算,并决定把1924年在法国夏蒙尼举行的"第八届奥林匹亚德体育周"的冰上运动作为第一届,到目前为止已实际举办了23届。

冬季奥运会的比赛项目有:冰球、冰壶、冰上舞蹈、现代冬季两项(滑雪和射击)、滑雪(高山滑雪、越野滑雪、跳台滑雪、自由式滑雪)、滑冰(速度滑冰、花样滑冰、短道速滑)和雪橇(有舵雪橇、无舵雪橇、俯式冰橇)等。赛期包括开幕式在内不得超过12天。根据国际奥委会规定,列入冬奥会的男、女比赛项目,至少要在两大洲20个国家和地区广泛开展。

2. 亚洲运动会

简称亚运会,是亚洲奥林匹克理事会(简称亚奥理事会,第十九届亚运会前称亚洲运动会联合会)主办的亚洲各国和地区最大的综合性运动会。它的前身是两个综合性运动会:一是远东运动会,参赛国有中国、日本和菲律宾;二是西亚运动会,参赛国有印度、阿富汗、泰国、巴基斯坦和斯里兰卡。1948年第十四届奥运会(英国伦敦)期间,印度奥委会主席辛格和印度业余田径联合会主席桑迪,根据亚洲一些国家和地区奥委会委员的建议,提出成立亚洲运动会联合会并举办亚运会的设想,这一设想得到了亚洲各国和地区奥委会的支持。

1949年2月,在印度新德里召开的亚运会代表会议上正式宣布成立亚洲运动会联合会,辛格当选为第一任主席,桑迪担任秘书长兼司库。会上通过了亚洲运动会联合会的基本宗旨:"定期举办亚洲运动会,促进亚洲运动水平的提高,引导亚洲各国家和地区广泛开展体育活动,促进会员与组织之间的友善、和睦的关系和坦诚的互相了解。"批准了亚运会格言"永远向前"及亚运会联合会会旗(光芒四射的太阳,太阳下面有代表会员数的金黄色的环),亚运会每四年举办一届,与奥运会相间举行。到目前为止,已经在亚洲各国举办了十八届。

亚运会的比赛项目与奥运会基本相同,但没有像奥运会那样有严格的规定。除田径、游泳、足球、篮球、排球等几个大项必须列入亚运会比赛项目外,东道国还可根据本国的具体情况,适当增减比赛项目,但项目的增减必须得到亚运会联合会的批准方可实施。

3. 世界大学生运动会

1957年为庆祝法国大学生联合会成立50周年,在巴黎举办了国际性的大学生运动会和文化联欢节。在此期间30个国家和地区商讨,一致决定定期举办世界大学生运动会,原则上每两年举办一届。同时决定1959年在意大利都灵市正式举行第一届世界大学生运动会。参赛运动员必须是17~28岁在校大学生。同时规定参赛者不包括有国际大学生体育联合会会员国家和地区的大学生,非会员国家和地区的大学生也可以报名参加。世界大学生运动会的比赛项目有田径、体操、游泳、跳水、水球、网球、击剑、足球、篮球和排球等,东道国还有权增加几项比赛。因此世界大学生运动会的规模仅次于夏奥会,享有"小奥运会"的美称。

近几届由于参赛选手的档次水平下降明显,已使其实际降格为世界青年的体育节,在冬季还会举办世界冬季大学生运动会,并且在世界大学生运动会期间,还将同时举办国际大学生体育论文报告会等活动。

4. 中华人民共和国全国运动会

简称"全运会"。它是我国规模最大、水平最高的综合性运动会。1959年北京举行的第一届全运会到现在,已成功举办了13届,基本上每四年举办一届。隆重、热烈、精彩的全国运动会不仅引起了我国人民的极大关注,并且在国际上也产生了巨大的影响。

5. 全国大学生运动会

全国大学生运动会简称称"大运会",是由国家教育部、国家体育总局、共青团中央、全国体联和大学生体协联合会共同主办的。第一届大运会于1982年在北京举行,至今共举办了18届。比赛项目有田径、游泳、篮球、排球、足球、乒乓球、武术、健美操和艺术体操等。近两届大运会,由于不少国手和奥运会选手也取得了大运会的参赛资格,使田径、球类和游泳等项目的水平上了一个新台阶。

大运会期间,国家有关部、委还将举办科研报告会以及各种表彰活动。可以说大运会已经成为全国高校体育工作的综合"检阅台",为推动高校体育工作的深化改革和全面提高发挥着积极作用。

二、国际、国内大型单项体育竞赛简介

1. 足球

(1)世界杯足球赛:简称"世界杯",是世界上最高荣誉、最高规格、最高竞技水平、最高知名度的足球比赛,与奥运会并称为全球体育两大顶级赛事,影响力和转播覆盖率超过奥运会的全球最大体育盛事。

早在1904年国际足联成立之时,就决定于当年举办第一届世界杯足球赛,后因为各种原因,表示愿意参加的国家不多,终究计划流产了。终于在1930年的乌拉圭举办了第一届世界杯足球赛,以后每四年举办一届。2002年第十七届世界杯足球赛,第一次在亚洲由韩国、日本两个国家共同举办。自1970年巴西队第三次夺得冠军,永远拥有奖杯"雷米特杯"后,现在的奖杯由意大利人加扎尼亚重新设计,造型为两个大力士双手举起地球,奖杯定名为"大力神杯",象征着体育比赛的威力和规模。这个用4.97kg纯金制成的新奖杯,被定为"国际足联世界杯"。该奖杯不再为某个国家永远拥有,冠军队只能将奖杯保存到下一届世界杯举行之前。根据国际足联的规定,从第十六届世界杯起,参赛队首次由24个改为32个,各大洲和地区参赛的分配和名额由国际足联规定。

(2)奥运会足球赛:1908年的第四届奥运会起,男子足球被列为正式比赛项目,但奥运会限制职业足球运动员参赛,参加奥运会足球赛队员的年龄不得超过23周岁,因而很多国家无法选派本国的最强阵容出战。女子足球在1996年的第二十六届奥运会上被列为正式比赛项目。

(3)欧洲足球锦标赛:又称欧洲杯足球赛。欧洲是世界足球运动最为普及、水平最高的地区之一,故此项比赛堪称世界级的比赛。第一届欧洲杯足球赛于1960年举行,以后每四年举办一届,到目前为止已举办了15届。由欧洲各国国家队参赛,先抽签分组预赛,最后由16支队参加决赛阶段的比赛。

(4)欧洲足球三大杯赛:欧洲除了每四年举办一届的欧洲杯足球赛外,还有每年举行的欧洲三大杯赛,即欧洲冠军杯、欧洲优胜者杯和欧洲联盟杯。三大杯赛分别起始于1956年、1961年和1972年。近50年来,三大杯赛创造了世界足坛一段璀璨的历史。

由于三大杯赛是由欧洲各国的足球俱乐部参赛,世界各地的外籍球员都可登场献技,因而三大杯赛汇聚了世界足坛的各个流派、各种风格的优秀球队。三大杯赛的不少经典之战完全可与世界杯、欧洲杯、美洲杯赛上的杰作并列,为世界足坛之瑰宝,造就了一批光芒四射的超级球星,为世界足球运动的发展做出了不可磨灭的功绩。

(5)中国甲A足球联赛和中超联赛:中国足球是我国率先进行职业化试点的项目,甲A联赛正是职业化以后的主要赛事。从1994年开始,每年由12支国内最优秀的俱乐部球队参加,采用主客场循环赛制,赛季结束排出全部名次,排名最后的两队降级参加下一年度甲B联赛。近几年参赛队已经升为15个。随着我国足球市场的逐渐成熟和球迷的逐渐增多,足球整体水平得到了提高,中国足球队获得了2002年第十七届世界杯的"入场券",初步实现了冲出亚洲,走向世界的目标。14年的甲A足球联赛于2003年赛事结束后完成使命,新的中超联赛于2004年闪亮登场。

2. 田径

(1)奥运会田径赛:1896年的第一届奥运会就有了田径项目的比赛,当时只有男子项目12个。1928年的第九届奥运会才开始有了女子田径比赛,女子项目仅有5个。今天的奥运会田径比赛已经发展成男、女共40余个项目,因而各国均选派最优秀的选手参加比赛,故奥运会田径赛已是当今世界水平最高的田径比赛,它造就了许多光芒四射的体坛巨星。

(2)世界杯田径赛:1977年开始举行的世界杯田径赛,是洲际性的团体比赛。除各大洲组织混合比赛代表队外,世界田径强国如苏联、美国、民主德国(女)、英国(男)都曾单独组织队伍参赛,由于参赛单位和人数不多,各队水平差距较大,故比赛整体水平不高。

(3)世界田径锦标赛:1978年国际田联决定,自1983年起举行世界田径锦标赛,每四年举办一届。规定在奥运会前一年举行(1991年起改为两年举办一届),这是除奥运会田径比赛以外世界最高水平的田径比赛。

(4)亚洲田径锦标赛:亚洲田径锦标赛是亚洲田坛最高水平的比赛。1975年举办了第一届,1985年以后,中国一直保持着金牌总数和奖牌总数第一的优势。

(5)全运会田径比赛:全运会田径比赛基本上每四年举办一次,它是国内参赛单位人数最多的比赛,竞争非常激烈,是国内田坛水平最高的比赛。

3. 篮球

(1)奥运会篮球比赛:1936年的第十一届奥运会第一次有了男子篮球比赛。女子篮球比赛直到1976年的第二十一届奥运会才被列为正式比赛项目,美国男队几乎包揽了历届奥运会篮球金牌。尤其是自1992年第二十五届奥运会起允许职业选手参赛以后,美国选派"梦之队"参赛,更是以绝对的优势夺得该项比赛金牌。

(2)世界篮球锦标赛:它是除奥运会篮球赛以外最高水平的世界性篮球比赛,世界男子篮球锦标赛从1950年开始,第一届世界女子篮球锦标赛则于1953年举行。一般每四年举办一届。按规定,上届奥运会的前三名和上届锦标赛前三名加上各大洲的冠军队及东道国,一般不超过16支队有资格参赛。

(3)美国NBA篮球赛:NBA是美国职业篮球协会主办的职业篮球赛。现有29支队伍,分成四个区先进行常规比赛,实行主客场制。经过常规比赛选出东区、西区各八支球队进入复赛。经七赛四胜制的淘汰赛,东、西区各选出两支最好的球队再进行最后的总决赛。再经过一轮七赛四胜制的主客场较量,最后产生年度总冠军。

NBA联赛经过50多年的发展,不仅成为当今世界公认的最高水平的篮球赛事,而且发展为广受世界人们关注、喜爱并积极参与的社会体育文化活动。

(4)亚洲篮球锦标赛:它是除亚运会篮球比赛以外亚洲最高水平的篮球比赛。一般每两年举办一届,在亚洲各国轮流举行,男、女队分别在不同的时间、地点举行比赛。我国男、女篮球队在亚洲处于领先水平。

(5)国内篮球联赛:近年来,国内篮球联赛分为甲A(又称CBA)和甲B两组进行,各组12支球队进行主客场制比赛。对B组前两名和A组后两名球队分别实行升、降级,目前各队以俱乐部形式组队参赛,为我国篮球水平快速达到世界水平作出了巨大的贡献。

4. 排球

(1)奥运会排球比赛:是世界排坛最高水平的比赛。1964年的第十八届奥运会上,男、女排球比赛第一次被列为正式比赛项目。中国排球女队曾获第二十三届(1984年)奥运会冠军。

(2)世界排球锦标赛:是除奥运会排球比赛以外水平最高的排球比赛,是历史最长、参赛队数最多的高水平排球比赛。男子从1949年开始举办第一届比赛,女子举办第一届比赛是在1952年,每四年举办一届。中国排球女队曾获得两届世界排球锦标赛冠军。

(3)世界杯排球赛:为进一步推动排球运动在全球的发展和提高,国际排联于1964年决定将原有的欧、亚、美三大洲排球赛改为世界杯赛,每四年举办一届。男子排球的第一届世界杯赛于1965年举办,女子排球的第一届世界杯赛则于1973年举办。世界杯排球赛的参赛队为各大洲的冠军队,加上上届奥运会、世界锦标赛、世界杯赛的冠军,以及本届比赛的东道国,因而世界杯赛是世界排坛的一流比赛。1981年国际排联决定,凡获得世界杯排球赛的冠军队,可直接参加下一届奥运会排球赛。中国排球女队曾获得第三届(1981年)和第四届(1985年)世界杯排球赛冠军。

(4)沙滩排球赛:又称沙地排球,是起源于19世纪30年代美国南加利福尼亚海滩的一项娱乐活动。它是在沙滩上进行,由各队两名球员参加的一项排球比赛,其规则与六人制沙滩排球比赛基本相同,但没有轮位、中线、3m线等的限制,采用三局两胜制。近年来在世界各地颇受欢迎,已成为一种时尚、新兴的运动项目。1996年的第二十六届奥运会(亚特兰大)上成为正式的比赛项目。

(5)国内甲级排球联赛:每年举办一次,分男、女甲A和甲B两大组,实行升降级,各队以俱乐部的形式参赛,1996年开始实行主客场制。

5.游泳

(1)奥运会游泳比赛:1896年的第一届奥运会就将游泳列为正式比赛项目,至今已有100多年的历史。它是世界泳坛最高水平的比赛,也是奥运会金牌较多的项目之一。

(2)世界游泳锦标赛:第一届比赛是在1973年举行的,1975年、1978年、1982年分别举行了第二、第三、第四届比赛,以后基本上每四年举办一届。世界游泳锦标赛是国际泳坛规模最大、争夺最激烈、水平最高的比赛。

(3)世界短池游泳锦标赛:国际泳联为了推动世界游泳运动的发展,不断提高运动水平,于1993年在西班牙举行了第一届世界短池(50×25m)游泳锦标赛。

(4)亚洲游泳锦标赛:始于1980年,是亚洲最高水平的游泳锦标赛,基本上每四年举办一届。

6.体操

(1)奥运会体操比赛:1896年的第一届奥运会就有男子体操项目,至今已有100多年的历史。女子体操比赛进入奥运会是在1928年的第九届奥运会,那时的比赛项目和现在有很大的不同。直到1936年的第十一届奥运会,男子发展成团体、个人全能、双杠、单杠、鞍马、吊环、自由体操等项目。而女子是在1952年才发展成团体、个人全能、高低杠、跳马、平衡木和自由体操等项目。

(2)世界体操锦标赛:第一届比赛于1903年举行。1979年以前基本上每四年举办一届,1980年改为每两年举办一届。世界体操锦标赛是除奥运会体操赛以外最高水平的比赛。

(3)世界杯体操比赛:为了推动世界体操运动的发展和提高,国际体操联合会从20世纪70年代开始设立了此项比赛。按照规定,世界杯体操比赛不设团体,只设全能和单项,只有前一届世锦赛全能前十八名和各单项前六名的队员才有资格参加此项赛事。因此,世界杯体操赛也是国际体坛高水平的比赛。

7.乒乓球

(1)世界乒乓球锦标赛:是当今规模最大的乒乓球赛。国际乒乓联合会成立于1926年,同年12月在英国伦敦举办了一次国际比赛,称为第一届世界乒乓球锦标赛,以后每两年举办一次。项目共设男子团体(斯韦斯林杯)、女子团体(靠比伦杯)、男子单打(圣·勃莱得杯)、女子单打(吉·盖斯特杯)、男子双打(伊朗杯)、女子双打(波普杯)和混合双打(赫杜赛克杯)七个项目。

(2)奥运会乒乓球比赛:直到1988年的第24届汉城奥运会乒乓球才被列为正式比赛项目,只设男女单打和男女双打三个比赛项目。

8.羽毛球

(1)世界男子羽毛球团体锦标赛:始于1948年,每三年举办一届,从1984年起,改为每两年举办一届。由于此项赛事的冠军奖杯是国际羽联第一任主席汤姆斯所赠,因此又称"汤姆斯杯"。

(2)世界女子团体锦标赛:因为此比赛奖杯由全英羽毛球女子单打冠军尤伯夫人1956年所赠,故又称"尤伯杯"。同年举行了第一届尤伯杯比赛,以后每三年举办一届,从1984年起,改为每两年举办一届。

(3)世界羽毛球锦标赛:第一届比赛于1977年举行,以后每三年举办一届,从1984年起,改为每两年举办一届。此项赛事只设单项比赛,有男女单打、男女双打和混合双打五个比赛项目。

(4)全英羽毛球锦标赛:此项赛事由英国羽协举办,比赛安排在每年三月的最后一周在伦敦举行,从1899年起(除两次世界大战期间停办以外)每年如期举办。全英羽毛球锦标赛被称为世界羽坛最高水平的单项比赛。

9.网球

(1)网球四大满贯赛:是世界网坛最高水平的比赛。每年有四大赛事,即温布尔顿(6月底~7月初)、美国网球公开赛(8月底~9月初)、法国网球公开赛(5月底~6月初)和澳大利亚网球公开赛(1月底~2月初)。四大赛事都设有高额奖金。一名运动员获得以上四大赛事同一项目的冠军,就叫"大满贯"。四大赛事分别设男女单打、男女双打和混合双打五项比赛。

(2)网球团体赛:国际网联承认的正式团体赛有男子团体赛和女子团体赛。男子团体赛即国际网球锦标赛,又称"戴维斯杯赛",此项奖杯由美国运动员戴维斯捐赠的纯银大奖杯,作为永久性的流动奖杯。此项赛事始于1900年,比赛采用四场单打、一场双打,先胜三场者为胜队。女子团体赛,又叫"联合会杯赛",始于1963年,设两场单打和一场双打,先胜两场者为胜队。以上两项比赛每年举办一次,以国家为单位参加,不设奖金,但声誉很高。

三、体育竞赛的欣赏

欣赏精彩、激烈的体育竞赛,已成为现代人社会活动的内容之一。对欣赏体育竞赛的意义的认识,早在古希腊的宗教和教育体系就有所反映。19世纪英国教育革命以来,尽管人们把体育竞赛引入学校的初衷是因为发现它可以培养人们的组织才能,但随着竞赛本身特有的竞争性、娱乐性以及艺术表现力的呈现,吸引了愈来愈多的观众。随着社会的进步和经济的发展,高科技在竞技体育中的广泛运用,使现代体育的面貌焕然一新,运动技术日趋完美,比赛场面紧张激烈,体育竞赛魅力无穷。同时新闻媒体的高度发达、竞技体育的职业化和商业化活动的广泛介入,使人们多层面、宽视角的观赏体育竞赛成为现实。

1. 欣赏体育竞赛的意义

任何一项比赛都是通过个人(或集体)发挥其体能、技术、心理、智慧等方面的内在潜力来进行角逐。在比赛过程中,观众不仅能欣赏到运动员健康、强壮、匀称、优美的身体形态,而且可以欣赏到运动员展现出来的准确、干净利落、洒脱、新颖的动作造型,给人以愉悦的享受。当人们感受着优美的运动造型、色彩、音响和旋律时情操得到了陶冶,体验着日常生活中难以涉及的既复杂又多变的时空感受时,无疑为我们的生活增添了无穷的乐趣。

观赏体育比赛,可以强化集体观念,激发爱国主义热情,振奋民族精神。各种比赛的参赛者都代表着国家或社会群体,他们在比赛中不仅要实现自己的人生价值,而且要为所代表的国家或群体争取荣誉,而观赏者与参与者往往有着千丝万缕的社会关系。因此,运动竞技的成败、胜负、荣辱都与观赏者有着息息相关的联系。

凡属于重大国际比赛,大多以国家为代表参赛,即使以个人名义参加的大型比赛,运动员也代表着自己的国家。尽管世界各国的政治观点和生活方式不同,但世界性体育竞赛直接关系到国家和民族的荣誉和尊严。特别是当本国或本民族运动员获胜,运动员和观众都会情不自禁地热泪盈眶,激动万分,把本国运动员的胜利视为自己国家和民族的莫大荣耀,从而自发地产生出强烈的民族自豪感。如第二十三届美国奥运会射击比赛中,许海峰经过顽强拼搏,为中国夺得第一枚金牌,也是中国奥运史上第一枚金牌,实现了中华民族奥运会史上"零"的突破,全国人民欢欣鼓舞,奔走相告,大大地激发了全国人民"团结起来,振兴中华"的民族热情,同时也强烈地感染了广大海外侨胞,增强了他们的民族自信心,爱国主义情感更加浓厚。当然,我们对振奋民族精神的认识要从体育竞赛的精神内涵中寻求动力,体育竞赛能激发人们的健康锻炼意识和参与运动意识,以提高全民族的健康水平;能启迪和激发观众的顽强拼搏精神、道德法制意识和创新竞争意识等,这些精神和意识对于我们每一个人来说都是不可缺少的。

2. 欣赏体育竞赛的途径

观看体育比赛已成为现代人们生活的重要内容之一。在现代社会中,观赏体育比赛的途径有很多,但一般可分为直接观赏和通过媒体间接观赏两大类。

(1)直接观赏。观赏者直接进入体育场馆的现场观看比赛,可以调动自己的全部感官,观赏完整的比赛过程,感受强烈的现场气氛,整体感强,可以和运动员进行感情交流。虽然购票支出等花费较大,但很多观众特别是年轻人还是乐于参加,并把它视为时尚的业余文化生活。其不足是由于受到时间、场馆座位数等因素的影响,能利用这种途径直接观赏体育竞赛的人数相对较少。

(2)间接观赏。现代社会传媒体系的高度发达,为我们的间接观赏创造了便利的条件。只要你打开电视、广播、手机、电脑网络等,体育比赛的信息会向你涌来。虽然不能和运动员直接进行感情交流,但是由于转播者的巧妙编排,不但可以看到全景,还能观赏到关键的、精彩的特写镜头,使观赏者犹如身临其境,而且比较自由。这是广大体育爱好者观赏体育竞赛的主要途径。

3.运动竞赛的内容和方法

体育比赛是体育运动最基本和最主要的表现形式之一。比赛过程中的竞争性、竞争的对抗性、对抗结果的不确定性和显示结果的及时性,都不同程度地引起了观赏者的极大关注和心理上的悬念,人们往往对于那些不可能预知的结果寄予更大的期望。进行观赏活动时,人们往往有着各自不同的出发点。体育比赛能以其特殊的方式在震撼人心的情境中,使人们的期望在短时间内得到满足,这种情景使人们体验到紧张、痛快、敬佩、自豪,从而调整人们的心理平衡。观赏体育竞赛既然是一种社会文化活动,就应当讲究观赏时的方法,以便在精神上、感情上、知识上获得较大的收获。

(1)了解和熟悉比赛的有关基本常识。俗话说:"外行看热闹,内行看门道。"要提高自己的观赏水平,必须要提高对观赏项目的基本知识的了解,平时要经常关心它、接触它,懂得这个项目的发展和现状,主要技术、战术的特点,场地、器材、设备以及参赛队的实力对比等,才能获得理想的观赏效果。

(2)从不同的视角观赏体育竞赛。我们可以从个人精彩的技能技术、团队完美的战术组合、高超的体育智慧、优秀的体育精神以及体育场馆现代化的设施和优美的环境等方面加以观赏。当你看到高、新、难、险的运动技术时,可以获得赏心悦目的美感和精神上的享受,使你赏心悦目,甚至终生难忘;当你看到团队经过正确的组织、完美的配合,终于扬长避短、克敌制胜时,往往会有一种超凡的完美感受。运动场上胜负瞬息万变,要求参赛者具有很强的应变能力,稳定而又持续地发挥出自己超高水准的能力。在顺境时不骄不躁,逆境时镇定自若,裁判误判时不急不躁,受到干扰时不为所动。这是高超的体育智慧和体育精神的体现,在得到观众赞赏的同时,也教育感染了观赏者。现代化的体育场馆和设备,体现了当代最先进的科技水平,大型的体育竞赛如奥运会已成为各国展示其先进的科技水平和民族文化的舞台。

(3)观赏体育竞赛时要自我控制,调整好情绪。观赏体育竞赛既是休闲娱乐的过程,又是接受教育的过程。由于受传统、民族、地区等因素的影响,观赏者对比赛双方有着明显的倾向性。赛场上的呐喊助威烘托了热烈的赛场气氛。如果自己喜欢的一方获胜时,就会拍手称快、欢呼雀跃,而一旦失败则垂头丧气、失望、谩骂,少数人甚至煽动闹事,造成不良的社会影响。这就需要观赏者树立正确的观赏态度,提高自己的思想境界、审美情趣、道德修养,即使存在偏爱,也要树立正确的胜负观,主动调控情绪,保持心理平衡,表现出当代人应有的高尚文明素养。

第三章 常见运动损伤的预防与处理

第一节 运动损伤概述

运动损伤是指在运动过程中所发生的各种损伤。它是运动医学的重要组成部分,主要任务是预防和治疗运动中的损伤,研究损伤发生的原因、机理、规律。运动损伤对运动参加者造成的影响是十分严重的,不仅影响运动成绩的提高,缩短运动寿命,严重者还可使人残疾、死亡,给人们带来极坏的生理心理影响,妨碍体育运动的正常开展,因此,我们必须对运动损伤的发生加以深入研究,才能提出有针对性的防治措施,把运动损伤发生率及其危害降到最低限度。

一、运动损伤的分类

运动损伤的分类方法很多,现介绍几种。

1.按伤后皮肤或黏膜完整与否分类

(1)开放性损伤:即伤处皮肤或黏膜的完整性遭到破坏,有伤口与外界相通。如擦伤、刺伤、切伤和撕裂伤等。

(2)闭合性损伤:即伤处皮肤或黏膜无破损,没有伤口与外界相通,如挫伤、肌肉拉伤和关节韧带损伤等。

2.按伤后病程的阶段性分类

(1)急性损伤:指一瞬间遭到直接暴力或间接暴力造成的损伤,如肌肉拉伤、关节韧带扭伤等。

(2)慢性损伤:指局部过度负荷,多次微细损伤积累而成的损伤,或由于急性损伤处理不当转化来的陈旧性损伤,如肩袖损伤、髌骨软骨软化症等。

3.按受伤的组织结构分类

损伤××组织即为××损伤,如肌肉与肌腱损伤,皮肤损伤,关节、骨损伤,滑囊损伤,神经损伤等。

4.按伤性轻重分类

(1)轻伤:不影响工作和训练。

(2)中等伤:24小时以上不能工作或训练。

(3)重伤:须住院治疗。

二、运动损伤的原因

造成运动损伤的原因是多方面的,既与锻炼者的基础、技能水平有关,也与运动项目的特点、技术难度和运动环境等因素有关。

(1)思想麻痹大意是所有运动损伤因素中最主要的因素,包括运动前不检查器械,预防措施不得力,好胜好奇,常在盲目和冒失中受伤。

(2)运动前准备活动不充分,特别是缺乏针对性准备活动,使运动器官、内脏器官机能没有达到运动状态而造成损伤。

(3)运动情绪低下,或在畏难、恐惧、犹豫及过分紧张时发生伤害事故。有时因缺乏运动经验,缺乏自我保护能力致伤。

(4)内容组合不科学、方法不合理、纪律松散及技术上的错误等都可能引起损伤。

(5)运动场地狭窄、地面不平坦、器械安置不当或不坚固、锻炼者拥挤在一起或多种项目在一起活动,容易相互冲撞所致。

(6)空气污浊、噪音、光线暗淡、气温过高或过低、运动服装不合要求等原因都可能直接或间接地造成伤害事故。

三、运动损伤发生的规律

体育运动工作者和运动参加者如果掌握了运动损伤发生的规律,就可以采取适当的预防措施,从而降低运动损伤的发生率,对预防与治疗运动损伤有重大的意义。

运动损伤的发生因运动项目的不同而不同,具有一定规律。不同运动项目会发生身体不同部位的损伤,主要是由下列两个潜在因素所决定的:①运动项目的特殊技术要求;②运动员身体某部位存在的解剖生理弱点。当这两个因素由于某种原因同时起作用时,就容易发生运动损伤。例如,篮球运动员易伤膝,这是由于篮球运动员经常处于膝关节半屈位(130°~150°)时左右移动、进攻、防守、踏跳、上篮等,使膝关节发生屈曲、扭转、摩擦等,而膝关节半屈位正是它的解剖弱点,此时韧带及肌肉放松,关节杠杆长,导致关节稳定性相对较弱,因而易发生膝部软组织损伤(如韧带、半月板损伤和髌骨软骨病等)。

四、运动损伤的预防

运动损伤的预防应做到以下几点。

(1)加强运动安全教育,克服麻痹思想,提高预防意识。

(2)认真做好准备活动,对可能发生运动损伤的环节和易伤部位,要及时做好预防措施。

(3)合理组织安排锻炼,合理安排运动量,防止局部运动器官负担过重。

(4)加强保护与帮助,特别要提高自我保护能力。如摔倒时,立即屈肘低头,团身滚动,切不可直臂或肘部撑地。由高处跳下时,要用前脚掌着地,注意屈膝、弯腰、两臂自然张开,以利于缓冲和保持身体平衡。

第二节 运动损伤的急救

一、急救的目的和注意事项

急救是对意外或突然发生的伤病事故进行紧急的临时性处理。其目的是保护伤病员的生命安全,避免再度伤害,减轻伤病员的痛苦,预防并发症,并为伤病员的转移和进一步治疗创造条件。因此,无论何种急性损伤,做好现场急救都是十分重要的。

急救时必须抓住主要矛盾,救命在先,做好休克的防治。骨折、关节脱位、严重软组织损伤或合并其他器官损伤时,伤员常因出血、疼痛而发生休克。在现场急救时,要注意预防休克,若发生休克,必须优先抢救休克;其次,急救必须分秒必争,力求迅速、准确、有效,做到快救、快送医院处理。

二、运动损伤的急救方法

(一)出血和止血法

1. 出血

据研究,健康成人平均每千克体重约有血液 75ml,总血量可达 4000~5000ml。若出血量超过全身血量的 30% 时,将可能危及生命。因此,对外出血的伤员,尤其是大动脉的出血,必须立即止血;对怀疑有内脏或颅内出血的伤员,应尽快送医院处理。

根据损伤血管的种类,出血可分为以下几类。

(1)动脉出血。血色鲜红,血液像喷泉般流出不止,短时间内可大量出血,易引起休克,危险性大。

(2)静脉出血。血色暗红,出血方式为流水般不断流出,危险性小于动脉出血,但大静脉出血也会引起致命的后果。

(3)毛细血管出血。血色红,多为渗出性出血,危险性小。

根据受伤出血的流向可分为以下几类。

(1)外出血。体表有伤口,血液从伤口流到身体外面,这种出血容易发现。

(2)内出血。体表没有伤口,血液不是流到体外,而是流向组织间隙(皮下肌肉组织),形成淤血或血肿;流向体腔(腹腔、胸腔、关节腔等)和管腔(胃肠道、呼吸道)形成积血。由于内出血不易发现,容易发展成大出血,故危险性很大。

2. 止血法

常用的外出血临时止血法有以下几种。

(1)冷敷法。常用于急性闭合性软组织损伤。

(2)加压包扎止血法。适用于毛细血管和小静脉出血,用生理盐水冲洗伤部后再用厚敷料覆盖伤口,外加绷带增加血管外压,此法促进自然止血过程,达到止血目的。

(3)抬高伤肢法。适用于四肢小静脉和毛细血管出血,将患肢抬高,使出血部位高于心脏,降低出血部位血压,达到止血效果。此法在动脉或较大静脉出血时,仅作为一种辅助方法。

(4)屈肢加压止血法。前臂、手或小腿、足出血不能制止时,如未合并骨折和脱位,可在肘窝和腘窝处加垫,强力屈肘关节和膝关节,并以绷带"8"字形固定,可有效控制出血。

(5)指压止血法。这是现场动脉出血常用的最简捷的止血措施。指压法的要领是在出血部位的上方,在相应的压迫点上用拇指或其余四指把该动脉管压迫在邻近的骨面上,以阻断血液的来源而达到止血的效果。这是动脉出血时的一种临时止血法,所加压力必须持续到可以结扎血管或用止血钳夹住血管为止。常用的有:①颞浅动脉压迫止血法。一手扶伤员的头并将其固定,用另一手拇指在耳屏前上方一指宽处摸到搏动后,将该动脉压迫在颞骨上。它适用于同侧前额部或颞部出血的止血。②面动脉压迫止血法。在下颌角前约1.5cm处,用拇指摸到搏动后将其压在下颌骨上,可止住同侧眼以下面部出血。③锁骨下动脉压迫止血法。在锁骨上窝内1/3处摸到搏动后,用拇指把该血管压迫在第一肋骨上。它适用于肩部及上臂出血的止血。④肱动脉压迫止血法。将伤臂稍外展、外旋,在肱二头肌内缘中点处摸到搏动后,用拇指或食、中、环三指将该动脉压迫在肱骨上。它适用于前臂及手部出血的止血。⑤指动脉压迫止血法。手指出血时,用健侧手的拇、食两指压迫患指两侧指根部,并抬高患肢。⑥股动脉压迫止血法。伤员仰卧,患腿稍外展、外旋,在腹股沟中点稍下方摸到搏动后,用双手拇指重叠(或掌根)把该动脉压迫在耻骨上。它适用于大腿和小腿出血的止血。⑦胫前、胫后动脉压迫止血法。在踝关节背侧,于胫骨远端摸到搏动后,把该动脉压迫在胫骨上;在内踝后方,将胫后动脉压迫在胫骨上。它适用于足部出血的止血。

(6)止血带止血法。在四肢较大的动脉出血时,通常用止血带止血。目前常用的止血带有充气止血带、橡皮带止血带、橡皮管止血带。现场急救中常用携带方便的橡皮管止血带,缺点是施压面狭窄易造成神经损伤。如果无橡皮止血带,现场可用宽布带或撕下一条衣服以应急需。止血带结扎的标准位置点在上肢为上臂的上1/3部,下肢为大腿中、下1/3交界处。上臂中、上1/3处扎止血带易损伤桡神经,为禁区。

止血带的压力要适中,既要达到阻断动脉血流,又不会损伤局部组织。上止血带的时间要注明,如果长时间转运,途中上肢每半小时、下肢每1小时应放松2~5min,以使伤肢间断地恢复血循环。放松时应以手指在出血处近端压迫主要出血的血管,以免每放松一次丢失大量的血液。止血带使用不当可引起局部损伤、周围神经损伤,甚至导致肢体坏疽。因此,一般只在其他止血方法不能奏效时再用止血带。内出血中的体腔出血,如肝脾破裂或血胸多有严重的休克,应立即送医院处理。临床上常用查红细胞、血色素及血球容积的方法诊断。一旦发生严重休克,常常需要及时输血及手术治疗。

(二)急救包扎的方法

包扎有固定夹板或敷料,限制伤肢活动,避免加重伤情;保护创口,预防或减少感染;支持伤肢,使之保持舒适的位置,减轻疼痛和压迫止血,防止或减轻肿胀等多种作用。包扎时,动作要柔和、熟练,包扎的松紧度应适中,过紧会妨碍血液循环,过松则起不到包扎的作用。绷带包扎要从伤部远端开始,包扎结束时,绷带末端要用胶布黏合固定或将绷带末端留下一段,纵形剪开缚结固定,但缚结不要在伤口处。尽可能使四肢肢端外露。

绷带包扎法是急救技术中不可缺少的重要组成部分,常用的绷带有卷带和三角巾,现场还可用毛巾、头巾、衣物等代替。

1. 绷带包扎注意事项

(1)包扎动作应熟练柔和,尽可能不要改变伤肢位置,以免增加伤员痛苦。

(2)包扎松紧度要合适,过紧会影响血液循环,过松将失去包扎的作用。一般在包扎四肢时,应露出手指或足趾,以便观察包扎的松紧度。

(3)卷带包扎一般应从伤处远心端开始,近心端结束,末端用粘膏或别针固定,如需缚结固定,缚结处应避开伤口。

2. 绷带包扎法

绷带包扎要根据包扎部位的形态特点,采用不同的包扎方法。

(1)环形包扎法。用于包扎肢体粗细均匀的部位,如手腕、小腿下部和额部等,也是其他包扎法的开始或结束时使用的包扎法。包扎时,先展开绷带,把带头斜放在伤肢上并用拇指压住,将卷带绕肢体一圈后,再将带头的一个小角反折,然后继续绕圈包扎,每圈都盖住第一圈,包扎3~4圈即可。

(2)螺旋形包扎法。用于包扎肢体粗细相差不大的部位,如上臂、大腿下部等。包扎时先作2~3圈环形包扎,然后将绷带向上斜形缠绕,每圈都盖住前一圈的1/2~1/3。

(3)反折螺旋形包扎法。用于包扎肢体粗细相差较大的部位,如前臂、小腿、大腿等。包扎时,先做2~3圈环形包扎后,用左拇指压住绷带上缘,将绷带向下反折,向后绕并拉紧绷带,每圈反折一次,后一圈压住前一圈的1/2~1/3,反折处不要在创口或骨突上。

(4)"8"字形包扎法。多用于包扎肘、膝、踝等关节处。方法有两种:一是先在关节处作几圈环形包扎后,将绷带斜形环绕,另一圈在关节上方缠绕,一圈在关节下方缠绕,两圈在关节凹面相交,反复进行,逐渐离开关节,每圈压住前一圈的1/2~1/3,最后在关节上方或下方作环形包扎结束;二是先在关节下方作几圈环形包扎后,将绷带由下而上,再由上而下地来回作"8"字形缠绕,使相交处逐渐靠拢关节,最后作环形包扎结束。

3. 三角巾包扎法

三角巾应用方便,适用于全身各部位的包扎。这里只介绍手、足和头部包扎法。

(1)手部包扎法。三角巾平铺,手指对向顶角,将手平放在三角巾的中央,底边横放于腕部。先将三角巾顶角向下反折,再将三角巾两底角向手腕背部交叉围绕一圈,在腕背打结。

(2)足部包扎法。与手部包扎法基本相同。

(3)头部包扎法。三角巾底边置于前额,顶角在后,将底边从前额绕至头后,压住顶角并打结。若底边较长,可在枕后交叉再绕至前额打结。最后把顶角拉紧并向上翻转固定。

4. 前臂悬挂法

前臂悬挂分大、小悬臂带两种。

(1)大悬臂带。常用于除锁骨和肱骨骨折以外的其他上肢损伤。将三角巾的顶角置于伤肢的肘后,一底角拉向健侧肩上,伤肢屈肘90°,前臂放在三角巾的中央,再将三角巾的另一底角向上翻折并包住前臂,两底角在颈后打结。最后拉直顶角并向前折回,用胶布粘贴固定。

(2)小悬臂带。常用于肱骨或锁骨骨折。先将三角巾折叠成约四横指宽的宽带,也可用宽绷带或软布带代替。将宽带的中间置于前臂的下1/3处,屈肘90°,宽带的两端在颈后打结。

（三）骨折的急救

在外力的作用下，骨结构的连续性或完整性遭到破坏叫骨折。在剧烈运动中，特别是对抗性强的运动中，骨折经常发生。

1.骨折的分类

根据骨断端是否与外界相通，骨折可分为以下两类。

（1）闭合性骨析。骨折断端与外界不相通，骨折处皮肤完整。

（2）开放性骨析。骨折断端与外界或空腔器官相通。易感染，可造成合并骨髓炎或败血症。

根据骨折线的形状，骨折可分为横形、斜形、螺旋形、粉碎性骨折等。

根据骨折的程度，骨折可分为以下两类。

（1）完全骨折。骨折断端完全断开，如横形骨折、粉碎性骨折等。

（2）不完全骨折。骨折断端部分断裂，如疲劳性骨折、颅骨骨折、青枝骨折等。

2.骨折的原因

（1）直接暴力。骨折发生在暴力直接作用的部位，如跪倒时引起髌骨骨折、足球运动中两人对足引起胫骨骨折等。

（2）间接暴力。骨折发生在远离暴力接触的部位，如摔倒时手掌撑地而发生前臂或锁骨骨折等。

（3）肌肉强烈收缩。由于肌肉急骤地收缩和牵拉而发生的骨折，如举重运动员突然地翻腕动作，可因前臂屈肌群强烈收缩而发生肱骨内上髁撕脱骨折；跨栏时引起大腿后群肌肉起点部坐骨结节的撕脱骨折等。

（4）积累性暴力。如在硬地上跑跳过多引起胫腓骨疲劳性骨折；体操运动员支撑过多引起尺桡骨疲劳性骨折等。

3.骨折的急救处理

对骨折病人的急救原则是防治休克、保护伤口、固定骨折。即在发生骨折时，应密切观察，如有休克存在，则首先是抗休克，如有出血，应先止血，然后包扎好伤口，再固定骨折。

骨折的临时固定，即用夹板、绷带将折断的部位固定包扎起来，使伤部不再活动，称为临时固定。其目的是减轻疼痛，避免再伤和便于转送。

临时固定的注意事项：①骨折固定时不要无故移动伤肢，为暴露伤口，可剪开衣裤、鞋袜，对大小腿和脊柱骨折，应就地固定，以免因不必要的搬运而增加伤员的痛苦和伤情。②固定时不要试图整复，如果畸形严重，可顺伤肢长轴方向稍加牵引。开放性骨折断端外露时，一般不宜还原，以免引起深部污染。③固定用夹板或托板的长度、宽度，应与骨折的肢体相称，其长度必须超过骨折部的上、下两个关节。如没有夹板和托板，可就地取材（如树枝、木棍、球棒等），或把伤肢固定在伤员的躯干或健肢上。夹板与皮肤之间应垫上棉垫、纱布等软物。④固定的松紧要合适、牢靠，过松则失去固定的作用，过紧会压迫神经和血管。故四肢固定时，应露出指（趾），以便观察肢体血流情况。如发现异常（如肢端苍白、麻木、疼痛、变紫等），应立即松开重新固定。

各部位骨折的临时固定方法如下。

(1)上肢骨折。①锁骨骨折:用两个棉垫分别置于双侧腋下,然后用双环包扎法或"8"字形包扎法,最后以小悬臂带将伤肢挂起。②肱骨骨折:用2~4块合适夹板固定上臂,屈肘90°,用悬臂带悬吊前臂于胸前,最后以叠成宽带的三角巾把伤肢绑在躯干上加以固定,如无夹板,可用布带将上臂包缠在胸部侧方,并将前臂悬吊胸前。③前臂及腕部骨折:用1~2块有垫夹板在掌背侧固定前臂,屈肘90°,前臂中立位用大悬臂带悬吊胸前。④手部骨折:用手握纱布棉花团或绷带卷,然后用有垫夹板或木板置于前臂掌侧固定,用大悬臂带悬吊于胸前。

(2)下肢骨折。①股骨骨折:用长短两块夹板,分别置于伤肢外侧和内侧,外侧上自腋下,下达足跟,内侧自大腿根部至足部。夹板内面应垫软物,然后用布带进行包扎固定,在外侧作结。如无夹板,可将两腿并拢捆在一起。②髌骨骨折:在腿后放一夹板,从大腿至足跟,用布带在膝上、膝下和踝部将膝关节固定在伸直位,防止屈曲。③胫腓骨及踝部骨折:用夹板1~2块,上自大腿中部,下达足跟部,或用一长钢丝托板,上自大腿中部,下在足跟部转成直角,包扎固定。

(3)脊柱骨折临时固定与搬运。搬运时必须使脊柱保持在伸直位,不能前屈、后伸和旋转,严禁1人背运、2人抱抬或用软垫搬运,否则会加重脊柱的损害。正确搬运法一般由3~4人搬运,分别于患者两侧,用双手托起背部、腰部、臀部和大腿(若颈椎骨折可一人专管头部的牵引固定),几人托起的力和时间要保持一致,使脊柱保持水平位,缓慢地搬放于硬板担架上。也可用滚动法,即将担架置于病人体侧,一人稳住头,其他人将病人推滚到木板或担架上。胸腰椎骨折可在腰部垫一薄垫。颈椎骨折应将头颈放在中立位,头颈两侧用沙袋或衣物固定,以防头部活动。①腰椎骨折:疑有腰椎骨折时,要尽量避免骨折处有移动,更不能让伤员坐起或站起,以免引起或加重脊髓损伤,不论伤员是仰卧,还是俯卧,尽可能不要变动原来的位置。用硬板担架或门板放在伤员身旁,由数人协力轻轻把伤员搬至木板上,取仰卧位,并用数条宽带把伤员缚扎在木板上,若腰部悬空时,应在腰下垫一小枕或卷起的衣服,若使用帆布担架时,伤员要俯卧,使脊柱伸直,禁止屈伸。②颈椎骨折:若固定与搬动方法不当,有引起脊髓压迫的危险,可能立即发生四肢与躯干的高位截瘫,甚至引起死亡。因此,务必使头部固定于伤后位置,不屈不伸不旋转,数人协力把伤员搬至木板上,头部两侧用沙袋或卷起的衣服固定,用数条宽带把伤员缚扎在木板上,严禁头颈左右旋转与屈伸。

(四)关节脱位的急救

1. 关节脱位或脱臼

脱位或脱臼是指关节面失去正常的联系。关节脱位可分为损伤性脱位、先天性脱位、习惯性脱位、病理性脱位、开放性脱位与闭合性脱位、完全脱位与不完全脱位等。关节脱位同时可伴有关节囊、骨膜、关节软骨、韧带、肌腱等组织的损伤或撕裂,严重时还会伤及神经或伴有骨折。

关节脱位在运动中大多是间接外力所致。如摔倒后用手撑地,可引起肘关节或肩关节脱位,这在田径、球类、体操等项目中时有发生。也有少数为直接暴力引起。

2. 关节脱位的急救

关节脱位后,关节内发生血肿,如果复位不及时,血肿会激化而发生关节粘连,使关节复位增加困难。因此,脱位后应尽早进行整复,不但容易成功,而且有利于关节功能的恢复。若不能及时复位,则应立即用夹板和绷带在关节脱位所形成的姿势下进行临时固定,保持伤员安静,尽快送医院处理。

在运动损伤中以肩、肘关节脱位为常见,其临时固定方法为:肩关节脱位可用大悬臂带悬挂伤肢前臂于屈肘位;肘关节脱位最好用铁丝夹板弯成合适的角度置于肘后,用绷带固定后再用大悬臂带挂起前臂,如无铁丝夹板,可直接用大悬臂带固定伤肢。若现场无三角巾、绷带、夹板等,可就地取材,用头巾、衣物、薄板、竹板、大本杂志等作为替代物。

(五)心肺复苏

呼吸停止和心跳停止可以单独或同时发生。呼吸停止后则全身缺氧,随即可引起心跳停止;心跳停止后,延髓血流即停止,可迅速引起延髓缺氧及中枢性呼吸衰竭而导致呼吸停止。引起呼吸、心跳骤停的原因较多,较常见的有电击伤、一氧化碳中毒或药物中毒、严重创伤、大出血、溺水和窒息等。

呼吸停止但心跳尚未停止的病人,应立即进行人工呼吸,并注意心脏工作情况;心跳停止而呼吸尚未停止的伤员,应立即进行胸外心脏挤压,并注意维护呼吸道通畅;呼吸和心跳都停止的病人,应同时进行人工呼吸和胸外心脏挤压,最好由两人配合进行,一人做人工呼吸,一人做胸外心脏挤压,两者操作频率之比 1∶4。呼吸、心跳骤停的抢救必须做到行动迅速,争分夺秒,才可能挽救病人生命。虽然人工呼吸和胸外心脏挤压法在运动实践中应用较少,但在群众性游泳中发生溺水并非少见。因此,体育教师和教练员掌握人工呼吸和胸外心脏挤压法是非常必要的。现场急救的最重要手段就是人工呼吸和胸外心脏按压。

1. 人工呼吸

肺位于富有一定弹性的胸廓内,当胸廓扩大时,肺也随着扩张,于是肺的容积增大,外界空气进入肺内,即为吸气;当胸廓缩小时,肺也随之回缩,肺内气体排出体外,即为呼气。对呼吸停止的人,可根据以上原理,用人工被动扩张与缩小胸廓的方法,使空气重新进出肺脏,以实现气体交换,称为人工呼吸法。人工呼吸方法较多,最有效的是口对口吹气法。

(1)口对口吹气法。伤员仰卧,头部置于极度后仰位,打开口腔并盖上一层纱布。救护者一手托起患者下颌,掌根部轻压环状软骨,使其间接压迫食道,以防吹入的空气进入胃内;另一手捏住患者鼻孔,深吸一口气后,对准患者口部吹入。吹气完后,立即松开捏住鼻孔的手。如此反复进行,每分钟吹气 16~18 次。

(2)注意事项。施行人工呼吸前,应迅速消除患者口腔、鼻腔内的假牙、分泌物或呕吐物,松开衣领、裤带和胸腹部衣服。开始时,吹气的气量和压力宜稍大些,吹气 10~20 次后应逐渐减少,以维持上胸部轻度升起为度。牙关紧闭者,可采用口对鼻吹气法,救护者一手闭住患者口部,以口对鼻进行吹气,其他操作与口对口吹气法相同。

(3)有效的表现。①吹气时胸廓扩张上抬;②在吹气过程中听到肺泡呼吸音。

2. 胸外心脏挤压法

心脏位于胸腔纵隔的前下部,前邻胸骨下半段,后为脊柱,其左右移动受到限制。胸廓具有一定的弹性,挤压胸骨体下半段,可间接压迫心脏,使心脏内的血液排出;放松挤压时,胸廓恢复原状,胸内压下降,静脉血则回流至心脏。因此,反复挤压和放松胸骨,即可恢复血液循环。

(1)操作方法。病人仰卧在木板或平地上,救护者双手手掌重叠,以掌根部放在病人胸骨体的下半段,肘关节伸直,借助于自身体重和肩臂肌的力量,均匀而有节奏地向下施加压力,使胸骨体下半段和相连的肋软骨下陷3~4cm,随后立即将手放松(掌根不离开病人皮肤),如此反复进行。成人每分钟挤压60~80次。小儿用单手掌根挤压,每分钟挤压100次左右。

(2)注意事项。救护者只能用掌根压迫病人胸骨体下半段,不可将手平放,手指要向上稍翘起与肋骨离开一定距离;挤压方向应垂直对准脊柱;挤压时应带有一定的冲击力;用力不可太轻或太大,太轻不能起到间接压迫心脏的作用,太大会引起肋骨骨折。在就地进行抢救的同时,要迅速请医生来处理。

(3)挤压有效的表现。摸到颈动脉或股动脉搏动,上肢收缩压在8kPa(60mmHg)以上,口唇、指甲床的颜色比挤压前红润,有的病人呼吸逐渐恢复,原来已散大的瞳孔也随着缩小而趋恢复。若出现以上表现,则说明挤压有效,应坚持做到病人出现自动心跳为止;若没有出现上述表现,则说明挤压无效,应改进操作方法和寻找其他原因,但不可轻易放弃现场抢救。

3.心肺复苏的有效指标

(1)按压时在颈、股动脉处应摸到搏动,直到收缩压在60mmHg以上。

(2)面色、口唇、指甲床及皮肤等色泽转红。

(3)扩大的瞳孔再度缩小。

(4)呼吸改善或出现自主呼吸。只要有前1~2项有效指标出现,心脏按压就应坚持下去。无论是呼吸骤停,还是心跳骤停,或呼吸与心跳均骤停,在进行现场急救的同时,都应迅速派人通知医生来处理。

> **知识点:真死和假死的判断**
> 病人死亡具有如下特征:①呼吸停止;②心跳停止;③瞳孔扩大,对光反射消失;④角膜反射消失。若只出现上述1~2个征象,为假死。若4个征象齐备,并且用手捏眼球时,瞳孔变形,即为真死。

(六)搬运伤员的方法

伤病员在现场进行初步急救处理和随后送往医院的过程中,必须要经过搬运这一重要环节。正确的搬运术对伤病员的抢救、治疗和愈合都至关重要。从整个急救过程来看,搬运是急救医疗不可分割的重要组成部分,仅仅把搬运看成简单体力劳动是一种错误观念。

搬运主要有以下几种方法。

1.徒手搬运

(1)单人搬运。由一个人进行搬运。常见的有扶持法、抱持法、背法。

(2)双人搬运。常见的有椅托式、轿杠式、拉车式、椅式、平卧托运式。

2.器械搬运

将伤员放置在担架上搬运,同时要注意保暖。在没有担架的情况下,也可以采用椅子、门板、毯子、衣服、大衣、绳子、竹竿、梯子等制作简易担架搬运。

3.工具运送

如果从现场到转运终点路途较远,则应组织、调动、寻找合适的现代化交通工具,运送伤病员。

4.危重伤病员的搬运

(1)脊柱损伤。硬担架,3~4人同时搬运,固定颈部不能前屈、后伸、扭曲。

(2)颅脑损伤。半卧位或侧卧位搬运。

(3)胸部伤。半卧位或坐位搬运。

(4)腹部伤。仰卧位、屈曲下肢,宜用担架或木板搬运。

(5)呼吸困难病人。坐位,最好用折叠担架(或椅)搬运。

(6)昏迷病人。平卧,头转向一侧或侧卧位搬运。

(7)休克病人。平卧位,不用枕头,脚抬高搬运。

(七)休克的急救

运动损伤的急救是在运动现场对伤员采取迅速合理的急救方法,不仅能挽救伤员生命,减轻痛苦和预防并发症,而且可以为进一步治疗及康复创造良好的条件。

休克是机体受到各种有害因素的强烈侵袭而导致有效循环血量锐减,主要器官组织血液灌流不足所引起的严重全身性综合症。

1.原因和原理

休克产生的原因很多,运动损伤中并发的休克主要是创伤性休克,多为严重创伤引起的剧烈疼痛,如多发性骨折、睾丸挫损、脊髓损伤等。它主要是通过神经反射使周围血管扩张,血液分布的范围增大,造成相对的血容量不足;脊髓损伤可以阻断血管运动中枢与周围的血管间的联系,使血管扩张,引起休克。其次为出血性休克,由于损伤引起急剧体内外出血造成大量失血、失血浆、失液均可导致循环血量减少而发生休克,如腹部挫伤致肝脾破裂的内出血、股骨骨折合并大动脉的外出血等。

休克的发病原理是有效循环血量不足,引起全身组织和血流灌注不良,导致组织缺血缺氧、代谢紊乱和脏器功能障碍(包括心、脑、肺、肾等重要器官功能障碍)。

2.急救

对于休克病人要尽早进行急救,应迅速使病人平卧安静休息,患者的体位一般采取头部和躯干部抬高10°,下肢抬高约20°的体位,这样可增加回心血量并改善脑部血流状况。松解衣物,保持呼吸道畅通,清除口中分泌物或异物,对病人要保暖,但不能过热,以免皮肤扩张,导致血管床容量增加,使回心血量减少,影响生命器官的血液灌注量和增加氧的消耗。在炎热的环境下则要注意防暑降温,同时尽量不要搬动病人;若伤员昏迷,头应侧偏,并将舌头牵出口外,必要时要吸氧和进行口对口人工呼吸,并针刺或掐点人中、百会、合谷、内关、涌泉、足三里等穴位。与此同时,应积极去除病因,如由于大量出血引起的休克,应立即采取有效的方法止血;由于外伤、骨折等剧烈疼痛所引起的休克,应给予镇痛剂和镇静剂,以减少伤员痛苦,防止加重休克;骨折者应就地上夹板固定伤肢。

以上是一般的抗休克措施。由于休克是一种严重的、危及生命的病理状态,所以在急救的同时,应迅速请医生或及时送医院处理。对休克病人应尽量避免搬运颠簸。

第三节 常见运动损伤的处理

一、软组织损伤

这类损伤可分为开放性损伤和闭合性损伤。前者有擦伤、撕裂伤、刺伤等;后者有挫伤、肌肉拉伤等。

1. 擦伤

(1)原因与症状。因运动使皮肤受搓致伤,如跑步摔倒时、体操运动时身体擦磨器械受伤,擦伤后皮肤出血或组织液渗出。

(2)处理。小面积擦伤可以用红药水涂抹伤口即可;大面积擦伤先用生理盐水洗净,涂抹红药水,再用消毒布覆盖,最后用纱布包扎。面部擦伤最好不用龙胆紫等染色剂涂抹,因为用后可能在数月内染色不退,有碍美观;膝关节处皮肤擦伤,先要洗净,然后用消炎油膏涂抹,盖上无菌纱布,粘膏固定,必要时缠上绷带。

2. 撕裂伤

(1)原因与症状。在剧烈运动时或受到突然强烈的撞击时造成肌肉撕裂,其中包括开放性损伤和闭合性损伤。常见的有眉际撕裂、跟腱撕裂等。开放性损伤顿时出血,周围红肿;闭合性损伤触及时有凹陷感和剧烈疼痛。

(2)处理。轻度开放性损伤用红药水涂抹即可;裂口大时则需止血和缝合伤口,必要时注射破伤风抗毒血清,以防破伤风症;如肌健断裂,则需要手术缝合。

3. 挫伤

(1)原因与症状。因撞击器械或练习者之间相互碰撞而造成挫伤。单纯挫伤会在损伤处出现红肿,皮下出血,并有疼痛;内脏器官受伤时,则会出现头晕,脸色苍白,出虚汗,四肢发凉等现象,严重者甚至出现休克。

(2)处理。在 24 小时内冷敷或加压包扎,抬高患肢或外涂中药;24 小时以后,可按摩或理疗。进入恢复期可进行一些功能性锻炼。如果怀疑内脏损伤,则进行临时处理后,送医院检查和治疗。

4. 肌肉拉伤

(1)原因与症状。通常在外力直接或间接作用下使肌肉过度主动收缩或被动拉长时引起的。特别是由于准备活动不充分、动作不协调时以及肌肉弹性、伸展性、肌力差者更易拉伤,损伤后伤处肿胀、压痛、肌肉痉挛,触诊时可摸到硬块。严重的肌肉拉伤是肌肉撕裂。

(2)处理。轻者应即刻冷敷,局部加压包扎,抬高患肢,24小时后可施行按摩或理疗。如果肌肉已大部分或完全断裂,在加压包扎急救后,固定患肢,立即送医院手术缝合。

二、关节、韧带扭伤

扭伤是由于受到外力的冲击,关节和韧带产生非正常的扭动而致伤。

1. 原因与症状

受外力的触击或撞击,运动时身体落地重心不稳,向一侧倾斜或踩在他人足上或高低不平的地面上而致伤。伤后局部能力立即丧失,有明显肿胀、疼痛等。

2. 处理

(1)伤后立即抬高患肢,伤情严重的要立即冷敷或用自来水冲淋,加压包扎,固定休息,使毛细血管收缩,防止肿胀。

(2)24小时后即可拆除包扎,可采用热敷、理疗,使毛细血管扩张,促进血液循环。

(3)严重扭伤,如韧带断裂,关节脱位,应尽快到医院缝合或做固定处理。

三、溺水

1. 原因与症状

在游泳时,因肌肉痉挛或技术上的原因导致溺水。溺水时,水经过鼻进入肺内,造成呼吸道阻塞,或者因吸水的刺激,引起喉部肌肉痉挛使气体不能进出,导致窒息和昏迷。如果时间稍长,则因缺氧而危及生命。

窒息后,脸色苍白而肿胀,眼睛充血,口鼻充满泡沫,四肢冰冷,神志昏迷,胃腹吸满水而鼓起,甚至呼吸、心跳停止。

2. 处理

(1)立即将溺水者救上岸后,清除口腔中的分泌物和其他异物,并迅速进行倒水,但不要过分强调倒水而延误了宝贵的抢救时间。

(2)立即进行人工呼吸,若心跳已停止应同时施行心脏胸外挤压法。人工呼吸和心脏胸外挤压以1∶4的频率进行,急救者之间应密切配合,进行积极而耐心的抢救,直至自主恢复呼吸为止。

(3)清醒后,立即送医院,作进一步检查和治疗。在运送途中必要时继续进行人工呼吸。

四、膝关节内侧副韧带损伤

这种损伤以内侧损伤较常见,多发生在膝关节处,小腿突然外旋,或足部固定,大腿突然内收内旋,都可使内侧副韧带损伤。如旋风脚落地方法不当,极易造成内侧副韧带损伤。另外,关节外侧受暴力撞击也可造成损伤。症状表现为伤部疼痛,肿胀,皮下淤血,活动困难。处置的方法是受伤后应立即冷敷,严重的要用绷带固定包扎。24小时后可按摩、热敷。

五、急性腰扭伤

运动时,身体重心不稳定或肌肉收缩不协调,腰部受力过重或脊柱运动时超过了正常生理范围都易引起腰部扭伤。病状表现为伤后一侧或两侧当即发生疼痛,有时听到"格格"的响声,有时出现腰部肌肉痉挛和运动受限。轻微扭伤当时无明显疼痛感,第二天起床时觉得腰部疼痛,不能前屈,用不上劲,损伤部位有明显的压痛点。轻微扭伤可按摩、热敷;较严重的扭伤应让患者平卧,一般不应立即搬动,如果疼痛剧烈,应用担架抬送医院诊治。

第四章 田 径

田径(Frack and field 或者 Athletices)或称田径运动,它是以竞走、跑、跳、投掷和全能运动组成的运动项目。田径运动历史悠久,有着广泛的群众基础,人们在不同的场地上从事走、跑、跳跃、投掷及跨越障碍等运动形式的运动都称为田径运动。随着社会经济的发展和科技水平的提高,田径运动竞赛项目的竞赛条件和竞赛办法进行了合理的改进,并形了成现代田径运动。

第一节 田径运动概述

一、田径运动的起源

据记载,公元前776年在希腊奥林匹克村举行的古代奥运会上就有了田径项目比赛。1896年在希腊雅典举行的第一届现代奥林匹克运动会,延用了古代奥运会每隔四年举办一届的制度,每届奥运会上,田径运动都是主要比赛项目之一,从1928年第九届奥运会起增加了女子田径项目。

我国的田径运动比赛开始于19世纪,先是在一些基督教青年会和教会学校开展,1890年在上海圣约翰举行的以田径为主要项目的运动会是我国开展较早的田径运动竞赛。在1949年以前我国虽然举行过7届全国运动会,参加过3届奥运会和11届远东运动会,但当时的运动技术和水平都较低。中华人民共和国成立以后,党和政府十分重视体育运动的发展,并且明确提出"田径是基础",从此田径运动得到了普及和发展,运动技术水平得到了较大的提高,曾多次打破田径运动中某些项目的世界记录。但从总体上看,目前与世界先进水平相比,差距仍然较大,还必须继续努力,加快步伐,迎头赶上。

二、田径运动的价值

作为一项最基础的体育运动项目,田径运动不仅能全面地提高人体的运动能力和运动素质,而且对培养人和塑造人起到了重要的作用。因此,在学校体育、社会体育和竞技体育中均有重要价值。

1. 田径运动的教育价值

第一,田径运动的各项目都要求运动员能在一定限制的条件下表现出最大的能力,要始终保持必胜的信心,要有克服一切困难和正视一切挑战去实现自己目标的勇气。因此,它能培养人的勇敢顽强、拼搏进取的意志品质。

第二,田径运动是在严密的组织下,按严格的规则和要求进行的。运动员要通过个人的努力才能取得优异成绩,这一成绩与集体荣誉联系在一起。因此,它能培养人遵守纪律,增强责任感和集体主义精神。

第三,田径运动主要是个人项目,运动员需要以不同的方式和方法不断完善自己,提高运动水平,更多地依靠自己独立地完成任务。在比赛中,要有应变能力、自我情绪调控能力、排除各种干扰的能力。因此,它有助于个性的形成,有利于心理素质的培养。

第四,田径运动的技术变化小,单一重复的动作较多,尤其是训练期间,相对枯燥死板,训练运动量较大。因此,从事这项运动能培养吃苦耐劳、坚韧不拔的精神。

2.田径运动的健身价值

田径运动的不同项目对提高人的身体技能、身体素质,运动技能和健康水平具有重要作用。

短距离跑是人体在无氧条件下进行的一种运动,它能使有氧系统酶的活性增加,能提高人体的最大摄氧量,同时还有助于提高中枢神经系统兴奋和抑制的灵活性。它是发展快速运动能力和提高无氧代谢水平的重要手段。

从事长距离跑和竞走能增进心脏和呼吸系统的工作能力。由于人体在有氧情况下进行运动,在运动中消耗的能量较大,能防止人体内脂肪储存过多,它是提高心肺功能和发展人体耐久力的有效手段。

跳跃是人体在短时间内高强度的神经活动和肌肉用力克服障碍的运动,能使人的感觉机能得到提高和加强。它是提高身体控制和集中用力能力,发展协调性、灵敏性的有效手段。

投掷项目是表现人体力量的运动,能使人体肌肉发达、力量增强,可以改善人体灵活性。

旋转类项目能使神经过程具有高度的均衡性,能使前庭分析器具有很高的稳定性,是提高肌肉力量、改善神经过程和发展力量素质的有效手段。

3.田径运动的竞技价值

在竞技体育中,田径是公认的大项。它的奖牌最多,素有"得田径者得天下"之说。各种大型综合运动会最后比赛一般都是田径项目比赛,往往在最后田径比赛的角逐中决出团体的胜负。田径训练一般要求的条件不高,选材面广,参加人数多,而且是个人项目,项目投资与奖牌比效益高,所以,田径项目一直被列为竞技体育中选择的重点。

田径运动在发展身体素质方面效果显著,很多竞技体育项目都把它作为发展全面身体素质的重要手段。为较客观地衡量身体训练水平,检验身体训练的效果,一般都是田径的一些项目制定测验标准,并作为常规性测验指标。

三、田径运动的分类

田径运动分为田赛和径赛两大类,以远度和高度计量成绩的跳跃和投掷项目叫田赛项目,以时间计算成绩的项目叫径赛项目,以跑、跳跃、投掷部分项目组成的并以积分计算成绩的属于全能运动。全能运动则是以各单项成绩按(田径运动评分表)换算分数计算成绩。田径运动是径赛、田赛和全能比赛的全称。

正式国际田径比赛的项目如下。

(1)竞走。场地赛 5 千米、10 千米;公路赛 20 千米、50 千米。

(2)跑。短距离跑、中距离跑、长距离跑、跨栏跑、障碍跑、马拉松、接力跑。

(3)跳跃项目。男、女撑竿跳高,跳高,三级跳远,跳远。

(4)投掷项目。铅球、标枪、铁饼、链球。

(5)全能项目。男子十项全能(100 米、跳远、铅球、跳高、400 米、110 米栏、铁饼、撑竿跳高、标枪、1500 米)女子七项全能(100 米栏、铅球、跳高、200 米、跳远、标枪、800 米)。

第二节 田径运动的基本技术

一、短跑技术

短距离比赛项目有:60 米、100 米、200 米、400 米跑。短距离跑技术一般可分为起跑、起跑后的加速跑、途中跑和终点跑四个部分。全程跑的成绩取决于起跑后的反应速度、起跑后的加速跑能力、保持最高速度的距离以及各部分技术完成质量。

1.起跑

起跑的任务是使身体迅速摆脱静止状态,尽可能获得较大的向前冲力,为起跑后的加速跑创造条件。

(1)起跑器的安装。起跑器安装的方法有"普通式""拉长式"两种。一般采用最多的是"普通式",前起跑器安装在起跑线后一脚半(40~45cm)处,后起跑器 75~80cm 处,两个起跑器宽约 15cm。

(2)起跑技术。起跑技术采用最多的是蹲距式技术,包括"各就位""预备""鸣枪"三个阶段。听到"各就位"口令后,走到起跑器前,两手四指并拢撑地,与拇指成"8"字形,两脚紧压在起跑器上,后膝跪地,两手在起跑线后撑地,两臂伸直,肩与起跑线平行,两手间隔比肩稍宽,四指并拢和拇指成"8"字形。颈部自然放松,两眼视前下方约 40~50cm 处,注意听"预备"口令。听到"预备"口令后,随即深吸一口气,臀部从容抬起,与肩同高,重心适当前移,肩部稍超出起跑线,这时体重主要落在两臂和前腿上。"预备"姿势应该稳定,两脚紧紧贴在跑器抵足板,深呼吸,静听枪声。听到枪声,两手迅速离地,两臂屈肘积极有力地前后摆动,两腿用力蹬起跑器,使身体向前上方运动,后退前摆时,脚掌离地面不应该过高,前腿快速有力地蹬伸髋、膝、踝三个关节。

2.起跑后的加速跑

起跑后的加速跑是从前腿蹬离起跑器到途中跑之间的一个跑段。它的任务是尽快地在最短时间发挥出最大的速度。在较短的距离内尽快地获得较高的速度。当后腿蹬离起跑器并结束前摆后,便积极下压着地。第一步的脚着地应尽量靠近身体重心投影点,脚着地后迅速转入后蹬。前腿在蹬离起跑器后,也迅速屈膝向前摆动。

起跑后的最初几步,两脚沿着两条相距不宽的直线前进,随着跑速的加快,两脚着地点逐渐合拢到假定的一直线两侧。加速跑的距离一般约为 25~30m。男子用 13~15 步,女子用

15~17步跑完。

3. 途中跑

途中跑的任务是继续发挥和保持最高速度跑向终点。途中跑是全程中距离最长、速度最快的部分,也是短跑最重要的部分。小腿随时着蹬地后的惯性和大腿的摆动,迅速向大腿靠拢,形成大小腿边折叠边前摆的动作。与此同时,摆动腿以髋关节为轴积极下压,膝关节放松,小腿随摆动腿下压的惯性,自然向前下伸展,准备着地。着地缓冲阶段,着地动作应是非常积极的。在途中跑时,头部正直,上体稍有前倾,两臂前后摆动要轻快有力。

4. 弯道跑

从直道进入弯道跑时,身体应向圆心倾斜,弯道半径越小,跑的速度越快,身体向内倾斜程度就越大,加大右腿的蹬地力量和摆动幅度,右臂亦相应地加大摆动的力量和幅度,有利于迅速从直道跑进弯道。为了跑最短距离,脚的着力点应尽量靠近分道线。后蹬时右腿用前脚掌的内侧用力,左腿用前脚掌的外侧用力。弯道跑的蹬地与摆动方向都应与身体向圆心方向倾斜趋于一致。

5. 终点跑

终点跑是全程跑的最后一段。尽力保持途中跑的正确技术、速度,最后加速冲刺,奔向终点。终点跑的技术要求在离终点线15~20m处,尽量保持上体前倾角度,加快两臂摆动的速度和力量。而离终点约1~2步时,上体急速前倾用胸部或肩部撞终点线,并跑过终点,然后随惯性逐渐减慢跑速。

二、中长跑技术

中长跑技术有很多,包括起跑、起跑后的加速跑、途中跑和终点跑四个阶段。同时,中长跑的呼吸和比赛技术也至关重要。

1. 起跑和起跑后的加速跑

站立式起跑,当运动员听到"各就位"的口令后,迅速走到起跑器前,将脚放在起跑线后,前后脚距约一脚长,左右脚距约半脚长,后脚掌触地,眼看起跑线5~10m处,两臂在后,身体保持稳定,集中注意听枪声。当听到枪声后,两腿迅速用力蹬地,两臂配合腿部动作做快速有力的摆动,使身体迅速向前冲出,此时上体前倾较大,蹬摆积极,在短时间内获得较快的跑速,然后进入匀速有节奏的途中跑。

2. 途中跑

途中跑的距离最长,是中长跑的主要部分。跑时要做到技术合理,速度均匀,节奏感强,全身动作协调有力,但有时由于战术需要亦可变速跑。

3. 终点跑

终点跑是运动员在十分疲劳的情况下,竭尽全力进行最后一段距离的冲刺跑,在运动员实力接近的条件下,它将决定比赛的胜负。

什么时候开始终点冲刺要根据比赛项目、训练的水平、战术的要求和临场的情况等因素决定。一般情况下,800米可在最后200~250m开始加速,长距离的项目加速度距离可更长些。速度占优势的采取紧跟,在进入最后直道时,才开始做最后冲刺超越对手。从发展的趋势来看,优秀运动员冲刺的速度和距离都在提高。

三、接力跑技术

(一)接力跑的技术

接力跑技术包括短跑技术和传接棒技术。

1. 起跑

(1)持棒起跑。第一棒传棒人以右手持棒,采用蹲踞式起跑,按规则接力棒不得触及起跑线和起跑线前的地面。持棒起跑技术和短跑的起跑相同,持棒方法主要有三种:①右手的食指握住棒的后部,拇指与其他三指分开撑地;②右手的中指、无名指握住棒的后部,拇指、食指和小指成三角撑地;③右手的中指、无名指和小指握住棒的后部,拇指和食指分开撑地。

(2)接棒人起跑。接棒人站在接力区后端线或者说预跑线内,选定起跑位置,两脚前后开立,两膝弯屈,上体前倾。接棒人应站在跑道外侧,左腿在前,右手撑地保持平衡,身体重心稍偏右边,头部左转,目视传棒人的跑进和自己起动的标志线。当传棒人员跑到标志线时,接棒人员迅速起跑。

2. 传接棒方法

(1)上挑式。接棒人的手臂自然向后伸出,手臂与躯干约成40°～50°,掌心向后,拇指与其他四指自然张开,虎口朝下,传棒人将棒向前上方送入接棒人的手中。这种传棒方法的优点是接棒人向后下方伸手臂的动作比较自然,传棒人传棒动作也比较自然,容易掌握。缺点是接棒后,手已握在接力棒的中部,如不换手再传给下一棒时,则只能握住接力棒的前部,容易造成掉棒,影响快速前进。

(2)下压式。也称"向前推送"的传接棒方法,应当强调指出,在传棒时,手臂不要太高,而是用手腕动作将棒向前下方推送入接棒队员手中,并且,传棒人可以用手腕动作来调整传棒动作的准确性。在做此动作时,接棒人的手臂向后伸出,手臂与躯干约成50°～60°,手腕内旋,掌心向上,拇指与其他四指自然张开,虎口朝后,传棒人将棒的前端由上向下传给接棒人手中。下压式传接棒技术的优点是每一棒次的接棒,都能握住棒的一端便于持棒快跑。缺点是接棒时,接棒人的手臂比较紧张,不够自然。

(3)混合式。第一棒用"上挑式"传棒,第二棒用"下压式"传棒,第三棒仍用"上挑式"……以此类推。传接棒的位置和起跑标志线的确定如下。①传接棒的位置。接棒人站在预跑线内或接力区的后端,待传棒人到达标志线时便迅速起跑和传棒队员跑进接力区后在最合适的位置,将接力棒迅速无误地传给接棒队员。②标志线的确定。接力跑各棒次的标志线是接棒人起跑的标志,它是根据传棒人和接棒人的跑速和传接棒技术熟练程度确定的。标志线设置的位置一般是在预跑线的后面,也可以设置在预跑线的前面。

四、推铅球技术

(一)背向滑步推铅球技术

1. 握球和持球

握球的方法(以右手为例)。五指自然分开,把球放在食指、中指和无名指的指根上,大拇指和小指自然地扶在球的两侧,手腕背屈,防止球体滑动和便于控制出球的方向。握好球后,把球放在肩上锁骨窝处,贴着颈部,手稍外转,掌心向前,屈肘。

2. 预备姿势

滑步(或旋转)前的预备姿势可分为高姿势和低姿势两种。

(1)高姿势。持球后,背对投掷方向,站在圈内后沿附近,两脚前后开立,相距20～30cm左右,右脚尖贴近圆圈,脚跟正对投掷方向。左腿在后自然弯屈,以前脚掌着地(有的以脚尖着地),脚跟提起,持球臂的肘略低于肩或与肩齐平,左臂自然上举并稍向内,上体正直放松,体重落在右腿上,两眼看前下方3～5m处。多数人都采用这种姿势。

(2)低姿势。持球后背对投掷方向,站于圈内靠近后沿处,两脚前后开立,相距50～60cm左右,右脚尖贴近圆圈,脚跟正对投掷方向,左脚在后,以前脚掌或脚尖着地。左臂自然下垂并稍向内,两腿弯屈,上体向圈外探出,体重落在右腿上,两眼看前下方2～3m处,持球臂肘部自然下垂,铅球的投影点在右脚的右侧前方。

3. 滑步

滑步的目的是使铅球获得一定的预先速度,为最后用力创造条件。

滑步前先做一两次预摆。预摆时,左腿自然弯屈,大腿用力向后上方摆起,右腿伸直,脚跟提起,前脚掌或全脚掌支撑体重,同时上体前屈,左臂微屈前伸,略为低头,两眼看前下方。左腿摆到一定高度,上体达到最大前屈时,回收左腿,同时右腿逐渐弯屈。当左腿回收靠近右腿时,臀部后移,左腿大腿向投掷方向摆出,右腿用力蹬伸。

右腿蹬离地面的方法有两种:①以脚跟蹬离地面,右腿蹬直。这种方法蹬地力量大,效果好,适合矮小和身体训练水平高的人;②用前脚掌蹬离地面,右腿不完全伸直。这种方法简单省力,蹬地力量小,适合身材高大的人和初学者。

由于左腿的摆动和右腿的蹬地产生身体向投掷方向移动的合力,右脚蹬离地面后,迅速拉收小腿,并向内转动,用前脚掌着地,落在圆圈中心附近,与投掷方向约成130°。同时左脚积极下落,以前脚掌内侧落于左侧抵趾板处,两脚落地间隔的时间越短越好。滑步时,左臂保持内扣,不使左肩转向投掷方向,头部保持向右后方的姿势。

4. 最后用力

最后用力是推铅球技术的主要环节。当滑步结束,左脚积极着地的一刹那,右膝和右脚向投掷方向蹬转,推动右髋向投掷方向转动,这时被扭紧和拉长的腰、背、髋部的大肌肉群收缩,使上体迅速向投掷方向抬起。左臂由胸前向左上方牵引,使肩带肌肉拉长,身体左侧对着投掷方向,上体向右侧倾斜,左肩高于右肩,铅球处于较低部位,形成推球前的最佳姿势。

在两腿继续用力蹬地时,右肩前送,右臂迅速用力将球推出。此时两腿的蹬直、右臂的推球和抬头后仰是同时进行的。铅球快离手时,手腕手指向外拨球。铅球离手后,两腿弯屈或交换,降低重心,维持身体平衡。

五、跳高技术

跳高是一项越过垂直高度的运动。它由助跑、起跳、过杆、落地等部分组成。随着跳高技术的发展,在正式的比赛中已较普遍采用背越式跳高,下面着重介绍背越式跳高技术。

(一)助跑

从背越式跳高的助跑路线可以看到,在助跑开始的前段直线跑应尽可能大地获得水平速度。在助跑后段的弧线跑应为跑跳创造尽可能大的离心加速度,有助于向横杆方向运动。

助跑的技术要点:开始采用直线助跑,双肩要下垂,用脚前掌着地,跑时具有弹性;提高重心,步幅均匀,不断加速;进入弧线跑时,外侧摆动腿富有弹性地蹬地。为了克服离心加速度的作用,上体应稍向弧线内侧倾斜。前脚掌沿弧线落地,身体重心轨迹向内越出足迹线。助跑的节奏要快,特别是助跑最后两步髋关节前送幅度要大,迈步时上体保持较垂直的姿势,摆动腿积极,充分后蹬,起跳腿快速前伸,同时髋部自然前送。助跑过程中两臂应积极有力地前后摆动,弧线跑时外侧手臂摆动幅度应大于内侧手臂的摆动幅度。

(二)起跳

起跳的目地在于使助跑获得水平速度,迅速转变为垂直向上运动,以使身体充分向上腾起,并为过杆作好准备。起跳动作可分为起跳腿着地、缓冲和蹬伸三个阶段及摆动腿与双臂的配合。

1.起跳腿着地、缓冲和蹬伸技术

为加快起跳的速度,起跳腿应大幅度、平稳地以脚掌外侧着地,并迅速从脚跟向前脚掌滚动。这时由于迈步放脚时髋关节的积极快速前送和迅速的弧线助跑而形成了身体向后、向内的倾斜姿势。在起跳的缓冲阶段,为了提高起跳的速度,还应减小屈膝的幅度,以利于保持水平速度。在这一阶段当身体由倾斜转为垂直至身体重心移至起跳腿的上方时,迅速有力地充分蹬直起跳腿的三个关节,躯干在离地前瞬间几乎垂直地立于起跳脚之上。这时起跳腿的蹬伸方向应在身体重心的外侧,从而产生了过杆所必需的旋转冲力。

2.起跳时摆动腿与双臂的协调配合技术

起跳时离横杆较远的一臂使劲地向上摆动,另一臂不要充分摆出,并且较早地制动,这样有利于肩轴倾向横杆。摆动腿的摆动应从屈膝的起跳腿旁开始,以膝盖领先,先屈膝折叠,后向跳高架的远端支柱上方用力摆出。当摆动腿摆到起跳腿前方之后应向里转,而小腿和脚要稍许外展。这样的积极动作有助于使骨盆保持在起跳力量的作用线上,围绕纵轴产生转身动作。此时,头应连贯性地转向横杆。

(三)过杆和落地

过杆就是充分利用起跳获得的腾空时间改变身体姿势,缩短身体重心与横杆之间的距离,并利用身体的屈伸、旋转越过横杆。过杆时,立即屈髋收腹,下颚迅速引向前胸,同时双腿补偿地高举两小腿积极向上甩起。应注意,落地前的收腹举腿,以背先着地,或团身以肩先着地,然后再做一个后滚翻。为了控制腾越方向,头部不能后仰,眼睛始终要注视着横杆方向。

六、跳远技术

跳远由助跑、起跳、腾空和落地四部分组成。

1.助跑

助跑是为了获得最高速度,为准确地踏上起跳板和迅速有力地起跳作好准备。助跑的距离一般为 28~50m。根据不同年龄阶段、不同运动水平有不同的助跑距离,男子助跑为

16～24步,女子为14～18步。

助跑距离和步数的测定方法:在跑道上站立式(或用其他的姿势)起跑,做40～50m的加速跑,反复跑几次,找出从起跑线到自己所确定的助跑步数的脚印;或者用自然步丈量,方法以16步为例,计算公式(2×自然步－2)得出16,由此可算出自然步为30步,以此类推,定好跑步点,根据踏板具体情况进行调整(此方法使用于没有皮尺的情况下)。用皮尺量出这段距离,再把它移到跳远的助跑线上,结合起跳反复练习几次,并适当加以调整,然后确定助跑的距离和步数。为了有利于助跑速度的发挥,可根据运动员本身的身体素质(力量型、灵巧型)采用逐渐加速或者全程加速(即积极加速)的方法,此方法和短跑中的途中跑基本相似。助跑过程注意身体重心、节奏的把握,最后一步达到助跑最高速度。

2.起跳

助跑的倒数第二步摆动腿着地时,膝关节迅速前移,上体正直,起跳腿自然积极地前摆。在起跳腿的大腿前摆时,抬腿要比短跑时低些,并积极下压,用全脚掌踏上起跳板,然后,屈膝缓冲,身体重心稍降低。当身体重心移至起跳腿支点的垂直部位时,起跳腿迅速用力蹬伸,使髋、膝、踝三个关节迅速伸直,上体挺起,摆动腿的大腿积极向前上方摆至水平位置,小腿自然下垂,完成起跳动作。

起跳腿蹬伸充分的同侧臂屈肘向前向上摆起,异侧臂屈肘向侧摆起,当双臂肘关节摆至略低于肩或与肩同高时,突停(制动),使身体借助摆臂的惯性来提肩、拔腰、挺胸、顶头,帮助身体重心提起,增大起跳效果。

3.腾空

起跳腾空后,摆动腿屈膝前摆,大腿高抬至水平位置,小腿自然下垂,脚尖勾起,起跳腿自然放松留在身后,两腿夹角约为90°,上体正直。我们把它称为"腾空步"或"跨步飞跃",这是起跳腾空后最初阶段的共同姿势。空中姿势有蹲踞式、挺身式和走步式三种。

(1)蹲踞式。起跳腾空后,上体保持正直,摆动腿大腿继续高抬,两臂向前挥摆,起跳腿开始向前上方提举,逐渐靠拢摆动腿,在空中成蹲踞的姿势。然后两腿向上收,上体前倾。将要落地时,两臂由前向下、向后摆动,同时小腿前伸,准备落地。蹲踞式简单易学,但由于在空中团身时间过长,容易失去稳定性。

(2)挺身式。起跳腾空后,仍保持腾空步姿势,但摆动腿大腿抬得不太高,随后积极下放,小腿向前、向下、向后作弧形摆动,起跳腿微屈膝,与摆动腿靠拢,同时展髋、挺胸、挺腰,成挺身姿势。两臂随摆动腿的下放后摆,由下向后上方摆振。随后两腿前摆,收腹举大腿,两臂由后上方向前、向下、向后摆动,接着小腿积极前伸,上体前倾,准备落地。挺身式有利于收腹举腿、前伸小腿和准备落地的动作。但动作紧张,易失去平衡。

(3)走步式。起跳后两腿在两臂的配合下,在腾空时采用两步半和三步半两种动作技术。要求在空中做大幅度的前后绕环摆动、迈步换腿动作来维持住身体的平衡,并与两臂协调配合,落地前,收腹举小腿前伸,上体前倾,两臂同时向下后方摆动。

4.落地

落地前,上体不要过分前倾,大腿要尽量上举靠近胸部,将要落地时,小腿积极前伸,双脚接触沙面后,迅速屈膝缓冲,两臂积极向前挥摆,臀部前移,上体前倾,使身体重心迅速移过支撑面。为了避免落地时身体后坐,可采用以下两种落地姿势:①前倒姿势,当脚跟着地后,前脚掌下压,两腿屈膝前跪,身体移过支撑点后继续向前移动,并向前倒下;②侧倒姿势,当脚跟着地后,一腿紧张支撑,另一腿放松,身体向放松腿的前侧方倒下。

第三节 田径运动的技术原理

一、跑的技术原理

跑是单脚支撑与腾空相交替、蹬与摆相配合、动作协调连贯的周期性动作,它是人体完成位移的主要方式之一,也是人体运动的自然动作。

(一)跑的动作周期构成与阶段划分

跑属于周期性运动,运动员在跑的一个周期中经历了两次单腿支撑状态和两次腾空状态。就一腿的动作而言,在一个周期中经历了支撑和摆动两个时期,这两个时期又可分为折叠前摆、下压准备着地、着地缓冲和后蹬四个阶段。当两腿同时处于摆动时期时,人体处于腾空状态。

(二)影响跑的力

对人体运动产生作用的力包括内力和外力。

1.内力

内力是指肌肉收缩时产生的力,它是人体运动的动力来源。肌肉收缩产生力的效果取决于以下几个因素:单个肌纤维的收力缩力;肌肉中肌纤维的数量;肌肉收缩前的初长度;中枢神经系统的机能状态;协同肌、对抗肌配合的协调性;肌肉对骨骼发生作用的力学条件等。内力可以控制跑的技术动作,保持运动中的身体姿势,改变身体与支撑点的相互关系。

2.外力

外力是指人体与外界物体相互作用时所产生的力。人体运动时受到的外力有以下几种。

(1)支撑反作用力。支撑反作用力是影响人体跑速的主要外力之一。支撑反作用力与人体跑动时蹬地的力量大小相等,方向相反,并且作用在同一条直线上。肌肉收缩产生的力是人体运动的动力来源,但它必须通过支撑反作用力体现出来。在整个支撑期的不同阶段,支撑反作用力的大小和方向是不断变化的。这个力的大小取决于运动员的人体质量、跑的速度、肌肉用力情况。当运动员的身体重心位于支撑点的正上方时,支撑反作用力垂直向上。脚着地瞬间,身体重心位于支撑点后方,支撑反作用力是向后上方的,这样就产生了制动,使跑速降低。当力向前上方,使人体向前跑动并产生腾空。向前上方或是后上方的支撑反作用力,均可分解为垂直分力和水平分力,它们所占比例的大小决定着跑动的方向和速度。垂直分力大小决定了身体重心起伏程度;水平分力大小决定了身体重心水平移动速度的快慢。

(2)重力。重力是地心对物体的吸引力,方向指向地心。人体运动时,重力起不同作用。身体向下运动时,它是助力;身体向上运动时,它是阻力。身体重心在脚的支撑点前面时,起助力作用;在脚的支撑点后面时,起阻力作用。

(3)摩擦力。两个物体在接触面之间存在着阻碍它们运动的力,与运动方向相反。人体跑动时需要这种力的存在,它保证有牢固的支撑点。田径运动员跑鞋下面的鞋钉就是为了加大与跑道的摩擦力。

(4)空气阻力。人体跑动时,空气通常起阻力作用。跑速越快,阻力越大;人体截面积越大,空气阻力越大。

(三)影响跑速的因素——步长与步频

跑的过程中,步长与步频的变化决定跑速的增减。步长与步频受多种因素影响。

(1)决定步长的因素。包括腿长、蹬地力量和方向、下肢运动幅度、动作协调性、关节的灵活性、跑道的弹性和风向等。

(2)决定步频的因素。包括人体神经过程的灵活性、下肢运动环节比例、髋部和腿部肌肉力量、收缩速度、运动器官协调等。步长与步频相互依存、相互制约。如果同时提高步长和步频,跑速必然提高。但是,在实践中,二者中的任何一个因素都不能超过一定的限度。步频太快影响步长,步长太大又影响步频。因此,每个人应根据个人特点选择合理的比例,以确保获得最快的速度。

二、跳的技术原理

田径运动跳跃项目属于非周期性运动项目。按其用力特点,则属于速度－力量性项目,运动员的速度素质和爆发性用力的能力对运动成绩起着决定性的作用。

跳跃项目分为两类:①为克服垂直障碍的高度项目,如跳高和撑竿跳高;②为克服水平障碍的远度项目,如跳远和三级跳远。所有的跳跃项目,既有共同的运动规律,又有各自的运动学和动力学特征。

(一)跳跃高度和远度的构成

跳跃是克服障碍的一种运动形式,目的是腾越尽可能高的高度和尽可能远的远度。由于跳跃项目不同,它们的高度和远度的构成也不同,因此了解影响高度和远度值的各种因素,对取得优异成绩是十分重要的。

1. 跳跃高度的构成

跳跃的高度项目是以越过横杆的垂直高度计量运动成绩的,这一高度可以看做由三个分高度构成,即 $H=H_1+H_2-H_3$。运动员要想取得优异的成绩,应尽可能地增大 H_1 和 H_2 的值,同时缩短 H_3 的距离。

在跳高项目中,H_1 为起跳结束瞬间身体重心离地面的高度,它的值的大小取决于运动员的身体条件和起跳结束瞬间的身体位置,以及完成起跳动作的充分程度。H_3 为身体重心最高点与横杆的距离,它的值与运动员过杆的身体姿势和补偿动作的合理性有关。H_2 为身体重心实际腾起的高度,它的值的大小,对于跳高总高度的构成具有更重要的意义。由于它是随着技术的改进和身体素质的提高而提高的,即可以通过训练使其有较大幅度的增加,所以加大 H_2 值是提高跳高运动成绩的主要方向。

在撑竿跳高项目中,运动员是借助于撑竿来完成跳跃的,人体的摆动和撑竿的转动组成一个复合的钟摆运动,使撑竿竖起至垂直部位,同时运动员以握竿点为支撑成倒立姿势,在握竿手即将推离瞬间,身体重心与地面的垂直距离构成 H_1 的高度,在撑竿跳高总高度的构成中，H_1值所占的比例最大，它的大小取决于运动员握竿点的高度和成倒立支撑后推离撑竿瞬间身体的正确位置。H_2为推手后身体重心腾起的高度，它的大小取决于撑竿竖直的程度及其反弹利用的效果。H_3为身体重心腾起最高点到横杆的距离，它的大小取决于过杆动作的合理程度。

2. 跳跃远度的构成

跳跃的远度（S_1）项目是以人体腾越的最大水平距离计量运动成绩的。S_1为起跳离地瞬间身体重心投影点到踏跳点之间的距离；S_2为起跳点离地瞬间身体重心所处的位置到人体腾空后身体重心落回到同一水平高度时的水平距离；S_3为腾空后身体重心落到起跳离地瞬间同一水平高度时的重心投影点到着地点的水平距离。由于人体的重心与落地点不在一个水平面上，因此在准确踏板的前提下，运动成绩可以视做由身体重心腾越的各段距离之和所构成。

在跳远项目中，S_1和S_3的距离取决于踏板的准确性和起跳与落坑技术的合理性。与之相比，增大身体重心腾空的远度S_2的距离具有更大的意义，它与高度项目一样，同样也是可以随着技术的改进和训练水平的提高而提高。因此，不断增大S_2的距离是提高跳远运动成绩的主要方向。

在三级跳远项目中，三跳远度的总和构成三级跳远的总成绩，其中身体重心在三跳中腾越的距离是组成运动成绩的主要部分。因此，与跳远项目相似，增大跳的腾越距离是三级跳远取得优异成绩的关键。

(二)跳跃运动的力学原理

跳跃项目都有一个明显的腾空过程，因此通常以抛射运动规律作为跳跃运动的力学基础。根据抛射运动原理，某物体以一定角度抛向空中，且抛射点和落地点在同一水平面时，其抛射的高度和远度的计算公式分别是：

$$H = V_0^2 \sin\alpha / 2g \qquad S = V_0^2 \sin 2\alpha / g$$

式中，H为抛射高度；S为抛射远度；V_0为抛射初速度；α为抛射角度；g为重力加速度。

从公式可以看出，抛射初速度和抛射角度是决定抛射高度和远度的两个最基本要素。

1. 腾起初速度和腾起角

腾起初速度是指运动员结束起跳时，身体总重心所具有的速度。腾起初速度是一个矢量，具有一定的大小和方向。在跳跃中，腾起的高度和远度均与腾起初速度的平方值成正比关系，因此腾起初速度对腾起的高度和远度具有很大的影响。

腾起角是指运动员结束起跳时，身体总重心腾起初速度的方向与水平线所构成的角度。在跳跃中，腾起角的增值是有限度的。从理论上来讲，当腾起角分别为90°（高度）和45°（远度）时，能取得最大的正弦值，但实际上对获得优异的运动成绩并非是最有利的。在跳高中除了争取获得尽可能高的高度外，同时还需要一定的水平位移的距离，以保证身体依次越过横杆，因此腾起角一般要小于90°（背越式为50°～55°）。在跳远中，如果要使腾起角达到45°，那么在起跳结束时身体重心的水平速度和垂直速度应相等。由于增大垂直速度相对难度要大，所以就必须减小水平速度，结果反而会使腾越的距离受到损失。为此，目前世界优秀跳远运动员的腾起角大致为18°～240°。可见，腾起角并不是越大越好，不同的跳跃项目应有适于本项目特点的腾起角。

2. 水平分速度和垂直分速度

腾起初速度是由结束起跳时身体重心所具有的水平分速度和垂直分速度所决定的。因此,这两个分速度值的大小对身体重心腾起的高度和远度有直接影响。

跳跃的高度项目目的是为了获得尽可能高的高度,因此,应在充分发挥和利用水平速度的情况下,尽力获得更大的垂直速度。跳跃的远度项目目的是为了获得尽可能远的远度,因此,应在取得适宜的垂直速度的情况下,尽力获得更大的水平速度。

(三)跳跃起跳的力学机制

起跳对运动员获得最有效的水平速度和垂直速度起着决定性的作用。

1. 起跳中水平速度的变化及垂直速度的产生

跳跃中的水平速度主要是在助跑中获得的。在起跳时,由于一开始身体尚处于支撑点后上方,它所产生的支撑反作用力与人体运动的方向相反,因此,从助跑中获得的水平速度在起跳中会有所损失。合理的起跳技术应使这一损失减小到最低程度。

跳跃中的垂直速度是在起跳中获得的。在起跳脚着地支撑后,给地面以巨大的压力,这时身体重心在支撑反作用力的作用下改变了运动方向,同时适度弯曲髋、膝、踝等关节形成压缩弹簧似的缓冲结构。在缓冲中充分利用保持下来的水平速度,并在不断变化着的支撑反作用力的作用下,使身体重心的运动方向持续地发生改变。在这个过程中,水平速度有所减小,垂直速度逐渐增大。缓冲结束,应尽快地由退让性工作转变为克制性工作,依靠起跳腿的伸肌群收缩所产生的力量使身体重心垂直速度进一步加大,直至起跳离地瞬间获得最大的垂直速度。

2. 起跳中腿臂摆动的作用

起跳中的腿臂摆动根据腿臂与支撑点相对位置的变化,可分为三个阶段,即加速靠近支撑点、加速摆离支撑点和减速摆离支撑点。各个阶段对支撑腿产生的力的效应各不相同。

摆腿蹬离地面,腿臂立即加速前摆向起点靠近,这时所产生的力的作用能减小起跳脚着地支撑瞬间对地面的冲击力;在腿臂加速摆离支撑点时,所产生的力的作用,能加大对支撑点的压力;腿臂减速摆离支撑点直至最后以减速有利于起跳腿快速蹬伸,使身体迅速向上腾起。

由于腿臂摆动的积极作用,在起跳中要特别强调腿臂的配合,要求腿臂摆动有明显的加速和减速节奏,充分利用腿臂摆动的力效应,提高起跳的效果。

在撑竿跳高中,同样要处理好双手举竿、摆动腿摆动和起跳腿蹬伸的协调配合。此外,通过插穴起跳转入以竿头为支点的人体和撑竿复合摆动时,人体的合理摆动,对撑竿的竖直及使之弯曲储备势能,有着十分积极的作用。

3. 空中动作的补偿原理

根据力学原理,人体在腾空以后,没有外力的作用,身体重心的运动轨迹是不会改变的,但是可以改变身体各环节的相对位置,来达到充分利用腾空高度和腾越最大远度的目的,身体各环节相对位置的这种改变称为补偿运动。补偿运动按其动力来源和运动形式可分为两类:①由偏心推力与重力形成的力偶矩产生的旋转;②由于肌肉收缩使相对应的身体环节做反向运动产生的旋转,以改变肢体的相对位置。

在跳跃的高度项目中,最好是使身体在杆上成合理的拱形。拱形的身体姿势能缩小身体重心与横杆的距离,有助于提高高度的利用率。为此,在背越式跳高时,通过弧线助跑和起跳产生的旋转动力,先使身体围绕纵轴旋转而转向背对横杆,然后身体围绕额状轴旋转,顺势做仰头倒肩和收腿挺髋动作,在杆上形成背弓姿势。当身体重心移过横杆以后,及时地含胸收肩和收腹向上甩腿,这一相向动作有助于减缓上体下旋速度,促使整个身体迅速地摆脱横杆。

在撑竿跳高中,运动员是腹对横杆,且由下肢越过横杆,因此当下肢越过横杆以后及时地下压,与上体产生相向运动,促使身体在杆上形成拱形姿势。在身体重心越过横杆以后,上体和上肢迅速后摆,同时两腿向后上方摆动,形成相向运动,使整个身体摆脱横杆。

在跳跃的远度项目中,空中动作主要是为了保持身体平衡和为落地或下一次起跳和落地作准备。

跳远和三级跳远在起跳时会产生不必要的向前旋转运动,为此要利用上、下肢各自动作的转动惯量的差距,以维持空中的平衡。例如走步式跳远,向后摆的腿是伸直的,向前摆的腿是弯曲的,两腿动作的转动惯量产生了差距,加快了直肢前移的速度。另外,向前绕环的臂是伸直的,因而减慢了上体前移的速度,这样上、下肢动作,抑制了身体的旋转运动,从而使人体在空中保持相对平衡,延长腾空时间。

三、投掷的技术原理

(一) 影响投掷远度的因素

1. 器械出手速度

从物体斜抛运动的公式中可以得知,如果抛射角度不变,初速度 V_0 越大,远度 S 越远。远度的增加是随器械出手速度的平方值的增加而增加。因此,运动实践中,身体训练和技术训练都是围绕如何最大限度地提高器械出手速度来进行的。投掷器械时,人体肌肉用力必须在器械合理的运动方向上作用于器械,同时,使力作用的距离长、时间短,才能提高器械出手的初速度。

2. 器械出手角度

田径运动投掷项目器械出手点高,落地点低,出手点和落地点之间的连线与地面水平线的夹角不是 45°。目前的研究和分析认为,除掷链球的出手角度略大于 40°,其他投掷项目的出手角度约在 30°~40°之间。有研究认为,投掷项目的出手角度有减少的趋势,以利于提高出手的速度。

3. 器械出手高度

器械的出手高度与人体的身高、臂长和最后用力的动作有关。在其他条件相同的情况下,出手点越高,投掷距离越远。但因人体条件的限定,出手高度对器械飞行的距离产生的影响是有一定限度的,只能在一定的范围内适当提高出手高度。

4. 器械在空中的姿态和气流的影响

标枪和铁饼在空中要受到气流的影响,顺风和逆风都会影响器械飞行的距离。在器械出手的一刹那间,可以形成三个角度。

(1) 出手角。指器械重心移动轨迹与水平面的夹角 α。

(2) 器械仰角。指器械中心轴线与水平面的夹角 φ。

(3)冲击角。指器械中心轴线与器械重心移动轨迹之间的夹角 γ。

投掷器械在空中飞行时,空气对器械一方面产生阻力,另一方面也产生一定的升力。阻力和升力的大小与投掷出手角、器械仰角、冲击角以及出手速度、器械的自转速度有关,同时,受风向、风速和器械本身的结构、材质等的影响。因此,在投掷运动实践中,根据上述因素有效地控制好器械的投掷角度,合理地利用升力,减少阻力,是非常重要的。一般情况下,风速不大时,顺风投掷,应适当增大出手角度,逆风时应适当减小出手角度。

此外,投掷器械出手冲击角度为零时,称为零冲击角,冲击角度小于出手角度时称为负冲击角,大于出手角时称为正冲击角。目前一些研究认为,在零冲击角至负冲击角 5°左右时,有利于人体的作用力作用在器械上。

(二)投掷项目共同的技术特点

投掷项目的完整技术都是由握持器械、准备助跑、助跑或预先加速、最后用力和器械出手后维持身体平衡等几个不可分割的技术阶段组成。虽然各项目和各个技术阶段动作形式各有不同,但是总的要求是一样的。

1. 握持器械

不论投掷哪种器械,握持时都应该做到握持器械要稳定,在投掷的全过程中,始终控制好器械的位置、方向和角度。

握持器械要便于助跑和最后用力,特别应有利于出手时能够把力量集中作用于器械上。握持器械的手臂适当放松,以利于最后用力。握持器械时,要尽量利用手臂的长度和力量。

投掷项目技术通过预先加速,使器械获得一定的速度进入投掷阶段,以便最后加速用力。一般情况下,各投掷项目的预先加速形式都有所不同。掷标枪的预先形式称为助跑(包括直线持枪助跑和交叉投掷步),推铅球的预先加速形式称为滑步或旋转,掷铁饼和掷链球的预先加速形式称为旋转。无论何种形式的预先加速,都应该做到预先加速的节奏要合理,人体带动器械逐渐加速,形成人-器械为一体。预先加速的速度因人而异,应保证技术的连贯和有利于最后用力。预先加速应能充分利用场地,增加器械预先加速的距离,并保证用力能作用于器械上,能为最后用力创造有利条件。预先加速时身体重心的移动要平稳,以便减少水平速度的损失,尽快进入最后用力阶段。

2. 最后用力前的准备姿势

最后用力前的准备姿势是预先加速结束、最后用力开始的衔接动作,应做到在预先加速进入最后用力之前,做出正确的超越器械的动作,形成下肢在前、上体和器械在后,上体略向后倾或者旋转结束后躯干扭转的姿势,使髋轴和肩轴形成交叉状态,为加大最后用力的工作距离创造有利的条件,同时也为合理地用力及发挥全身的最大力量作好准备。最后用力前两脚的位置和方向要正确,以利于最大限度地发挥腿部和躯干力量。在最后用力前,头和非投掷臂的姿态和动作直接影响肌肉的拉紧和放松,并且与身体重心的变化和身体的平衡、动作的方向、用力的路线都有密切的关系。因此,要注意它们在最后用力前的正确动作,不能低头、转头和甩臂。

3. 最后用力

最后用力是决定投掷远度的主要技术阶段,应做到两脚积极快速落地,尽快形成双腿支撑条件下的最后用力。最后用力的顺序要遵循从下到上,从腿到髋、腰、胸,最后到臂、手的协调用力。最后用力要发挥最大的工作距离和最快的出手速度。最后用力阶段器械出手时,应充分发挥腕和手指的快速用力,给器械最后的加速,以提高器械的出手速度。标枪和铁饼还应使其形成顺时针旋转,以提高器械在空中飞行的稳定性。

4. 器械出手后的身体平衡

投掷项目在器械出手后,应维持身体的平衡,避免身体失去平衡冲出投掷圈或起掷弧而造成犯规。器械出手后,立即交换两腿,降低身体重心,迅速改变身体运动的方向。

第五章 足 球

第一节 足球运动概述

一、足球运动的起源

现代足球[Football(英)、Soccer(美)]运动诞生于英国。1863年10月26日,剑桥大学、牛津大学和凯尔波里特专科学校与伦敦周围地区11个最主要的俱乐部和学校,举行联席会议,创立了英格兰足球协会,这一天被称为现代足球的诞生日。两个月后,英格兰足球协会制定出世界上第一个统一的足球规则。

二、足球运动的发展

1872年,足球运动史上的第一次正式比赛在英格兰和苏格兰之间进行,即泛英足球比赛。在此后30年,足球运动逐渐风靡英国和欧美各国。1900年,足球首次在奥运会上露面。1908年,足球被正式批准为奥运会比赛项目。1930年,乌拉圭成功举办了第一届世界足球锦标赛。1904年5月21日,国际足球联合会(FIFA)在法国巴黎成立,总部设在瑞士苏黎世。这标志着足球作为一项世界性的体育项目登上了国际体坛,足球运动在更加广泛的范围内开展起来了,影响也越来越大。国际足联从最初的7个会员国,发展到现在的190多个,是世界上最大的国际单项体育组织。其举办的重大比赛包括:四年一届的世界杯足球赛、奥运会足球赛、世界青年足球锦标赛和女子世界杯足球赛,此外还有许多洲际比赛。

第二节 足球运动的基本技术

本节将介绍踢球、接球、运球、头顶球、抢断、假动作等足球运动的基本技术。

一、踢球

踢球指运动员有目的地用脚把球击向预定目标的技术。踢球是足球技术中最重要的技术,主要用于传球和射门。

踢球的方法很多,主要有脚内侧踢球,脚背正面踢球,脚背内侧踢球,脚背外侧踢球,脚尖踢球和脚跟踢球。这些动作结构完全一致,均由助跑、支撑脚站位、踢球腿摆动、脚触球、踢球后的随前动作5个环节组成。

1.脚内侧踢球（又称脚弓踢球）

(1)脚内侧踢定位球。直线助跑，支撑前的最后一步稍大些，支撑脚站在球的侧面约15cm处，脚尖正对出球方向，支撑腿膝关节微屈。在支撑脚着地时，踢球腿大腿带动小腿由后向前摆动，在前摆的过程中大腿外展，当膝关节摆动至接近球的正上方时，小腿做爆发式摆动，在触球前将脚跟送出使得脚内侧部位所形成的平面与出球方向垂直，踢球脚脚尖微微翘起，脚底与地面平行，踝关节功能性地紧张使脚型固定，触(击)球后身体跟随向前移动。

(2)脚内侧踢空中球。根据来球速度和运行轨迹及时移动到位，踢球腿的大腿抬起并外展，小腿绕额状轴后摆，而后小腿由后向前摆动，当摆至额状面时与球接触，击球的中部。

2.脚背正面踢球（又称正脚背踢球）

(1)脚背正面踢定位球。直线助跑，最后一步稍大些，支撑脚积极着地支撑，在球的侧面10～12cm处，脚尖正对出球方向，膝关节微屈，踢球腿随跑动向后摆动，小腿弯曲，支撑的同时踢球腿以髋关节为轴，大腿带动小腿由后向前摆动。当膝关节摆至接近球的正上方时，小腿做爆发式的摆动，脚趾屈，以脚背正面部位击球的后中部。击球后身体及踢球腿随球前移。

(2)脚背正面踢反弹球。根据来球的速度、运行轨迹、落、支撑脚踏在球落点的侧面。在球落地时，踢球腿爆发式前摆，在球刚弹离地面时，用脚背正面击球的中部，并控制小腿的上摆（送髋、膝关节向前平移），出球则不会过高。

(3)凌空踢倒勾球。根据来球的速度、运行轨迹，选好击球点，及时移动到位，以踢球腿为起跳腿蹬地起跳，同时另一腿上摆，身体后仰腾空，眼睛注视来球，蹬地腿在离地后迅速上摆的同时，另一腿则向下摆动，以脚背正面击球的后部。踢球后，两臂微屈，手掌向下，手指指向头部相反方向着地，屈肘，然后背、腰、臀部依次滚动式着地。

3.脚背内侧踢球（又称内脚背踢球）

(1)脚背内侧踢定位球。斜线助跑，助跑方向与出球方向约成45°，最后一步稍大，以支撑脚底积极着地，脚尖指向出球方向，距球内侧后方20～25cm，膝关节微屈。在支撑同时，踢球腿已完成后摆，并开始以髋关节为轴大腿带动小腿由后向前摆动，当大腿摆至与支撑腿接近同一平面时，小腿做爆发式摆动，此时脚尖外转、脚背绷直，以脚背内侧部位触击球。击球后踢球腿和身体继续随球向前。

(2)脚背内侧转身踢球。助跑结束前倒数第二步应向球的侧前方跨出（即与出球方向在支撑脚一侧的侧前方），最后一步略跳动并伴随转身支撑，脚尖对准出球方向，膝关节微屈，身体向支撑脚一侧倾斜，其余各环节与踢定位球相同。

(3)脚背内侧踢反弹。根据来球的落点及时移动到位，在球离地（反弹）的瞬间踢球，其他的动作要求与踢定位球相同。这种踢球方法多用于踢侧方或侧前方来的由空中下落的球。

4.脚背外侧踢球（又称外脚背踢球）

由于踢这种球的脚踝灵活性较大，摆腿方向变化较多，且助跑时又是正常的跑动姿势，故其出球隐蔽性较强。足球比赛中各种距离的弧线球和非弧线球均可使用。

(1)脚背外侧踢定位球。助跑、支撑脚站位及踢球腿摆动均与脚背正面踢球技术的3个环节相同，脚触球是用脚背外侧部位。此时要求膝关节和脚尖内转，脚背绷紧，触(击)球后身体随踢球腿的摆动前移。

（2）脚背外侧踢地滚球。可用于踢正前方、侧前方及侧后方来的地滚球。踢球的动作、规格要求与踢定位球相同，但支撑脚站位时应考虑球的滚动速度，以保证在脚触球的瞬间支撑脚与球的相对位置符合规格要求。

（3）脚背外侧踢反弹球。与脚背正面踢反弹球的方法相同，只是接触球时用脚背外侧部位触（击）球。

5. 脚尖踢球（又称脚尖捅球）

由于脚尖踢球时出球异常迅速，雨天场地泥泞时多使用这种踢法。还可以借助踢球腿的最大长度，踢那些距离身体较远的球。具体方法是用支撑脚跳跃上步，踢球腿屈膝前跨，髋关节尽量前送，两臂上摆协助身体向前，小腿前伸，在踢球脚落地前用脚尖捅球的后中部。

6. 脚跟踢球

这是用脚跟（跟骨的后面）接触球的一种踢球方法。球在支撑脚外侧时，踢球脚在支撑脚前面交叉摆到支撑脚外侧用脚跟击球。球在支撑脚内侧时，踢球脚后摆用脚跟踢球。虽然由于人体结构的特点，决定了这种踢球方法（大腿微伸小腿屈）产生的力量小，但其出球方向向后，故有隐蔽性和突然性。

二、接球

接球是指运动员有目的地用身体的合理部位把运行中的球停下来，控制在所需要的范围内，以便更好地衔接下一个技术动作。接球的方法有多种，常用的有脚内侧、脚背正面、脚底、大腿、胸部、头部等部位的接球。

1. 脚内侧接球

由于脚触球面积大，动作简单，较易掌握，比赛中经常使用这种技术接各种地滚球、反弹球、空中球。

（1）接地滚球。身体正对来球，判断来球的速度和方向，选好支撑脚位置，膝关节微屈。接球脚根据来球的状态相应提起，膝、踝关节旋外，脚趾稍翘，用脚内侧对准来球，触球刹那，接球部位做相应的引撤或变向接球动作，将球控在所需要的位置上。

（2）接反弹球。接球腿小腿应与地面形成一定的夹角，向下做压推动作时，膝要领先，小腿留在后面。

（3）接空中球。接球腿要屈膝抬起，可根据需要采用引撤或切挡动作，接球落地后应随即将球在地面控制住。

2. 脚背正面接球

此方法多用于接有较大抛物线的来球。根据球的落点，及时移动到位，脚背正面上迎下落的球，当球与脚面接触的一瞬间，接球脚与球下落的速度同步下撤，此时接球腿膝关节、踝关节、脚趾均保持适度的紧张，脚尖微翘将球接到需要的地方。

3. 脚底接球

由于脚底接球技术便于掌握，易于将球接到位置，故常被用来接各种地滚球和反弹球。

（1）脚底接地滚球。身体正对来球方向，移动前迎，支撑脚站在球的侧面（前或后均可），脚尖正对来球方向,膝关节微屈。同时接球腿提起,膝关节微屈,脚背略屈,使脚底与地面约小于45°(且脚跟离开地面),一般以前脚掌接触球的上部为宜。在触球瞬间接球脚可轻微趾屈(前脚掌下点)将球停住,也可根据需要在接球同时将球推向前方或拉向身后。

(2)脚底接反弹球。根据来球落点,及时前移迎球,支撑脚站在落点侧后方,脚尖正对来球方向,球落地瞬间,用前脚掌去触球的中上部,微伸膝,用脚掌将球接在体前。若需接到身后则应在触球瞬间继续屈膝,将球回拉,并伴随支撑脚以前脚掌为轴旋转90°以上。

4. 大腿接球

大腿接球一般可以用来接抛物线较大的高空球和略高于膝的低平球。

(1)接抛物线较大的下落球。面对来球方向,根据球的落点迅速移动到位,接球腿大腿抬起,当球与大腿接触的瞬间大腿下撤将球接到需要的位置上。

(2)接低平球。面对来球方向,根据来球高度,接球腿大腿微屈,髋关节前送迎来球,当球与大腿接触瞬间收撤大腿,使球落在所需要的位置上。

5. 胸部接球

由于胸部接球部位较高,加之胸部面积大、肌肉较丰满等特点,动作易于掌握,故是接高球的一种好方法。胸部接球包括挺胸式、收胸式两种。

(1)挺胸式接球。接球时,身体正对来球,两腿自然开立,膝微屈,两臂在体侧自然屈抬,上体稍后仰与来球形成一定的角度。触球刹那,胸部主动挺送,使球触胸后向前上方弹起落于体前。一般用于接有一定弧度的高球。

(2)收胸式接球。面对来球,两脚左右或前后开立,两臂自然张开,挺胸迎球,触球瞬间收胸、收腹、臀部后移将球接在体前。若需将球接在体侧时,则触球瞬间转体将球接在转体后相应的一侧。多用于接齐胸高的平直球。

6. 头部接球

高于胸部的来球可用头部接球。根据球的运行路线,面对来球,用前额正面接触球的中下部。下颌微抬,两臂自然张开,提踵伸膝。触球瞬间全脚掌着地,屈膝、塌腰、缩颈,全身保持上述姿势下将球接在附近。

三、运球

运球是运动员在跑动中用脚连续推拨球,使球处于自己控制范围内的动作。常用的运球技术有脚内侧、脚背正面、脚背外侧、脚背内侧运球。

1. 脚内侧运球

运球前进时支撑脚位于球的侧前方,肩部指向运球方向,支撑腿膝关节微屈,重心放在支撑腿上,另一条腿提起屈膝,用脚内侧推球前进,然后运球脚着地。由于肩部指向运球方向,身体侧转,虽然移动速度较慢,但身体前倾有利于将对方与球隔开,因而这种技术多用在运球中做配合传球,或有对方阻拦需用身体做掩护时。

2. 脚背正面运球

运球时身体持正常跑动姿势,上体稍前倾,步幅不宜过大,运球腿提起,膝关节稍屈,髋关节前送,提踵,脚尖下指,在着地前用脚背正面部位触球后中部将球推送前进。

由于脚背正面运球时身体持正常跑动姿势,故可以发挥出较快的速度,因而这种技术多用在运球前方一定距离内无对手阻拦时。

3. 脚背外侧运球

运球时身体持正常跑动姿势,上体稍前倾,步幅不宜过大,运球腿提起,膝关节稍屈,髋关节前送,提踵,脚尖绕矢状轴向内旋转,使脚背外侧部位对运球方向,在运球脚落地前用脚背外侧推拨球的后中部。

脚背外侧运球时,身体姿势与正常跑动时相同,因而可以发挥出较快的速度,故与脚背正面运球有相同的用途。另外,利用脚踝关节的动作可以很快改变脚背外侧面所正对的方向,故在运球脚一侧改变方向时也多采用这种运球方法。这种方法能用身体将对手与球隔开,故掩护时也常使用。

4. 脚背内侧运球

身体稍侧转并协调放松,步幅小,上体前倾,运球腿提起外展,膝微屈外转,提踵,脚尖外转,使脚背内侧正对运球方向,在运球脚落地前用脚背内侧推拨球,使球随身体前进。

脚背内侧运球由于身体稍侧转,不能采用正常跑动姿势,因而不适用于高速运球。但由于接触部位和支撑位置的特点易于完成向支撑脚一侧的转动,故多用于向支撑脚一侧的变向运球。

四、头顶球

头顶球技术是传球、射门、抢断的有效手段,特别是争高空球时头顶球技术更为重要。顶球技术的特点是争取时间,不需要等球落地就可以在空中直接处理来球。因此,它可以争取时间上的优势和主动。

顶球一般分为正额顶球和侧额顶球两种。具体方法有原地、助跑跳起(单脚和双脚)和鱼跃式顶球等。

1. 正额原地顶球

面对来球,两脚前后开立,膝微屈,重心放在两脚上。顶球前,上体先后仰,重心移到后脚上,两臂自然摆动,维持身体平衡,两眼注视来球。顶球时,两腿用力蹬地,迅速伸直,上体由后向前快速摆动,借助腰、腹和颈部力量,用前额正面将球顶出。顶球过程中,身体重心从后脚移到前脚,然后再单脚跳起顶球。

2. 助跑单脚跳起顶球

起跳前要有3～5步的助跑。最后一步踏跳时要用力,步幅要稍大些,踏跳脚以脚跟先着地再迅速移到脚掌,同时另一腿屈膝上提,两臂向上摆动。身体腾起后上体随之后仰。顶球时,上体由后向前摆动,借助腰、腹和颈部力量将球顶出。然后两脚自然落地。

3. 鱼跃头顶球

对于离身体较远的低空球来不及移动到位处理,必须抢点击球时(如抢救险球、射门等),可使用鱼跃头顶球技术。当判断好来球的路线和选择好顶球点后,以单脚或双脚用力向前蹬地,身体接近水平态向前跃出,同时两臂微屈前伸,手掌向下,眼睛注视来球,利用身体向前跃出的冲力,以额头正面顶球。顶球后,两手先着地,手指向前,接着胸部、腹部和大腿依次着地。

五、抢断

抢断技术是一种积极有效的防守手段。抢断是防守技术的综合体现,是用争夺、堵截、破坏等方式的延续或阻拦对方进攻的一种技术。一旦把球争夺过来,就意味着组织进攻的开始。

1. 正面抢断

在对方带球队员迎面而来时,便可采用这种抢断方式。

两脚前后稍开立,两膝稍屈,身体重心下降,并均匀落在两脚上,面向对手。当对方带球或触球即将着地或刚刚着地时,立即抢球。抢球脚的脚弓正对球,并跨出一步,膝关节弯曲,上体前倾,身体重心移至抢球脚上。如对方已有准备,在双方脚同时触球时,脚触球后要顺势向上提拉,使球从对方脚背滚过,身体迅速跟上,把球控制住。双方上体接触时,抢球人可用合理部位冲撞对方,使之失去平衡,从而将球控制在自己脚下。

2. 侧面抢断

当防守队员与带球进攻的队员并肩跑动,或二人争夺迎面来球时,双方都可采用这种抢断方式。

当与对方平行跑动争球时,身体重心要降低,两臂贴紧身体。在对方靠近自己的脚离地时,可用肩和上臂做合理的冲撞动作,使对方身体失去平衡,从而把球抢过来。

3. 后面抢断(铲球)

这是抢断技术中较困难的一种,一般是在用其他方法抢不到球时才采用铲球方式。

铲球有两种方法:一种是脚掌铲球,另一种是脚尖或是脚背铲球。

当防守人追至离运球人右后方 1m 左右时,可用右脚掌或左脚尖(脚背)进行铲球。在运球人的左侧时,则用左脚掌或是右脚尖(脚背)进行铲球。如用右(左)脚掌铲球,可在运球人刚刚将球拨出时,先蹬左(右)腿,跨右(左)腿,膝关节弯曲,以脚外侧从地面滑出,用脚掌将球踢出。然后小腿、臀部、上体依次着地,身体随铲球动作向前滚动。

六、假动作

假动作是指运动员在比赛中,为了隐蔽自己真实动作意图,利用各种动作的假象,来调动迷惑对方,使对方对其动作产生错误的判断或失去身体重心,造成对自己有利的形势,从而取得时间、空间位置的优势,达到自己真实动作的意图。

1. 踢球假动作技术

运动员已控制球或正准备控制球,准备与同伴配合及接球时,对手前来堵抢,挡住其路线,运动员可先向一方做假动作,当对手以假当真去封堵假动作路线时,应突然改变踢球脚法将球传或接向另一面。

2. 头顶球与胸接球假动作技术

当队员面对胸部以上的高空来球,准备接时,对手迎面逼近准备抢截,此时接球的队员做出胸或头接或顶的假动作诱使对手立定,以假当真,在其封堵接、传路线时,突然改变动作,用头或胸将球顶出或接住。

3.运球假动作技术

运球假动作技术在比赛中是最常见的,它不仅可以用来突破正面对手,而且可以用来摆脱来自侧面和后面的对手。

对手迎面跑来抢截球时,可用左(右)脚的脚背内侧扣拨球动作结合身体的虚晃动作,诱使对手的重心发生偏移,然后用左(右)脚的脚背外侧向同侧方向拨运球越过对手。

对手从侧面来抢截球时,先做快速向前运球动作,诱使对手紧追,这时突然减速并做停球假动作,当对手上当时,再突然起动加速推球向前甩掉对手。

当对手从身后来抢截球时,运球者用左(右)脚掌从球的上方擦过,做大交叉步,身体也随动作前移,诱使对手向运球者的移动方向堵截,然后以运球脚前脚掌为轴,突然向右(左)后方转身,再用右(左)脚脚背内侧将球扣回,把对手甩掉。

第三节 足球运动的基本战术

比赛阵形、进攻战术、防守战术等是足球运动的基本战术。

一、比赛阵形

为了适应攻守战术的需要,全队队员在场上的位置排列和职责分工称为比赛阵形。比赛阵形是本队攻守力量搭配和分工的形式。

根据队员的职责和排列的层次分为后卫线、前卫线和前锋线。阵形的人数排列原则是从后卫数向前锋,守门员不计算在内。

目前,世界上普遍采用的阵形有"4—3—3""4—4—2""4—1—2—3""3—5—2"等。在以上阵形中,除"4—4—2"阵形以防守为主、反击为辅外,其他阵形均以进攻为主,尤以"3—5—2"阵形更为突出。

选择阵形要以本队队员的特长、技能、技术水平及赛队的特点为依据。此外,阵形绝不是僵化的规定,每个队员都应在明确基本位置和主要职责的前提下,进行创造性的活动。

二、局部配合进攻战术

1."二过一"战术配合

"二过一"战术配合是指两个进攻队员在局部地区通过两次或两次以上的连续传球配合,越过一个防守队员的战术行动。"二过一"是集体配合的基础,可以在任何场区、任何位置上运用这种方法来摆脱对方的抢断或突破防线。"二过一"是进攻的两个队员之间相距 $10m$ 左右,进行一传一切的配合。要求传球平稳及时,一般多用"脚内侧""脚外侧"等脚法,以传地平球为主。球传的位置尽可能是接球人脚下或前面二三步远的地方。

2."三过二"战术配合

"三过二"是在比赛场地中的局部地区,通过3个进攻队员的连续配合突破两个防守队员的防守。由于这种配合有两个同队队员可以同时接应传球,因此使持球人传球路线更多,且进攻面也更大。

三、整体进攻战术

整体进攻战术是指在比赛中一方获得球后,通过队员之间的传递配合达到射门的目的而采用的配合方法。与局部进攻战术相比较,整体进攻战术具有进攻面更大、进攻和反击速度更快速等特点。

1. 边路进攻

边路进攻一般是围绕边锋进行的配合方法,因此边锋的速度要快,个人突破能力要强,传中技术要突出。其方法是由守转攻时,获球队员将球传给边锋或其他边路上的队员,从边路发起进攻,经过局部配合突破后,一般采用下底和回扣传中方式,将球传到中央,由其他队员包抄射门。

2. 中路进攻

中路进攻时,必须要求边锋拉开,借以牵制对方的后卫,诱使对方中间区域出现较大的空隙,为中路进攻创造有利条件。前场和中场队员要机动灵活地跑位,以有效调动来拉开对方的防线。进攻的推进应有层次和梯队,传球要准确,技术动作应在跑动中准确、简练地完成。

3. 快速反击

比赛中当进攻方进攻时,后卫线往往压至中场附近,防守人数也由于插上进攻和助攻而相对减少,此时如防守方能抓住对方防区空隙较大和回防速度较慢的机会,乘攻方失球之机发动快速反击,往往能取得良好的效果。但其难度较大,既要冒险,又要有准确、快速的传切配合技能。

四、局部配合防守战术

1. 补位

补位是足球比赛中在局部地区队员集体进行配合的一种方法。当防守过程中一个防守队员被对手突破时,另一个队员应立即上前进行封堵。

2. 围抢

围抢是足球比赛中在某局部位置上,防守一方利用人数上的相对优势(通常是两三个队员)同时围堵对方的持球队员,以求在短暂时间内达到抢断球或破坏对方进攻(防守)的目的。

3. 造越位战术

造越位战术是利用规则而设计的一种防守战术,是一种以巧制胜的省力打法,因而成为一种重要的防守手段。由于该战术配合难度较大,搞不好会适得其反,让对手钻空子。因此,往往为水平较高的球队所采纳,但也不宜过多运用。

五、整体防守战术

整体防守战术主要有盯人防守、区域防守和综合防守三种。

1. 盯人防守

盯人防守是指被盯防的对手不管跑到哪个位置就盯防到哪里。盯人防守分为全场盯人和半场盯人。这种防守方法是对口盯人,分工明确,但体力消耗大,一旦被突破,很难补位,会使整个防线出现很大的漏洞。因此,在比赛中,单纯采用人盯人防守方法是不利的。

2. 区域防守

由攻转守时,根据场上位置的分布,每个防守队员负责防守一定的区域,当对方队员跑到本区域时,就负责盯防,离开这个区域,就不再跟踪盯防。这种战术较为省力,但是对方可以任意交叉换位,容易造成局部以少防多的被动局面。因此,目前在比赛中也很少采用这种防守方法。

3. 综合防守

综合防守是指盯人防守与区域防守相结合的防守方法。综合防守是目前在比赛中普遍采用的一种防守方法,它集中了盯人防守和区域防守的优点,从而在防守中能根据场上情况进行逼抢、盯人、保护与补位,以达到防守的目的。

第四节 足球运动的主要规则

足球运动的基本竞赛规则包括赛制、运动员和裁判员、任意球、罚点球、红黄牌、伤停补时、越位、暂停比赛、进球等。

一、赛制

正式的国际足球比赛分为上、下两个半场,每半场 45min,中间休息不得超过 15min。

正式的国际比赛是在国际足联公平竞赛旗及参赛双方国旗的引导下,参赛队伍伴随国际足联公平竞赛曲列队入场,按规定位置站定,然后先奏客队国歌,再奏主队国歌。比赛场地的选择是以裁判员掷硬币的方式决定,猜中者选择上半场比赛的进攻方向,另一方开球开始比赛。

足球比赛分组循环赛期间的积分为胜一场积 3 分、平 1 场积 1 分、负 1 场积 0 分,最终以积分多少决定小组名次。如积分相等,则根据赛前规程确定的不同名次判定标准的规定来排定名次。

二、运动员和裁判员

每队上场队员不得多于 11 名,其中必须有一名守门员。如果场上一队的队员少于 7 人,则比赛不能开始。奥运会足球比赛中,每场比赛最多可以使用 3 名替补队员;场外和场上队员未经裁判员许可不能擅自进出场地。比赛时,守门员和其他队员的位置不能随意交换,如需要交换,须经过裁判员同意。

一场正式的足球比赛由一名裁判员、两名助理裁判员、一名第四官员担任裁判工作。裁判员的职责有场上最终判决权、决定比赛时间是否延长、比赛是否推迟和中止;助理裁判员的职责有示意越位及球出界、协助裁判员的场上判罚,没有最终判决权。

三、任意球

足球比赛的任意球分两种,一种是直接任意球,主要是针对恶意踢人、打人、绊倒对方的行为,另外用手拉扯、推搡对方,手触球也属于这一类,还有辱骂裁判员、辱骂他人也要判罚直接任意球。这种任意球可直接射门得分。如果这些行为发生在罚球区,就要判罚球点球。还有一种是间接任意球的判罚,危险动作、阻挡、定位球的连踢就属于这一类。这种任意球不能直接射门得分,只有当球进门前,触及另外一名队员才可得分,罚球区内这种犯规不能判罚点球。

无论直接任意球还是间接任意球,防守方都要退出 9.15m 线以外。如果不按要求退出 9.15m,裁判员可出示黄牌。

四、罚球点球

在罚球区内直接任意球的犯规要判罚球点球。罚球点球时,双方队员不能进入罚球区。如防守方进入罚球区,进球有效,不进则重新踢;如进攻方进入罚球区,进球应重踢,如不进则为防守方球门球。在罚球点球时,守门员可以在球门线上左右移动,但不可以向前移动。

五、红牌、黄牌

足球裁判员在判罚时,根据犯规性质不同可出示两种不同颜色的牌。对于足球比赛中出现的一些严重犯规,裁判员要出示红牌、黄牌。如果是恶意的犯规或暴力行为要出示红牌。故意手球、辱骂他人或同一场比赛同一人得到两张黄牌时,也要被出示红牌。

比赛中,有违反体育道德行为,用语言和行为表示不满的应被出示黄牌。连续犯规、故意延误比赛、擅自进出场地的队员也应被出示黄牌。

六、伤停补时

足球比赛有时根据场上情况在比赛时间上需要补时。有时是 1~2min,最长可达 5~6min,时间长短的确定由裁判员决定。造成补时的原因主要有:处理场上受伤者;拖延时间;其他原因。

七、越位

足球比赛构成越位要满足以下条件:在同伴传球时,脚触球的瞬间,在对方半场内如果同伴的位置与最后第二名对方队员的位置相比更靠近对方球门线,这时该队员处于越位位置。需要说明的是,与对方最后第二名队员处于平行时不判越位。处于越位位置的队员在下列情况中应被判罚越位犯规:干扰比赛、干扰对方队员、利用越位位置获得利益。

八、暂停比赛

正式足球比赛一般场上不能暂停,只有在极特殊的情况下,如队员受伤或发生意外纠纷才鸣哨暂停。恢复比赛是在比赛停止时球所在的地点坠球,重新开始比赛。现在足球比赛道德水准普遍很高,通常一方如看到场上有受伤队员,都会将球踢出界。恢复比赛时,对方也会将球踢回。

九、进球

当球的整体从球门柱间及横梁下越过球门线，而此前未违反竞赛规则，即为进球得分。

有时在比赛中会看到球打到横梁后落地又弹回场内，裁判员可以根据自己的观察来确认球是否越过球门线，这种判决有时会引起很大的争议。

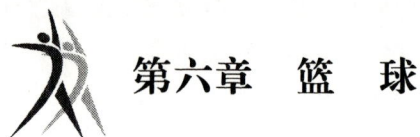 第六章 篮 球

第一节 篮球运动概述

一、篮球运动的起源

1891年,在美国马萨诸塞州斯普林菲尔德基督教青年会国际训练学校(后为春田学院)任教的詹姆斯·奈史密斯(James·Naismith)博士从当地儿童喜欢用球投向桃子筐的游戏中得到启发,创编了篮球(Basketball)游戏。为了纪念这位篮球运动先驱,国际篮联于1950年将世界男子篮球锦标赛的金杯命名为"奈史密斯杯"。

二、篮球运动的发展

1904年,在第三届奥林匹克运动会上第一次进行了篮球表演赛。1932年,国际业余篮球联合会宣告成立。1936年,在第十一届奥运会上,男子篮球被列为正式比赛项目。1976年第二十一届奥运会上,女子篮球被列为奥运会的正式比赛项目。自1992年第二十五届奥运会开始,职业篮球运动员被允许参加奥运会的篮球比赛。美国"梦之队"的参赛使世界篮坛更为精彩纷呈。

篮球运动以其特有的魅力,深受世界各国人民的喜爱,国际篮球联合会成为单项体育人口最多的国际单项运动协会。奥林匹克运动会篮球比赛、世界篮球锦标赛、美国NBA职业联赛这三大赛事代表着世界篮球运动的最高水平。

第二节 篮球运动的基本技术

篮球的进攻和防守技术包括移动、投篮、传球、接球、运球、抢篮板球、防守等基本技术。

篮球技术分为进攻和防守两大部分,进攻技术有传球、接球、运球、持球突破、投篮等,防守技术有防守对手、抢球、打球、断球、盖帽等。此外,进攻和防守皆可采用移动、抢篮板等技术。

一、移动

进攻者运用急起、急停、转身、变速变向跑等动作,摆脱防守去完成进攻任务。防守者则

运用跑、停、滑步、后撤步、交叉步等动作阻止进攻。这些争取比赛主动权的行动都离不开快速灵活的脚步动作。

二、投篮

按照持球的方法不同,可分为双手投篮和单手投篮;依据投篮前球置于身体部位的不同,可分为胸前、肩上、头上等不同的投篮动作;就运动员投篮时移动形式而言,又可分为原地、行进间和跳起投篮。

1. 原地双手胸前投篮

两脚左右或前后站立,两膝微屈、两脚脚跟略离地面,上体稍向前倾,两手手指自然张开,握球两侧略后的部位,两拇指相对成"八"字形,掌心空出,持球于胸前、屈肘靠近身体。投篮时,两脚蹬地身体伸展,同时两臂向前上方伸出,拇指向前上方用力推送,手腕稍外翻,使球从拇指、食指、中指指尖投出,球向后旋转飞行。

2. 原地单手肩上投篮(以右手为例)

右手五指自然分开,手心空出,用指根以上部位持球,大拇指和小拇指控制球体,左手扶球的左侧,右手屈肘,肘关节自然弯曲,置球于右肩上方。投篮时,下肢蹬地发力,右臂向前上方伸直,手腕前屈,食指、中指用力拨球,通过指端将球柔和地送出。球出手的同时,身体随投篮动作向前伸展。

3. 行进间单手低手投篮(以右手为例)

在跑动中接球或运球突破上篮时,应先跨右脚接球或拿球,接着第二步跨左脚起跳,左脚跨的步子稍小一些(已能掌握基本动作者,其左脚跨出的步子大小,可根据对方防守的情况和进攻的需要选择),右腿屈膝上抬,身体上升到最高点时,右臂向上伸或向前上伸,掌心向上,用手指和手腕的力量将球上拨。

4. 运球急停跳投(以右手为例)

在快速运球中,用一步或两步的方式接球停步,两膝微屈,身体重心下降,迅速蹬地起跳,同时两手迅速举球于右肩上,当身体接近最高点处于稳定的一刹那,迅速向上伸臂,用右手的手腕和手指的力量将球投出。

三、传球、接球

1. 传球基本技术

(1)双手胸前传球。两手五指自然分开,拇指相对成"八"字形,用指根以上部位握球的两侧后下方,掌心空出,两臂自然弯曲于体侧,将球置于胸前。肩、臂、腕肌肉放松,两眼注视传球目标,身体成基本站立姿势。传球时,后脚蹬地,身体重心前移,同时两臂前伸,手腕由下向上翻转,同时拇指用力下压,食指、中指用力弹拨,将球传出。双手胸前传球是一种最基本、最常用的传球方法,具有准确性高、容易控制、便于变化的优点。

(2)单手肩上传球(以右手为例)。原地右手肩上传球时,两脚前后开立,左脚在前,侧对传球方向,右手肩上托球于头侧,掌心空出,以转体、挥臂、甩腕以及手指拨球的力量将球传出。单手肩上传球是一种中远距离的传球方法,其特点是传球力量大、速度快、距离远,在长传快攻和突破起跳分球时经常采用。

(3)单手体侧传球(以右手为例)。两脚开立,两腿微屈,双手持球于胸前。传球时,左脚向左跨步的同时将球移至右手引到身体右侧,出球前一刹那,持球手的拇指在上,掌心向前,手腕后屈,出球时前臂向前做弧线摆动,当球摆过身体右前方时,迅速收前臂,用手腕、手指的力量将球传出。单手体侧传球的特点是隐蔽、动作快而幅度小。

(4)反弹传球。反弹传球是一种近距离较隐蔽的传球方法,是小个队员对付高大防守者的有效传球手段。方法很多,如单手、双手胸前,单手体侧,单手背后等反弹传球,都可通过地面反弹传球给同伴。所以动作方法与各种传球相同,但运用反弹传球时要掌握好球的击地点,一般应在传球者距离接球者2/3的地方。如防守自己的对手距离自己较远,而传球的距离又较近时,可向防守者的脚侧击地传出。球弹起的高度一般在接球人的腰部为宜。

2.接球基本技术

接球时眼睛要注视来球,肩、臂都要放松,手臂应迎球伸出,手指自然分开。当手指触球时,屈肘,臂后引,缓冲来球的力量,两手握球,保持身体平衡,以便做下一个动作。

(1)接反弹球。掌心要向着来球反弹的方向,屈膝弯腰并向前下方伸手迎球,五指自然分开成上、下手接球动作。在球刚刚离地弹起时,手指触球将球接住。接球后手腕迅速向上翻,持球于胸腹前保持身体平衡,成基本站立姿势。

(2)接球后急停。安全接球后急停已成为进攻技术的基础。要点是正确运用转入下次进攻的衔接点,不要犯带球走等违规的动作。

(3)摆脱接球。摆脱接球是抢先一步接球的动作。为了安全准确地接球,无球队员以切入、策应等配合创造接球机会。

四、运球

运球不仅是个人摆脱防守进攻的有利手段,而且还是组织全队进攻战术配合的重要桥梁。下面介绍几种主要运球技术。

1.身前换手变换方向运球

右手运球向左侧做变向时,右手拍球的右侧上方,使球从右侧反弹向左侧,同时右脚向左侧前方跨步,侧右肩向前,并迅速用左手拍球的正后方继续运球前进。左手运球向右变向时,则与右手动作相反。此方法的特点是便于结合假动作,变化突然,易造成防守者错误判断,伺机运、传,从左至右、从右至左改变方向的运球。以娴熟的左、右假动作和反弹高运球突然降低至30~50cm低运球来控制身体重心是运球的诀窍。

2.胯下运球

使球穿过两腿之间来改变运球方向的运球技术。近来有更多使用胯下运球技术的倾向。其理由是两腿可以保护球,且可以安全转换方向,防守者的手难以够着。

3.后转身运球

身体左侧对防守者,左脚在前做中枢脚,右手向右后侧运球或向后运球,同时做后转身,换左手拍球的后上方运至左侧,右脚落地贴近防守者的右侧(脚尖向前),然后运球继续前进。特点是转身时便于保护球、改变球的路线幅度大、攻击力强、灵活多变。

4. 运球急停急起

可用两步急停，两腿屈膝前后开立，跨出第一步时，身体稍后仰。同时，按拍球的上方，降低球的反弹高度，使球在原地反弹，同时降低身体的重心，用腿和异侧臂护球。急起时，拍球的后上方，身体重心移至前脚掌，同时后脚迅速蹬地跨出超越防守者，迅速向前推进。此方法的特点是动作突然、起动快、线路多变、攻击力强、易摆脱防守。

五、抢篮板球

抢篮板球分为抢进攻篮板球和抢防守篮板球两种。

1. 抢进攻篮板球

当同伴或自己投篮时，处在近篮的进攻队员首先应判断球的反弹方向，然后先向相反方向的侧前方跨步，利用身体虚晃的假动作，诱开身前的防守队员，绕跨挤到对手的前面或侧前方，抢占有利位置，借助跨步或助跑起跳，跳至最高点补篮或抢篮板球。

2. 抢防守篮板球

当对方投篮出手后，首先应注意对手的动向，并根据当时与进攻队员所处的位置和距离的远近，运用上步、撤步和转身抢占有利位置，把进攻队员挡在身后，与此同时还要判断球的落点准备起跳。

六、防守

1. 防守无球队员

防守队员应站在对手与球篮之间的内侧，保持与对手有适当的距离和角度，做到以人为主，人球兼顾，使对手和球处于自己的视野之内，随对手的动作积极跟进移动，调整防守位置，堵截其移动和接球的路线，手臂配合做出伸出、挥摆、上举等动作，干扰对手接球，争取抢、断球。

(1) 防纵切。A 传球给 B，A 及时偏向球侧错位防守，当 A 向篮下纵切要球时，A 应抢前防守，合理运用身体堵住对方的切入路线，同时伸臂封锁接球，迫使对手向远离球的方向移动。

(2) 防横插。A 持球，C 欲横插过去要球，C 应上步挡住对手，并伸臂不让对手接球，用背贴着对手，随其移动到有球一侧。

(3) 防溜底。A 持球，C 溜底的时候，C 要面向球滑步移动，至纵轴线时，迅速上右脚前转身，错位防守，右臂伸出不让对方接球。

2. 防守持球队员

当对手接球后，迅速调整防守位置和距离，占据对手与球篮之间的有利位置，还要与对手保持适当的距离（一臂左右），并根据对手的特点（投篮或突破）而有所调整。防守持球队员在离球篮近时采用贴近的攻击步防守，离球篮远时则采用平步防守，无论采用哪一种防守，都要积极移动，阻截和干扰对方传球、投篮，同时伺机抢、断球。

第三节 篮球运动的基本战术

一、基础配合

1. 进攻基础配合

进攻基础配合是指两三名进攻队员为了创造投篮机会,合理运用技术而组成的合作方法。

(1)传切配合。传切配合有两种,分别为一传一切配合和空切配合:

①一传一切配合如图6-1所示,A传球给D后,立刻摆脱对手a向篮下切入,接D的回传球投篮;②空切配合如图6-2所示,A传球给D时,C突然切向篮下接D的传球投篮。

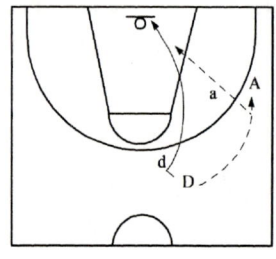 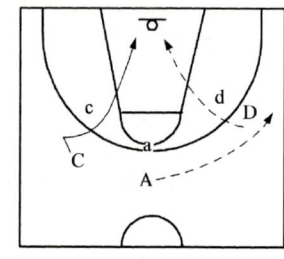

图6-1 一传一切配合　　　图6-2 空切配合

(2)突分配合。有球队员持球突破后,主动或应变地利用传球与同伴配合的方法。其要求是,突破动作要突然、快速,在突破过程中,要随时观察场上攻、守队员行动和位置的变化,既要做好投篮的准备,又要及时、准确地传球给同伴。其他进攻队员要掌握时机及时跑到有利于进攻的位置上接球。

(3)掩护配合。掩护配合是掩护队员采用合理的行动,用自己的身体挡住同伴的防守者的移动路线,使同伴得以摆脱防守,或利用同伴的身体和位置使自己摆脱防守的一种配合方法。掩护配合的形式根据掩护的位置和方向不同,分为前掩护、后掩护、侧掩护三种。

2. 防守基础配合

防守基础配合是指两三名防守队员为破坏对方进攻进行配合,或当同伴防守出现困难时,及时互相协作行动的方法。以下是几种常用的配合。

(1)关门配合。"关门"是两个防守队员靠拢协同防守突破的配合方法。如图6-3所示,当D从正面突破时,a与d或d与c进行"关门"配合。关门配合的要求是,防守队员应积极堵住进攻者的突破路线;临近突破一侧的防守队员要及时向同伴靠拢进行"关门",不给突破者留有通过的空隙。关门配合也运用于区域联防。

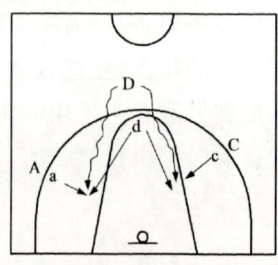

图6-3 关门配合

(2)夹击配合。夹击配合是指两个防守队员积极防守一个进攻队员配合的方法(A 为进攻队员,a、d 为防守队员)。A 从底线突破,a 封堵底线,迫使 A 停球,d 同时向底线迅速跑去与 a 协同夹击 A,封堵其传球路线,迫使其违例或失误。夹击配合要正确地掌握夹击的时机和区域。行动要果断,出其不意。在形成夹击时要用身体和腿部限制进攻队员的活动,用手臂封堵传球或接球,但要防止不必要的犯规。

(3)补防配合。指防守队员在同伴漏防时,立即放弃自己的对手,去补防那个威胁最大的进攻者,而与漏人的防守队员及时换防的一种协同防守方法。D 传球给 A,突然摆脱 d 的防守直插篮下,此时 c 放弃 C 的防守补防 D,d 去补防 C。

二、快攻与防守快攻

1. 快攻

快攻是由防守转入进攻时,趁对方未站稳阵脚之前,抓住战机以最快的速度、最短的时间,果断而合理地发动攻击的一种速决性战术配合。发动快攻的时机是在抢获后场篮板球、抢球、断球和跳球获球后。快攻的形式有长传快攻、短传和运球快攻相结合等。

(1)抢后场篮板球长传快攻。D 抢到后场篮板球后,首先观察场上的情况,寻找长传快攻机会。B 和 C 判断 D 有可能抢到篮板球时,便立即起动快下,争取超越防守队员接 D 的长传球投篮。

(2)断球长传快攻。c 断球后,看到 b 已快下,可立即传球或运球后传球给 b 投篮。

(3)短传与运球结合快攻。指队员在后场获球后,利用快速的短传球和运球推进相结合的方法迅速推进到前场进行攻击的一种配合。其特点是参加人数多、机动灵活、层次清楚、容易成功,但对队员配合的技巧要求较高。

2. 防守快攻

篮板球是发动快攻的主要先决条件之一,积极地与对方争抢前场篮板球是防止发动快攻的重要步骤。

(1)有组织积极地堵截对方发动快攻的第一传,是防守快攻的关键。

(2)防守快下队员。快下队员是对方长传快攻的主要成员,如果快下队员接到球,将给防守造成极大的困难。因此,当对方抢获篮板球时,外线队员要迅速退守,在退守过程中,控制好中路,堵截快下路线,紧逼沿边线快下的进攻队员,切断对方长传球的路线。

(3)提高以少防多的能力。当对方发动快攻并迅速地向前场推进时,防守队员往往来不及全部退防,出现以少防多的局面。提高一防二、二防三的能力,重点防篮下,为同伴回防赢得时间,这就必须提高个人防守能力,以及同伴之间的相互补防能力。

三、攻防半场人盯人

1. 人盯人防守战术

该战术是在由攻转守时,放弃前场的防守,全队迅速退回后场,每人盯住自己对手的配合方法。它以个人防守为基础,综合运用挤过、穿过、交换、关门、夹击等几个人之间的防守基础配合所组成的全队战术。

(1)防守要点。人盯人防守要从由攻转守时开始。此时,每个队员都要快速退向自己的后场,立即找到对手,形成集体防守;要根据对手、球、球篮选择有利位置,做到球、人、区兼顾,与同伴协同防守。

(2)防守原则。"以球为主,人球兼顾""有球紧,无球松""近球紧,远球松",积极移动,抢占有利位置。

(3)运用时机。半场扩大人盯人防守主要用于对付外围远投较难、突破与篮下进攻能力和后卫控制球能力相对较差的队,而本队需要扩大战果,争抢时间时;半场缩小人盯人防守用于对付中远距离投篮不准、突破和篮下攻击能力较强的队,本队得分已占优势,保持体力再扩大战果时。

2.人盯人战术

人盯人是根据人盯人防守战术的特点,从每个队员的具体实际出发,综合运用传接球、投篮、运球、突破等个人技术动作和传切、掩护、策应等几个人之间的战术基础配合所组成的一种全队进攻战术。

进攻人盯人战术的要点为:由守转攻后,要迅速到位。

第四节　篮球运动的主要规则

一、篮球比赛的概况

篮球比赛由两个队参加,每队上场5人,其中1人为队长,替补球员有7人。

将球投入对方球篮得2分,在3分区外投入对方球篮得3分,罚球投中1次得1分。

比赛由4节组成,每节10min。在第1节和第2节之间(第一半时),第3节和第4节之间(第二半时)以及每一决胜期之前有2min的比赛休息时间;两个半时的比赛休息时间为15min,以全场得分多者为胜。如果在第4节比赛时间终了时比分相等,需要一个或多个5min的决胜期来继续比赛,直至决出胜负。

比赛中每队的换人次数不限。但是,暂停在第一半时的任何时间每队可准予2次,在第二半时任何时间可准予3次,每一决胜期的任何时间每队可准予1次。

整个比赛过程由裁判员(三人制:包括主裁判员、第一副裁判员和第二副裁判员;二人制:包括主裁判员和副裁判员)、记录台人员(包括记录员、助理记录员、计时员和24s计时员)和技术代表管理。

二、篮球比赛的违规现象

篮球比赛中对规则的违反有违例和犯规两大类。

1.违例

(1)带球走。当持活球的队员用同一只脚向任何方向踏出一次或多次,其另一只脚(称为中枢脚)不得离开与地面的接触点,如果中枢脚离开了这个接触点就构成带球走违例。

(2)非法运球。队员在运球后,用双手同时触及球或允许球在一手或双手中停留时,运球即完毕。运球结束后,除非失去控球权后又重新控制球,否则不得再次运球,如果再次运球,则为非法运球违例。

(3)拳击球或脚踢球。比赛中队员不得故意用拳击球或用腿的任何部分去阻挡球,否则将判违例。如果球偶然地接触到腿的任何部分,或腿的任何部分无意碰到球,则不算违例。

(4)球回后场。在比赛中,前场控制球的队,不得使球再回到后场,否则为球回后场违例。具体判定球回后场有三个条件:①该队必须控制球;②球进入前场后,在球又回到后场前该队队员(或裁判员)最后触及球;③球回后场后,该队队员在后场最先触及球。这三个条件必须依次连续发生。

(5)干涉得分和干扰。投篮(罚球)的球在飞行下落并完全在篮圈水平面之上时,双方队员不可触及球。当投篮的球触及篮圈时,双方队员都不得触及球篮或篮板,不得从下方伸手穿过球篮并触及球,不得使篮板和篮圈摇动。如果进攻队员违犯这一规定,中篮无效,将球判给对方在罚球线延长部分的界外掷球入界;如果防守队员违犯这一规定,不论是否投中,均判投篮(罚球)队员得分。

(6)3s 违例。当某队在前场控制活球并且比赛计时钟正在运行时,该队队员在对方的限制区内持续停留的时间不得超过 3s。否则,便是违例。

(7)5s 违例。进攻球员必须在 5s 之内掷出界外球;或在被严密防守时,必须在 5s 之内传、投或运球;当裁判员将球递给罚球队员,球员必须在 5s 内出手。否则,便是违例。

(8)8s 违例。一个球队从后场控制活球开始,必须在 8s 内使球进入前场(对方的半场)。否则,便是违例。

(9)24s 违例。每当一名队员在场上获得控制活球时,该队必须在 24s 内尝试投篮。否则,便是违例。

2. 犯规

犯规是对规则的违犯,含有与对方队员的非法身体接触和或违反体育道德的举止。对违犯者登记犯规并随后按规则予以处罚。

(1)侵人犯规。队员与对方队员的接触犯规。无论球是活球还是死球,队员均不应通过伸展其手、臂、肘、肩、髋、腿、膝或脚来拉、阻挡、推、撞、绊、阻止对方队员行进;以及不应将其身体弯曲成"反常的"姿势(超出其圆柱体);也不应放纵任何粗野或猛烈的动作。在上述所有情况下都要给犯规队员登记 1 次侵人犯规。如果对未做投篮动作的队员犯规,由非犯规队在靠近犯规地点的界外掷球入界重新开始比赛。如果犯规队处于全队犯规处罚状态,则应判给未做投篮动作的队员 2 次罚球,代替掷球入界。如果对正在做投篮动作的队员犯规,如果投篮成功,应计得分并判给 1 次追加罚球;如投篮未中,则要根据投篮的地点,判给 2 次或 3 次罚球。

(2)技术犯规。包含(但不限于)行为性质的队员的非接触犯规。如不顾裁判员警告;没有礼貌地冒犯裁判员、技术代表、记录台人员或球队席人员;使用冒犯或煽动观众的语言和举止;戏弄对方队员或在对方队员的眼睛附近摇手妨碍其视觉;在球穿过球篮后,故意触及球以延误比赛;阻碍迅速地执行掷球入界以延误比赛;假摔以伪造一次犯规等。队员技术犯规,应给其登记一次技术犯规,作为全队犯规之一计数。教练员、替补队员和随队人员的技术犯规,对每一起违犯行为都要登记教练员一次技术犯规,但不作全队犯规之一计数。对技术犯规的处罚,是判给对方 2 次罚球,以及随后在记录台对面的中线延长部分掷球入界。

(3)违反体育道德的犯规。裁判员认为队员蓄意地对持球或者不持球的对方队员造成侵入犯规为违反体育道德的犯规。当球员犯规动作严重粗野,又或者球员防守时并非针对篮球而是进攻球员,这很容易导致受伤,球证可判断为违反体育道德规范。

罚球的次数按如下规定:对没有做投篮动作队员的犯规应判给 2 次罚球;对正在做投篮的队员发生的犯规,如中篮,应计得分并加判给 1 次罚球;如未中篮,应判给 2 次或 3 次罚球。

第七章 排 球

排球运动是用双手做发球、垫球、传球、扣球和拦网等动作来组织进攻和防守的球类运动项目之一。排球英文"Volleyball"的原义是击空中球或"空中飞球"。排球分为室内排球和沙滩排球两种。

第一节 排球运动概述

一、排球运动的起源和发展

排球运动源于美国。1895 年,由美国马萨诸塞州(旧称麻省)霍利约克市,一位叫威廉斯·盖·摩尔根的体育工作人员发明的。当时,网球、篮球很盛行。摩根先生认为篮球运动太激烈,而网球运动量又太小,他想寻求一种运动量适中,又富于趣味性,男女老少都能参加的室内娱乐性项目,就想把当时已广为流行的网球搬到室内,在篮球场上用手来打。

排球这个新的运动项目,于 1896 年斯普林菲尔德市(Spring Field)斯普林菲尔德青年会干事培养学院召开青年会体育干事会时,该校学生以示范表演的形式与观众正式公开见面,博得了观众的喜爱和赞赏。同年,在马萨诸塞州的斯普林菲尔德市举行了第一次排球公开赛,这是世界上第一场排球比赛。当时比赛采用五人对五人。从那以后这个新的运动项目在各学校迅速开展普及开来。与此同时,也引起了美国军队的兴趣,并把排球列入军事体育项目,广泛在军队中开展,在空军中一度达到狂热的程度。

排球传入中国的时间,一说是 1905,一说是 1913 年。"Volleyball"在我国最早译为"队球"(也叫华利波),后改"排球"。将"华利波"改称"排球"是在 1925 年 3 月举行的广东省第九届运动会上,主要取其分排站立之意。在 1964 年东京举行的第十八届奥运会上,首次进行了排球比赛。

排球运动自 1895 年创始以来,迄今已有一百年的历史。排球从开始仅仅是少数人的一种游戏、娱乐的手段,发展到今天已成为遍及世界五大洲,为广大群众喜闻乐见的体育运动项目之一。

1912 年排球场的规格发生改变,改为 35 英尺(1 英尺≈0.31m)宽,60 英尺长。排球的尺寸和重量统一:周长 26 英寸,重量在 7 盎司(1 盎司≈28.35g)至 9 盎司之间。另外还有两项重要的改革:球员的人数被确定为每队 6 人,发球轮转制同时开始实行。

1994 年 9 月国际排联对排球规则进行修改。新规则规定运动员可以在底线后任何位置发球;防守队员身体的任何部位接触来球都不算犯规;取消接发球持球的规定等。

1998年,国际排联决定增设自由人的位置,并改用蓝、黄、白三色排球进行比赛。

排球比赛场地长18m、宽9m,由一条中线分为两个均等的场区。中线架有一定高度的球网。比赛双方站在两边,每队上场队员6人,分前后排站立。在发球队员击球时,双方队员(发球队员除外)必须在本场区内站成两排,前排三名队员的位置为4号位(左边)、3号位(中间)和2号位(右边);后排队三名队员位置必须比其相应的前排队员离网更远,其位置为5号位(左边)、6号位(中间)和1号位(右边)。排球的阵容配备的组织形式一般有"四二"配备、"五一"配备和"三三"配备三种。

排球比赛采取5局3胜制,在每局中一个队赢得15分并至少领先对方2个球时,该队胜1局;如有第5局的比赛,则两队每次胜1球均可直接得分。队员根据规则规定将球击过球网,使球落在对方场区内的地面上或使对方犯规从而得分。发球方胜1球时方可得分。如果发球方犯规、失误或接发球方胜1球则双方交换发球权。比赛中队员按顺时针方向轮转位置,在后排1号位的队员负责发球。

沙滩排球在20世纪20年代初在加利福尼亚州圣莫尼卡海滩兴起。在1930年,圣莫尼卡举行了第一场双人配合的沙滩排球赛,这种阵形成为现在最普及的打法。1996年沙滩排球首次成为奥运会的比赛项目。

二、排球运动的特点

(1)广泛的群众性。排球场地设备简单,比赛规则容易掌握。既可在球场上比赛和训练,亦可以在一般空地上活动,运动量可大可小,适合于不同年龄、不同性别、不同体质、不同训练程度的人。

(2)技术的全面性。规则规定,每个队员都要进行位置轮转,既要到前排扣球与拦网,又要轮到后排防守与接应。要求每个队员都必须全面地掌握各项技术,能在各个位置上比赛。

(3)高度的技巧性。规则规定,比赛中球不能落地,不得持球、连击。击球时间的短暂,击球空间的多变,决定了排球的高度技巧性。

(4)激烈的对抗性。排球比赛中,双方的攻防转换始终是在激烈的对抗中进行。高水平比赛中,对抗的焦点在网上的扣拦上。在一场比赛中,夺取一分往往需要经过六七个回合的交锋。水平越高的比赛,对抗争夺也越激烈。

(5)攻防技术的两重性。排球是多种技术都可以得分、也能失分的项目,这种情况在决胜局比赛中更加突出,所以说每项技术都具有攻防的两重性,因此,要求技术既要有攻击性,又要有准确性。

(6)严密的集体性。排球比赛是集体比赛项目,除发球外,都是在集体配合中进行的。没有严密的集体配合,再好的个人技术也难以发挥,更无法发挥战术的作用。水平越高的队,集体配合就越严密。

第二节 排球运动的基本技术

排球基本技术分为六大项：准备姿势和移动、发球、垫球、传球、扣球、拦网。

一、准备姿势和移动

准备姿势就是准备迎接各种来球的身体姿势。在排球比赛中攻防的多数技术都是在准备姿势或快速移动后完成的，因此它是完成各项基本技术的基础。移动的作用是为了接近球，保持好人与球的位置关系，以保证击球动作的合理。

二、发球技术

发球由队员自己抛球，用一只手将球从网上空两标志杆内击入对方场区的技术动作。发球是比赛和进攻的开始。是排球技术中唯一不受别人制约的技术动作。攻击性强的发球不仅可以直接得分，还能破坏和削弱对方的进攻，打乱对方的部署，在心理上给对方造成威胁。

发球的练习方法有以下几种。

(1)发定点、定位、定区域的球，按指标训练。

(2)强制发直线、斜线球。

(3)对墙发定点球。

(4)无网两人对发，体会发球的连贯完整动作。

(5)发各种弧度和不同距离的球，练习时有的放矢。

(6)发性能不同的球（对每个人来说练一种为主）。如发上手飘球者还应会发上手大力球；发勾手飘球者还应会发勾手大力球。发球性能各有千秋、多变。

(7)扣一次球、拦网、再扣一次球后，立即跑到发球区发球，这样的训练接近比赛实际情况。

(8)固定抛球高度和起跳时机、挥臂路线、发球后迅速入场作好准备姿势。

(9)找目标的发球练习，指定发直线或斜线球。不断提高控制球的能力。

三、垫球技术

1. 正面垫球

(1)准备姿势：正面对正来球方向，两脚开立稍宽于肩，一脚在前，两脚跟提起，前脚掌着地，两膝变曲微内收，重心稍前倾，双臂自然弯曲置于腹前。

(2)手形、击球点和触球部位：当球接近腹前时，两手重叠，掌根靠拢，合掌互握，两拇指平行朝前，手臂伸直，手腕下压，用前臂旋外形成的颊靠近手腕的部分击球后下方。击球点在腹前一臂左右距离，便于控制用力大小并可根据垫球的方向，调整手臂的角度。

(3)击球用力：两臂靠拢前伸插入球下，靠手臂上抬力量增加球的力，同时配合趴地跟腰动作，使身体重心向前上方移动。击球时，两臂要形成一个平面，身体和两臂要有自然的随球伴送动作，以便控制球的落点和方向。垫球时，还应根据来球的力量控制手臂的动作，垫轻球时采用上述动作。垫中等力量的来球时,由于来球有一定速度,因此,垫球时的抬臂动作要小,速度要慢,主要靠来球本身所造成的反弹力将球垫起。垫重球时,应采用收腹含胸的动作,手随来球屈肘,缓冲来球力量,控制垫球的距离。球距离身体稍远、击球点较低时,手臂在缓冲用力过程中,要采用屈肘翘腕的动作把球垫在手腕部位的虎口处。

2. 侧面双手垫球

在身体两侧用双臂垫球的动作称侧面垫球。当来球速度较快、距离体侧较远、来不及移动正面对球时采用。体侧垫球可以扩大防守范围,但不易控制垫球方向,因此,在来得及移动的情况下,最好采用正面垫球。当球右侧飞来时,左脚前脚掌内侧蹬地,右脚向右跨出一步,右膝弯曲,重心随即移至右脚上,两臂夹紧向右伸出,左肩微向下倾斜,用向左转腰和提右臂的动作,使两臂击球面截住球的飞行路线,垫击球的后下部。侧垫时,不要随球伸臂,这样会造成球触臂后向侧方飞出。应使两臂先伸向侧方截击来球,还应注意两臂不要弯曲,以保持手臂击球,颇避免因手臂动作影响垫球效果。

3. 背垫球

背垫就是背向垫出球方向,从体前向背后的垫球。当球飞出较远而又无法进行正面调整传球时,或第三次被动击球过网时采用。背垫时,判断好球的飞行方向,先要迅速移动到球的落点处,背对出球方向,两臂夹紧伸直,插在球下。击球时,蹬地抬头挺胸,展腹后仰,直臂向后上方摆动。在背垫低球时,也可以有屈肘、翘腕动作,以虎口处将球向后上方垫起。

4. 跨步垫球

队员向前或向体侧跨一步的垫球称跨步垫球。跨步垫球主要运用在接发球和防守中。

(1) 前跨垫球。当来球低而远时,看准来球落点,向左出一大步,屈膝深蹲,重心落在跨出腿上,上体前倾,臀部下降,两臂前伸插入球下,用前臂垫击球的后下方。

(2) 侧跨垫球。当来球至右侧时,右脚向右侧跨出一大步,屈膝制动,重心移至跨出腿上,上体前倾,臀部下降,两臂插入球下,用前臂垫击球的后下部。

5. 单手垫球

当来球低、速度快、距离远、来不及用双手垫球时,可采用单手垫球。这种垫球动作快,手臂伸得远,可扩大控制范围,但由于手臂击球面积小,不容易控制球。当球在右侧向右跨出一大步,上体向右倾斜,重心移至右腿上,右臂伸直,自右后方向前摆动。用前臂内侧、掌根或虎口处垫击球后下部。

6. 挡球

当来球较高、力量较大、不便于传球时,可采用挡球。双手挡球的手形有抱拳式。抱拳式挡球的手法是:两肘弯曲,一手半握拳,另一手外抱,两掌外侧朝前。并掌式挡球的手法是两肘弯曲,两虎口交叉,两掌外侧朝前,合并成勺形。挡球时,前臂放松,两肘朝前,手腕后仰以掌外侧和掌根组成的平面挡击球的下部。击球瞬间,手腕要用力适度,击球点在额前或两则肩上。

四、传球技术

(1) 传球前的准备姿势。下肢两脚左右开立,约与肩同宽,一脚稍前,后脚跟略提起,两膝微屈,重心落于两脚之间略偏前脚。躯干上体稍前倾或接近直立(但不能后仰),两肩放松,抬头注视来球。两臂屈肘举起,手的高度在脸前。两肘自然下垂,手腕稍后仰,十指张开成半球形。

(2)击球前手型和击球时手指触球的部位。击球之前,手掌应略相对,置于额前,手指自然弯曲,手腕稍后仰,以稍大于球体的半球形手型去迎击来球。当手指触球时,应在击球前手型的基础上,以手指的不同部位触及球体。

(3)正确的迎球动作是从下肢发力开始的。首先以伸膝、伸髋使身体重心上升,接着是屈踝、伸肘使两手迎向来球并在正确的击球位置击球,全脚蹬地和手指手腕的用力将球传出。击球后,手腕由于用力后的惯性动作而适当随球前屈。击球点两手应在前额的正前上方约一个球的位置。在这一位置上触球时,肘关节尚有一定弯曲度,便于继续伸臂用力。

五、扣球技术

(一)正面扣球

正面扣球是扣球中的一种基本方法。正面扣球面对球网,便于观察,准确性较高,运动员可根据对方防守布局,随时改变扣球路线和力量,有利于控制击球落点,因而是最好的进攻方法。

1. 准备姿势

站在离网 3m 左右处,两脚自然开立,两膝微屈,上体稍前倾,两臂自然下垂,观察二传来球,随时准备向各个方向助跑起跳。

2. 助跑

助跑的目的是获得一定的水平速度,增加弹跳高度,并且选择适当的起跳点。助跑的时机、方向、步法、速度、节奏是根据来球的方向、速度和弧线来决定的。因此,要全面熟练掌握一步、两步、三步及多步助跑的步法。以两步助跑为例,助跑时,左脚先向前迈出一步,接着右脚再迅速跨出一大步,左脚及时并上,落在右脚侧前方,两脚尖稍内收准备起跳。

助跑的第一步要小,目的是对正上步的方向,使身体获得向前的水平速度,第二步要大,目的是接近球和提高助跑的速度,右脚落地支撑点在身体重心之前,有利于制动。

3. 起跳

在助跑跨出最后一步的同时,两臂绕体侧向后引,左脚在落地制动的过程中,两臂自后积极向前摆动,随着双腿蹬地向上起跳,两臂配合起跳用力上摆。

4. 空中击球

起跳后,挺胸展腹,上体稍向右转,右臂向后上方抬起,身体成反弓形。挥臂时,以迅速转体、收腹动作发力,集中带动肩、肘、腕各部位关节成鞭甩动作向前上方挥动。击球时,五指微张成勺形并保持紧张,用全手掌包满球,以掌心为击球中心,击球的后中部,同时主动用力屈腕屈指向前推压,使扣出的球加速上旋。击球点在起跳和手臂伸直最高点的前上方。

5. 落地

空中完成击球动作后,身体自然下落,为了避免腿部负担过重,应使用双脚的前脚掌先着地,同时顺势屈膝,缓冲身体下落的力量。

（二）快球

快球是扣球队员在二传传球前或传球同时起跳，并迅速把球击入对方场区的中球方法。快球是我国传统的打法，它的特点是速度快、突然性大、牵制能力强，有利于争取时间和机会，达到突然袭击的目的。

1. 近体快球

在二传队员附近约 50cm 处扣的快球，叫近体快球。近体快球主要是进攻速度快，常常使对方来不及拦网和防守。近体快球不但进攻效果好，而且具有较强的掩护作用，是副攻手必须掌握的技术。

近体快球的助跑路线一般同网的夹角保持在 45°左右为宜，助跑时要随一传传出的球同时到网前，当球落在二传队员手上时，扣球队员应在二传手体前约一臂距离处迅速起跳，快速挥臂将刚传出网口（球网上沿）的球扣过网。击球时，利用含胸收腹动作带动前臂和手腕迅速挥动，以全手掌击球的后上方。

2. 半快球

半快球是在二传队员附近起跳，扣超出网口两个半球高度的球。半快球比一般扣球速度快，比快球速度慢，队员可利用高点看清对方拦网者的手，以便改变扣球手法和扣球路线。半快球的助跑路线一般同网成 45°左右夹角为宜，起跳一般在二传出手后快速跳起。击球动作与近体快球基本相同，主要利用前臂和手腕加速甩动去击球。

3. 短平快球

扣球队员在二传手体前 2m 左右，扣二传队员传过来的平快球，叫短平快球。这种球由于速度快、弧线平，因而进攻节奏快，在网上进攻点多，有利于避开对方拦网，具有较强的牵制和掩护作用。扣短平快球的助跑路线与球网的夹角应小于 45°，要在二传出手的同时起跳，在空中挥臂截击平飞过来的球。击球时，要迅速地以含胸动作带动前臂和手腕加速挥动，以全手掌击球的上方。可根据对方拦网手臂的位置，在球平飞过程中寻找击球点。

4. 平拉开扣球

扣球队员在 4 号位标志杆附近，扣二传队员传来的长距离的平快球。这种扣球，二传球弧线低而平，飞行速度快，因而进攻的突然性大，进攻区域宽，容易摆脱对方的集体拦网。平拉开扣球的助跑路线应采用外绕助跑，在二传球出手后，在标志杆附近起跳，在空中截击球。击球动作与短平快扣球基本相同。根据击球部位的不同，可扣出小斜线球或直线球。

5. 调整快球

在一传不到位、离网较远时，二传把球调整到网口进行快球进攻，叫调整快球。调整快球要根据二传的位置和传球的方向、出手的时间，选择好助跑的角度、路线和起跳时间。应边助跑边观察，助跑的路线与球网的夹角要小，以便观察球的飞行路线和落点，使起跳点与二传球的飞行路线形成交叉点。起跳时，左肩斜对网，右臂随来球顺势向前追击球。击球时，利用含胸收腹动作，带动手臂向前上方挥动，以全掌击球的后上方。手触球时，手腕要有明显的推压动作，使球上旋。

（三）自我掩护扣球

自我掩护扣球是扣球队员用扣各种快球的假动作来掩护自己第二个实扣的半高球进攻。

这种扣球有"时间差"、"位置差"和"空间差"三种。

1."时间差"扣球

扣球队员做扣快球或短平快球的助跑和摆臂起跳动作,但实际并不跳起,以欺骗对方拦网队员起跳,在拦网队员下落时,再迅速原地起跳扣半高球或弧线低的球,造成自己扣球与对方拦网时间上的明显差异,这种扣球称为"时间差"扣球。"时间差"扣球运用的关键在于假动作要逼真,为了骗取对方拦网队员起跳,有时可把摆臂起跳动作做得夸大逼真一些。

2."位置差"扣球

扣球队员在助跑后假做起跳,但并不跳起,待对方拦网队员起跳时,扣球队员突然向体侧跨出一步,用双脚或单脚起跳扣球,造成自己扣球与对方拦网位置上的明显错位,这种扣球称为"位置差"扣球,也称"错位"扣球。"位置差"扣球的变化很多,常用的有:短平快球向3号位错位扣,近体快球向2号位或3号位错位扣,背快球向2号位错位扣等。

(1)短平快球向3号位错位扣。扣球队员假做扣短平快球助跑,但助跑后不起跳,等对方队员起跳网时,扣球队员突然向右侧跨步起跳扣近体半快球。若采用单脚错位起跳时,在假跳动作之后,左脚向右跨出一大步起跳,右腿积极向上摆动配合起跳,并向左转体挥动手臂击球。

(2)近体快球向2号位错位扣。扣球队员假做扣近体快球助跑,助跑后不起跳,等对方队员起跳拦网时,扣球队员突然向右跨步到二传手身后起跳扣背传半高球。若采用单脚错位起跳时,在假跳动作之后,右脚先向二传手侧面跨出一大步,左脚再向二传身后跨步起跳,右腿积极向上摆动配合起跳,同时向左转体挥动手臂击球。

(3)近体快球向3号位错位扣。扣球队员假做扣近体快球助跑,助跑后不起跳,等对方队员起跳拦网时,扣球队员突然向左侧跨出一步起跳,扣弧线稍高、速度稍慢的短平快球。

(4)背快球向2号位错位扣。扣球队员假做扣背快球助跑,助跑后不起跳,等对方队员起跳拦网时,扣球队员突然向右侧跨步起跳,扣背传低平球。若采用单脚错位起跳,在假跳动作之后,左脚向右跨出一步起跳,右腿积极向上摆动配合起跳,并向左转体手臂击球。

3."空间差"扣球

扣球队员利用助跑的向前冲跳技术,使身体在滞空中有一个位移过程,将起跳点和击球点错开的扣球,称为"空间差"扣球,也称空中移位扣球和冲飞扣球。它是中国运动员创新的技术。这种扣球不仅速度快,而且有较强的掩护作用。常用的"空间差"扣球有:前飞、背飞、拉三、拉四等。

(1)前飞。队员假打短平快球,突然利用向前冲跳,"飞"到二传手前扣半高球,这种扣球叫"前飞"。助跑双脚起跳的前飞扣球,助跑路线与球网的夹角很小,接近顺网助跑,右脚最后一步前脚掌着地,身体重心仍继续前移,左脚跟着落在右脚之前约60~80cm处,有明显的制动动作。踏跳同时,两臂由后经体侧用力向前上方摆动,随之右脚先蹬离地面,左脚再蹬离地面,由于起跳动作的向前冲力,身体腾空后有明显的位移,当身体接近球时,已摆脱了对方的拦网。击球时,利用向左转体和收胸动作带动手臂挥动击球。助跑单脚起跳的前飞扣球,可以充分利用助跑速度,加速助跑的最后一步跨出左脚蹬地,同时右腿和两臂配合向前上方摆动,使身体向前上方冲跳。击球时,利用向左转体动作带动手臂挥动击球。击球后,双脚同时落地,以缓冲身体下落的力量。

(2)背飞。扣球队员假打近体快球,突然冲跳飞二传手背后标志杆附近扣背传平快球,这种扣球叫"背飞"。背飞扣球的动作与前飞相同,只是步点在二传手的体侧。击球时,在空中有随球飞行的感觉,击球区域较宽,可选择有利的突破口。

(3)拉三。队员按扣近体快球助跑,而二传手将球向3号位传得稍拉开一些,扣球队员侧身向左起跳追球,在左前方扣快球,这种扣球叫"拉三"扣球。拉三扣球的助跑起跳,右脚要有意识地踏在靠右侧一点,身体重心随之向左倾斜,两脚用力向右下方蹬地,使身体向左上方腾起,利用向左转体、转腕动作,将球从对方网手右侧击过网。

(4)拉四。队员在扣短平快球的位置上起跳,而二传手将球向4号位传得拉开一点,扣球队员侧身向左起跳追球,在左侧前方扣短平快球。起跳方法和扣球动作与"拉三"相同。

六、拦网技术

(一)拦网技术在比赛中的作用

拦网是排球运动的基本技术之一,也是一项具有进攻性的防御技术。成功的拦网可以直接拦死、拦回对方扣球,削弱对方进攻锐气,减轻本方后排防守的压力,为组织反攻创造机会,是得分和获取发球权的重要手段之一。

(二)拦网技术的动作方法

1. 准备姿势

面对球网,两脚平行开立约同肩宽,距网30~40cm,两膝微屈,两臂自然弯曲置于胸前。随时准备起跳或移动。

2. 移动

为了对准对方进攻点,拦网队员需要及时移动。常用的移动步法有以下几种。

(1)并步移动。这种移动适合于近距离使用。动作方法是单脚向右(左)迈一步,另一脚并步靠拢。

(2)滑步移动。相距2m左右可采用滑步移动。连续的并步移动即是滑步。

(3)交叉步移动。这种移动速度快,制动能力强,移动范围大,适用于中、远距离。动作方法是向右移动时,身体稍向右转,重心移向右脚,接着左脚从右脚前面向右交叉一大步,然后右脚再向右边跨出一步,右脚落地时,脚尖内转,使两脚平行站立,身体正对球网。移动时,也可右脚先向右迈一小步,其他动作与上述相同。

(4)跑步移动。移动距离较远时采用。动作方法是向右移动时,身体先向右转,左肩对网,顺网跑至起跳点时,左肢跨出一步制动,右脚再向前迈出一步,同时脚尖内转,尽量合双脚保持平行,接着屈膝起跳。

3. 起跳

起跳时,重心降低,两膝弯曲,弯曲程度因人而异,两脚用力蹬地,两臂在体侧划小弧用力上摆,带动身体向上垂直起跳。起跳后稍收腹,控制身体平衡。

拦网起跳的时间必须掌握好,应根据对方二传球的高低、远近、快慢以及扣球队员的起跳时间和动作特点来决定。拦高球时,一般应比扣球队员晚跳;拦快球时,可以和扣球队员同时起跳或提前起跳。

4. 空中击球

起跳同时,两手从额前贴近并平行球网,向网上沿的前上方伸出,两臂伸直,前臂靠近网,两手肘伸向对方上空接近球,两手自然张开,屈指屈腕呈勺型。两手之间距离不能超过一个球,以防止球从两手间漏过。当手触球时,两手要突然紧张,手腕要用力下压盖住球的上方。站在靠近边线的拦网队员,为了防止对方打手出界,外侧手掌心在拦击球时要内转。

拦远网扣球时,要尽量向上伸直手臂,不要采用压腕动作,以提高拦击点。

5. 落地

如已将球拦回,则面向对方,屈膝缓冲,双脚落地。如未拦到球,在身体下落时要随球转身向着球飞出的方向准备做接应救球。

6. 拦网的判断

判断是拦网技术的关键环节,在拦网的全过程中都要贯穿着判断能力。应从以下几个方面进行判断:判断对方的战术打法;判断对方一传情况;判断对方二传的方向、弧线、速度和落点;判断对方扣球队员的助跑方向、起跳的时间以及起跳后人与球的关系和空中挥臂击球动作。同时,还要判断对方扣球队员的个人技术特点。

(三)集体拦网的配合

集体拦网有双人拦网和三人拦网。集体拦网的目的是扩大拦网的截击面。集体拦网除按个人拦网技术的要求外,更重要的是拦网队员之间的配合。集体拦网配合时应注意以下几个问题。

(1)集体拦网要确定以谁为主,密切协同配合,防止各行其事。

(2)主拦队员确定拦网中心,配合队员要及时选好起跳点,起跳时应避免互相冲撞和干扰。

(3)起跳后,手臂在空中要保持适当距离,尽量扩大拦击面,但手与手之间距离不要过大,以免造成漏球。

(4)不同身高的队员要加强起跳时间的配合,一般来说,高个子队员起跳时间应稍晚于矮个子队员。

(5)把身材高、弹跳力强、拦网好的队员换到 3 号位或换到对方扣球威力大的位置上,以加强本方拦网的威力。

第三节 排球运动的基本战术

一、排球运动战术分类

排球运动战术可分为个人战术和集体战术两大类。集体战术又进一步分为接发球及其进攻(简称一攻)、接扣球及其进攻(防反)、接拦回球及进攻(保攻)、接传、垫球及其进攻(推攻)四个战术系统。

二、阵容配备

阵容配备指比赛时场上人员的搭配布置。阵容配备的目的是合理地把全队的力量搭配好,更有效地发挥每一个队员的特长和作用。为此,在组织阵容时,应该根据队员的身体素质、技术水平合理安排其在阵容中的位置,把进攻力量强的和防守技术好的队员搭配开,使每一轮次都有较强的进攻能力和较好的防守能力;主攻手、副攻手和二传手分别安插在对称的位置上,以便在轮转时保持比较均匀的攻防力量;根据战术需要和队员间默契程度,把平时配合较好的进攻队员和二传队员安排在相邻的位置上;扣球好的主功手一开始站在最有利的位置上,如 4 号位;防守好的队员,应站在后排;本方有发球权时,发球好的队员最好站在 1 号位;发球权在对方时,发球好的队员可站在 2 号位;一传较差的队员尽可能不要安排在相邻的位置上,避免形成薄弱地区。

根据各队不同的技术水平和战术特点,一般有以下三种阵容配备。

1."四二"配备

即将场上两个二传手、四个攻手(其中两个主攻手、两个副攻手)安排在对称的位置上。每一轮次前排都有一个二传队员和两个进攻队员,便于组织前排二传传球的两点进攻和后排二传插上传球的三点进攻。但每一个进攻队员必须熟悉两个二传队员的传球特点,否则配合比较困难。

2."五一配备"

即场上一个二传队员、五个进攻队员。为了弥补有时主要二传队员来不及传球所出现的被动局面,通常在二传队员的对角位置上,配备一名有进攻能力的接应二传队员。二传队员在前排时采用两点进攻,二传队员在后排时采用进攻和拦网的力量。"五一"配备中,全队进攻队员只需适应一名二传队员传球的习惯、特点,容易建立配合间的默契。但防反时,一传队员如果在后排,要插上传球,难度较大。

3."三三"配备

即三名能攻的队员与三名能传的队员间隔站位,使每一轮次都有传有扣,是初学着常用的阵容配备。

三、位置交换

排球规则规定,发球以后,队员在场上可任意交换位置。利用这一规则,各队通常采用专位进攻、专位防守的方法。一般来说,在前排的,主攻队员换在 4 号位,拦网好、移动快、连续起跳能力强的副攻队员换到 3 号位,二传队员换到达号位;在后排,主攻队员换到达号位,副攻队员换到 6 号位,二传队员换到 1 号位。这种位置交换,使队员专位化,便于发挥每个队员的特长,有利于让队员集中学习训练掌握某项实用技术。但专位化也容易造成队员技术的不全面。

换位时应注意,换位前,按规则的要求站位,防止"位置错误"犯规;当发球队员击球后,立即迅速换到预定位置;对方发球时,应首先准备接球,然后再换位,以免影响接发球;我方发球时换位队员应面向对方场区,观察对方动态;成死球后,应立即返回原位,及早做好下一个球的准备。

四、进攻战术

进攻战术是指在接对方发过来、扣过来、拦过来和传、垫过来的球后,全队所采取的有目的、有组织的配合进攻行动。进攻战术又可分为进攻阵形和进攻打法两方面。

(一)进攻战术阵形

进攻战术阵形即进攻时的采取的队形。进攻时所采用的阵形是基本一致的,有"中一二""边一二""插上"三种阵形。

1."中一二"进攻战术阵形

3号位队员作二传,将球传给4、2号位队员进攻的组织形式。其优点是一传向网中3号位垫球比较容易,因而有利于组成进攻,适合初学者采用;二传队员在网前接应一传的移动距离近,向2、4号位传球的距离较短,容易传准。缺点是战术变化少,对方容易识破进攻意图。

2."边一二"进攻战术阵形

2号位队员作二传,将球传给3、4号位队员进攻的组织形式。其优点是右手扣球者在此3、4号位扣球比较顺手,战术变化较多。缺点是5号拉接一传时,向2号位垫球距离较远;一传垫到4号位时,二传传球较为困难。

3."插上"进攻战术阵形

二传队员由后排插上前排作二传,把球传给前排4、3、2号位队员进攻的组织形式。其优点是能保持前排三点进攻,战术配合变化多,并能利用网的全长组织进攻。缺点是对插上二传队员的要求较高。

(二)进攻战术打法

进攻战术打法是指二传队员与扣球队员之间所组织的各种进攻配合。包括强攻、快攻和两次球进攻三种基本打法。每种打法中又有若干不同战术配合。而所有这些打法又都可以在"中一二""边一二"和"插上"三种进攻战术阵形中具体运用。

1.强攻

强攻指在没有同伴掩护,而对方有准备的拦防情况下,强行突破的进攻。强攻的二传球较高,根据不同的二传球位置,可以分为集中进攻、拉开进攻、围绕进攻、调整进攻等,后排队员的高球进攻也属于强攻的打法。

2.快攻

快攻指扣二传传出的各种平快球,以及用这些平快球作掩护所组成的各种战术配合。可以分为平快球进攻、自我掩护进攻、快球掩护进攻三类。平快球进攻常用的有前快、背快、短平快、平拉开、背溜、调整快、远网快、后排快、单脚起跳快等。自我掩护进攻包括时间差、位置差、空间差的进攻。快球掩护进攻包括各种交叉进攻、夹塞进攻、梯次进攻、前排快攻掩后排进攻的本位进攻等。

3.两次球进攻

两次球进攻指一传来球较高,又在网前适合扣球的位置上,前排队员跳起来直接进行扣球,如遇拦网,就在空中改作二传,把球转移给其他前排队员进攻。

五、防守战术

排球的防守战术是组织进攻或反攻战术的基础,没有严密的防守,进攻就无从组织。而一切防守战术都应从积极为进攻和反攻创造条件的角度进行设计和考虑。

(一)接发球的防守战术

当对方发球时,我方处于防守地位,也是组织第一次进攻的开始。事先站好位置,摆好阵形,是接好发球的基础。站位的阵形,不仅要有利于接球,也要有利于我方所采用的进攻战术。同时,还要根据对方发球的特点,采取不同的阵形。通常多采用5人接发球和4人接发球。

1. 五人接发球站位阵形

除一名二传员站在网前或从后排插上准备二传不接发球外,其余5名队员都担负一传任务的接发球站位阵形。其优点是队员均衡分布,每人接发球的范围相对减小;接发球时,已站成了基本的进攻阵形,组织进攻比较方便,适合接发球水平不太高的球队。其缺点是一传队员从5号位插上时距离较长,难度大;3号位队员接球时,不便组成快攻战术;不利于队员间的及时换位;队员中间地带较多,配合不默契时,容易互相干扰。

2. 四人接发球站位阵形

插上二传队员与同列的前排队员均站在网前不接发球,其他四人站成弧形接发球的站位阵形。其特点是便于后排插上和不接发球的前排队员及时换位;其缺点是对接发球的四人要求有较高的判断、移动能力和掌握较好的接发球技术。

(二)接扣球的防守战术

接扣球的防守与组织反攻是密不可分的,只有防守成功才能富有成效的反攻。接扣球的防守战术是前排拦网与后排防守的整体配合,根据对方进攻情况、本队队员特长、防守后的反攻打法,一般可分为不拦网、双人拦网和三人拦网的防守阵形。

1. 不拦网的防守阵形

在对方进攻较弱,没有必要进行拦网时,可以采用不拦网的防守阵形。这种阵形与五人接发球站位阵形相似,前排进攻队员要撤到进攻线后,准备防守和防守后的反攻;后排队员后退,准备防后场球;二传队员留在网前,准备接吊到网前的球和组织进攻。

2. 单人拦网的防守阵形

当对方扣球威胁不大、扣球路线变化不多、轻打中吊球较多时,可以主动采用单人拦网的防守阵形。拦网队员拦扣球人的主要进攻路线,不拦网队员及时后撤防守前区或保护拦网人,后排队员后撤加强后场防守。

3. 双人拦网的防守阵形

对方水平较高、进攻力量较强、进攻路线变化较多时,多采用这种防守阵形,即两人拦网、四人接球。通常分为"边跟进"和"心跟进"两种。

(1)"边跟进"。多在对方进攻较强,吊球较少时采用。当对方4号位队员进攻时,本方2、3号位队员拦网,其他四个队员组成半圆弧形防守。如遇对方吊前区,由边上1号位队员跟进防守。其特点是加强了拦网;缺点是边上的队员又要防直线,又要跟进防前区,比较困难。

（2）"心跟进"。在本方拦网能力强，对方采取打吊结合时采用。当对方 4 号位队员进攻时，本方 2、3 号位队员拦网，后排中间的 6 号位队员在本方拦网时跟在拦网队员之后进行保护，其余 3 名队员组成后排弧形防守。其优点是加强了前区的防守能力，缺点是后排防守队员之间的空档较大。

4. 三人拦网时的防守阵形

对方主要扣球手进攻实力很强，不善吊球的情况下可采用三人拦网，三人后排接球的防守阵形。这种阵形加强了网上力量，但后防的空隙也相对增大。三人拦网时，后排防守的 6 号位队员可以跟进到进攻线附近保护，也可以退至端线附近防守。

（三）接拦回球的防守战术

我方扣球时必须加强保护，积极防守被拦回来的球，并及时组织继续进攻。由于拦网人可以将手伸过网拦网，拦回的球通常速度快、角度小，因而接拦回球的保护阵形应形成多道防线的弧形状，且第一道防线紧跟在扣球人身后。以我方 4 号位队员进攻，其他 5 人保护为例，5 号位队员向前移动和向左后方移动的 3 号位队员形成第一道防线，1 号位队员保护后场，为第二道防线。其他位置进攻时，保护的阵形也可按同样道理布阵。

（四）接传、垫球的防守战术

当对方无法组织进攻，被迫用传、垫球将球击入我方时，我方的防守便称之为接传、垫球的防守。这种情况在初学者中出现较多。由于来球的攻击性小，我方的防守阵形与不拦网情况下的防守阵形相同，即前排除二传队员外，其他的队员都迅速后撤到各自的位置，准备接球后组织进攻。需要注意的是在后撤和换位的过程中，动作要迅速并随时做好接球的准备。

六、攻防转换

在排球比赛中，攻与防是密切联系、相互转换、连续进行的。这不仅在于排球技术本身具有攻与防的双重含义，还由于全攻全守、攻防兼备是当前排球运动的发展趋势。正在进攻的一方，必须同时注意防守；处于防守的一方，必须随时准备反攻。在进攻与防守的转换中，如果准备不充分，动作不连贯，一味进攻，都可能贻误战机，招致失败。因而，在进攻的时候准备防守，在防守的时候想到进攻，才能有备无患，立于主动。同时，因阵容部署上也要有相应的措施和方法。

1. 由进攻转入防守

当球扣入对方区后，进攻的一方应立即转入防守状态。当球扣过网或二传不慎传球过网后，前排队员应迅速靠网前站位，准备拦网；后排队员由上前保护扣球，迅速退守原位，准备防守。其阵形一般有"三一二"站法和"三二一"站法两种。前者适合于"心跟进"防守阵形，后者适合于"边跟进"防守阵形。

2. 由防守转入进攻

当对方扣球过网后，防守一方在防守的一刹那就转入了进攻。这是由于后排队员在防守来球时，必须根据本队所采用的进攻战术，有目的地将球传到预定目标，并根据保护扣球的部署，立即跟进保护前排队员进攻。前排参加拦网的队员，在完成拦网动作之后，必须立即转身或后撤，准备接应或反攻扣球。前排未参加拦网的队员，在后撤防守之后，转入接应或反攻扣球。

第四节 排球运动的主要规则

排球规则是由技术性规定、非技术性规定和场地设备要求等方面的内容决定的。

一、排球比赛的场地和设备

1. 比赛场地

比赛场地分比赛场区和无障碍区。比赛场区为长18m,宽9m的长方形,其四周至少有3m宽呈长方形对称的无障碍区,从地面量起至少有7m的无障碍空间。国际比赛的场区边线外的场区至少5m,端线后至少9m,上空的无障碍空间至少12.5m。

2. 比赛场地的场区

(1)比赛场区。由中线的中心线分为长9m、宽9m的两个相等的场区。

(2)前场区。每个场区各划一条距离中心线3m的进攻线(其宽度包括在内)。中线与进攻线之间为前场区。

(3)换人区。两条进攻线的延长线之间,记录台一侧边线外的范围为换人区。

(4)发球区。在两边的端线外,两条边线的延长线上,各划两条长15cm,垂直并距离端线20cm的短线,两条端线之间为发球区。发球区的深度延至无障碍区的终端。

(5)准备活动区。在两个无障碍区外的替补席远端,划3×3m的区域为准备活动区。

3. 比赛场地的要求

(1)地面。必须平坦、水平、划一。世界性比赛场地地面只能为木质或合成物。

(2)界线。宽均为5cm,其宽度包括在各个场区内。

(3)颜色。室内必须为浅色。界线颜色要与地面颜色不同。世界性比赛场地界线为白色,比赛场区和无障碍区分别为不同的颜色。

(4)温湿度和照明。室内最低温度不得低于10℃(50°F)。照明度为1000~1500lx。世界性比赛的室内温度最高不得高于25℃(77°F),最低不低于16℃(61°F)。湿度不得高于60%。

4. 比赛的器材与设备

器材除规定的网柱、球网、标志带、标志杆和比赛球外,还有以下设备。

(1)球队用的长椅。长度至少应能坐9人。

(2)记录台。一般坐两个人,一名正式记录员,一名辅助记录员。国内比赛一般只有一名记录员和一名广播员在记录台就座。

(3)裁判台。要能升降,下部要用防护套包好,以防队员救球时受伤。

(4)量网尺。长度要在2.50m以上,并在男子网高2.43m和女子网高2.24m处画标记,同时在这两个高度上方2cm处画上另一种标记。

(5)气压表。比赛球的气压为0.40~0.45kg/cm²(1MPa=10kg/cm²),所有比赛用球的气压必须一致。

(6)比赛用球和球架。要求将5只比赛球放到球架上,比赛采用三球制。

(7)计分器。能显示双方的比赛分数、双方的暂停和换人次数。

(8)换人牌。为1~18号,两侧的颜色最好有区别,并用盒子装好。

(9)拖把。需要六把拖把供擦地员使用。

(10)小毛巾。至少需要十块供擦地员和捡球员使用的小毛巾,毛巾最小为4cm见方,最大为40×80cm。

(11)气筒。球压不足时,供充气用。

(12)蜂鸣器。最好能让教练员和记录员都能使用。

(13)表格。包括记录表、位置表、成绩报告单和广播员用表等。

二、非技术性规定

1. 队员的服装

队员的服装包括上衣、短裤和运动鞋。上衣、短裤和袜子必须统一、整洁、颜色一致。国际比赛中,全队队员鞋子的颜色必须一致,但商标可以不同。上衣的号码必须是1~18号,号码的颜色必须与上衣明显不同。身前号码至少为10cm宽,身后号码至少为15cm高,号码笔画宽度至少为2cm。

2. 禁止佩带的物品

禁止佩带可能造成伤害及有利于人为加力的物品。可以戴眼镜参加比赛,但所引起的后果一切由个人负责。

3. 参加者的基本权力

队长、教练员、队员都有其相对应的权力。在此不作详细介绍。请大家参阅有关资料。

三、技术性规定

1. 发球

发球队员必须在第一裁判员鸣哨5s内,将球抛起或持球手撤离,在球落地前,将一只手或手臂的任何部位将球击出。如球未触及发球队员而落地,则被认为是第一次发球试图。在发球试图后,第一裁判员应及时鸣哨允许再次发球,发球队员必须在再次鸣哨后的3s内将球发出。发球队员在击球时或击球起跳时,不得踏及场区(包括端线)或发球区以外的地面。击球后,可以踏及或落在场区内或发球区以外的地面。在每次发球时都允许有一次发球试图。

2. 队员的场上位置

在发球队员击球时,双方队员必须在本场区内各站两排,每排三名队员。发球队员不受场上位置的限制。队员的位置据其脚的着地部位来判定。在发球队员击球的一刹那,场上队员脚的着地部位必须符合其位置要求。在发球后,队员可以在本场区和无障碍区的任何位置上。

3. 网下穿越

在不防碍对方比赛的情况下,允许队员在网下穿越进入对方空间。允许队员的一只脚或双脚越过中线触及对方场区的同时,脚的一部分还接触中线或置于中线上空。除脚以外,不允许队员身体的任何其他部分接触对方的场区。在比赛中断后,队员可以进入对方场地。

4. 触网

新规则规定触网为犯规,但队员在无试图击球的情况下,偶尔触网不算犯规。

5. 进攻性击球

指发球和拦网外的其他所有向对方的击球。前排队员可以对任何高度的球完成进攻性击球,但触球时必须在本场地空间。后排队员则允许在后场区对任何高度的球完成进攻性击球,但起跳时脚不得踏及或越过进攻线,击球后可以落在前场区。

6. 拦网

只有前排队员允许完成拦网,后排队员不得完成拦网。

7. 比赛中的击球

队员的身体任何部位都允许触球。但球必须被击出,不得接住或抛出,球可以向任何方向反弹。队员若违背上述规定,则为持球。球必须触及身体的不同部位。若球先后触及队员的不同部位,则为连击犯规。

第八章 羽毛球

羽毛球运动是一项隔着球网,使用长柄网状球拍击打平口端扎有一圈羽毛的半球状软木的室内运动。依据参与的人数,可以分为单打与双打。相较于性质相近的网球运动,羽毛球运动对选手的体格要求并不很高,却比较讲究耐力,极适合东方人发展。1992年起,羽毛球成为奥运会的正式比赛项目。

羽毛球运动作为一种娱乐活动,参与者在球的对击过程中,通过不停地奔跑和身体的变化,努力地去把球击到对方的场地。每当击球者在击出一个好球或赢得一个球时都能使自己兴奋并达到一种成功的喜悦。同时球的飞翔又有快慢、轻重、高低、远近、轻巧、飘转等变化,使这种运动本身充满了丰富的乐趣。由于羽毛球技术的千变万化,使羽毛球运动有很高的可观赏性。可以全面增强人的体质,起到增进健康、抗病防衰、调节精神的作用。

第一节 羽毛球运动概述

一、羽毛球的起源

相传羽毛球最早出现于14～15世纪时的日本,球拍是木制的,球用樱桃核插上羽毛制成。由于球托是樱桃核,太重,球飞行速度太快,使得球的羽毛极易损坏,加之球的造价太高,所以该项运动时兴了一阵就慢慢消失了。

大约至18世纪时,印度的普那出现了一种与早年日本的羽毛球极相似的游戏,球用直径约6cm的圆形硬纸板,中间插羽毛制成(类似我国的毽子),板是木质的,玩法是两人相对站着,手执木板来回击球。

现代羽毛球运动诞生于英国,大约在1800年左右,由网球派生而来。我们可以注意到现今的羽毛球场地和网球场地非常相似。1870年,出现了用羽毛、软木做的球和穿弦的球拍。1873年,英国公爵鲍弗特在格拉斯哥郡伯明顿镇的庄园里进行了一次羽毛球游戏表演。从此,羽毛球运动便逐渐开展起来,"伯明顿"即成了羽毛球的名字,英文的写法是"Badminton"。那时的活动场地是葫芦形,两头宽中间窄,窄处挂网,直至1901年才改作长方形。

1875年,世界上第一部羽毛球比赛规则出现于印度的普那。三年后,英国又制订了更趋完善和统一的规则,当时规则的不少内容至今仍无太大的改变。1893年,世界上最早的羽毛球协会——英国羽毛球协会成立,并于1899年举办了全英羽毛球锦标赛。

1934年,由加拿大、丹麦、英国、法国、爱尔兰、荷兰、新西兰、苏格兰和威尔士等国发起了国际羽毛球联合会,总部设在伦敦。从此,羽毛球国际比赛日渐增多。1934—1947 年,丹麦、美国、英国、加拿大等欧美选手称雄于国际羽坛。

20 世纪 70 年代以来,男子羽毛球技术处于领先地位的是印尼队和中国队。1982 年中国队首次参加"汤姆斯"杯赛就荣获冠军。中国队的技术受到了世界羽坛的普遍赞扬。70 年代后期,日本、韩国、巴基斯坦、泰国、马来西亚等国家和地区的羽毛球技术也有了长足的进步,在国际比赛中取得了较好的成绩。欧洲的丹麦、英国、瑞典等国在发挥原有特点的基础上,广泛吸取了亚洲人的技术和经验,技术水平稳步提高,至今仍不失为羽坛劲旅。女子方面,可以说是中国、印度尼西亚、日本三强鼎立。1982 年中国队首次参加全英锦标赛即获得了女子单打冠军、亚军和双打冠军。到了 80 年代后期,马来西亚队、韩国队有了长足的进步,多次获得国际羽毛球大赛的男子团体冠军、双打冠军。女子方面,中国、印度尼西亚继续保持领先,韩国女队迎头赶上,是近年来中国队、印度尼西亚队的主要对手。

1977 年,在瑞典的马尔摩举行了首届世界羽毛球锦标赛(World Badminton Championships),设五个单项比赛,原为每逢奇数年举行,现改为每年举行一届。1978 年 2 月,世界羽毛球联合会在香港成立。1981 年 5 月,国际羽毛球联合会和世界羽毛球联合会正式合并。目前,国际羽联已拥有一百多个会员国。国际羽毛球联合会于 2006 年正式更名为羽毛球世界联合会,简称世界羽联。

二、我国羽毛球运动的发展概况

现代羽毛球运动大约于 1920 年传入我国,最初在上海、广州、天津、北京等城市的教会组织的青年会和大学、中学里开展过羽毛球运动。中华人民共和国成立前,由于参加此项活动的人数较少,也没进行过重大比赛,因而,我国羽毛球运动的水平很低,更谈不上普及。

进入 20 世纪 80 年代后期,我国羽毛球运动进入第二个鼎盛时期,我国羽坛选手全面参加各种世界比赛,都取得了好成绩。1981 年,在美国举办的第一届世界运动会上,中国队获得了男女单打、双打四项冠军。1982 年在全英锦标赛上,中国队夺取女单、女双两枚金牌,一块男单银牌。最令人兴奋的是 1982 年我国男队第一次参加第十二届汤姆斯杯比赛,在与印尼队决赛的第一天,出师不利,以 1∶4 落后,舆论全部倒向印度尼西亚队,但中国队不气馁,在第二天的比赛中奋力拼博,一鼓作气,连胜 4 场;最后终以 5∶4 击败印度尼西亚队,夺得汤姆斯杯;登上了世界冠军宝座。

我国男子羽毛球队 1986 年、1988 年、1990 年连续三次捧回汤姆斯杯。我国女子羽毛球队在男队连续获得世界冠军的喜讯鼓舞下,奋起直追,1984 年在吉隆坡举行的尤伯杯赛中,我国女选手以优异的成绩一举夺得尤伯杯。随后,我国羽毛球女队又以强大的优势蝉联五届尤伯杯赛冠军。

在 80~90 年代,我国选手分别参加了世界羽毛球锦标赛。世界杯赛和全英羽毛球锦标赛等系列大奖赛,共获 70 多次单项冠军。1987 年在北京举行的世界羽毛球锦标赛和 1988 年在曼谷举行的世界杯赛上,中国男女羽毛球队囊括全部冠军。20 世纪 80 年代是我国羽毛球运动最辉煌的时期,是世界羽毛球运动的"中国时代",中国羽毛球队为祖国增添了荣誉。

羽毛球运动是深受广大群众喜爱的小型球类运动。由于它的运动器材简便,不受场地限制，两把拍子一个球，无论走到哪里，无论有网无网，无论室内、室外，只要有一小块空地，就能进行活动和锻炼。羽毛球运动特有的风格，使它一方面是一项技巧性很强的竞技性比赛项目，另一方面是一项普及性很强、老少皆宜的活动。既能强身健体，又充满乐趣。无论是从事竞技性运动，还是一般性的大众健身活动，多需要在场上不停地移动跳跃、转体、挥拍击球。因此，青年男女经常进行羽毛球锻炼，能促进生长发育，提高身体各方面的机能，培养不怕困难、不甘心落后、顽强的拼博精神，从而提高身体素质和身心健康。

第二节 羽毛球运动的基本技术

羽毛球的基本技术包括握拍、基本姿势、发球、击球、步法，每一个技术之间都有着密切的联系，缺一不可。

一、握拍法

羽毛球运动的技术中，学会正确的握拍方法是掌握合理、准确、全面的击球技术的前提条件，而不正确的握拍方法会妨碍各种击球技术的掌握和进一步的提高。不同角度击球或击出不同路线的球也要相应地用不同握拍法。因此，不但初学者要重视学会正确的握拍方法，有一定水平的运动员也应在实践中不断改进和完善自己的握拍法。

1. 正手握拍法

正手握拍法的要点是，握拍之前，用左手握住球拍拍杆附近，让拍面垂直指向地面，拍柄朝向身体。张开右手，用右手握在拍柄上；大拇指和食指位于拍柄上相对两侧的宽面上，小指、无名指和中指并拢握住拍柄，食指和中指稍稍分开；拍柄端与小鱼际齐平。

握拍力度要适宜，切忌用整个手掌包裹住球拍的拍柄部分，应用五指围绕拍柄，在拍柄与手掌之间留有空隙，在拍柄下端仍有足够的空间供手指自由移动。

2. 反手握拍法

反手握拍法的技术要点是，在正手握拍的基础上，将球拍外转，同时拇指的位置稍微向上移一点，拇指的指腹要紧紧贴在拍柄的宽面上，其余四指并拢，手心留有空隙。

二、发球

受羽毛球规则的限制，羽毛球运动中产生了四种发球方式分别为发高远球、发平高球、发网前球、发平快球。

1. 正手发高远球

正手发高远球的技术要点是，双脚在中线附近稍稍前后站立，左脚在前并且朝向击球方向，身体重心移至右脚上，左手持球底部置于体前与胸同高的位置。右手持拍向后上方引拍，腕关节向手背弯曲，击球手臂的肘部保持稍微弯曲，同时右手手臂以回环运动向下、向前加速挥拍，肘关节伸直，右髋向前送，身体重心从右脚移至左脚上，然后放球下落，通过前臂内旋和腕关节向手掌屈的动作完成球拍的加速，击球点在体前低于髋的位置，击球动作不是突然中断，而是朝着左肩方向以一个收拍的动作结束。对发高远球而言，最有利的目标区域位于底线靠近中线的位置。

2. 正手发平高球

(1)技术要点:发球站位、准备姿势、引拍动作、挥拍击球动作与发高远球的动作基本一致,只是在击球一瞬间不是产生最大的向前上方挥动的爆发力而是产生有控制力量的发力。随前动作也不必向左肩上方挥动,可以在击到球之后便制动,随前动作不必很高,在胸前即可。

(2)易犯错误:与发高远球易犯的错误相同。另外,在随前动作中才制动也是易犯的错误,应该在击球后便制动。

3. 反手发平高球

(1)技术要点:发球站位、发球准备姿势、挥拍击球动作及随前动作均与反手发网前球相同,只不过在击球的瞬间不是轻轻地"切"击球托的侧后部,而是手腕由屈突然变直,向前上方挥动,让球突然飞越接发球者,飞向后发球线

(2)易犯错误:站位太靠后,发力时上提了拿球的手,造成"造成击球点高于1.15m"的违例动作。

4. 反手发平射球

(1)技术要点:发球站位、发球准备姿势、挥拍击球动作及随前动作均与反手发网前球相同,只不过在击球瞬间突然发力击球托后部,让球以较快的速度、较平的弧线飞向接发球者的后场靠近中线区域。

(2)易犯错误:站位太靠前,以致无法达到平射球的要求,易发球下网。发力时上提拿球的手,造成"造成击球点高于1.15m"的违例动作。

5. 正手发网前球

正手发网前球的技术要点是,正手发网前球的准备姿势和收拍动作大致与发高远球的准备姿势和收拍动作相符。右手用球拍完成小的回环动作,肘关节保持稍微弯曲,腕关节没有或者只有很少的参与,右髋向前送,身体重心移至左脚上。击球点位于运动员左侧体前几乎与髋同高的位置。在这个时候拍头必须低于持拍手,球拍继续向前挥拍,直到球拍位于大约与胸同高的位置。目标区域是前发球线。球飞行弧线的最高点应该处于自己一侧的比赛场地。

6. 反手发网前球

反手发网前球的技术要点是,双脚前后站立,右脚在前,右手握拍持于体前,拍杆垂直向下;拍面与球网平行,手背朝向球网。左手持球,食指和中指握住羽毛球的内侧,在手放开球后,右手只有很小的回环运动,通过腕关节向手背的运动和前臂快速的旋转来进行击球。

三、接发球

接发球是羽毛球运动的一项重要基本技术。接发球质量往往直接影响一个回合开始的主动与被动,应充分重视接发球技术的训练。

接发球站位很重要,如有错误,会出现明显的漏洞,有可能给发球方以运用发球抢攻战术的好时机,因此,应予重视。

1. 单打接发球站位

站在离前罚球线约 1.5m 处,在右区时应站在靠近线的位置,以防发球方以平射球攻击头顶区域;在左区时则站在中线与边线的中间位置上。

2. 双打接发球站位

双打接发球站位比单打更有讲究,有一般站位法、抢攻站位法、稳妥站位法和特殊站位法四种。

(1)一般站位法。站在离中线和前发球线适当的距离处。在右区时,注意不要把右区的后场靠中线区暴露出来;在左区时,注意保护头顶区。这种站位,女队员和一般不是抢攻打法的男队员采用者居多。

(2)抢攻站位法。站得离前发球线很近,前脚紧靠前发球线,且身体倾斜度较大,球拍高举。这种站法,进攻型打法的男队员采用者居多。

(3)稳妥站位法。站在离前发球线有一定的距离处,身体类似单打战法。这种站法是在无法适应对方发球情况下采用的过渡站位法,一般业余选手双打时多采用。

(4)特殊站位法。此种站法是以右脚在前,站位和一般站位法类似,接网前球时右脚蹬一步上网击球。

四、击球技术

(一)正手击高远球

正手击高远球的技术要点是,右脚后撤成支撑步,右脚脚尖向外转,左脚指向击球方向,击球手臂抬高,在肘关节处大约弯曲成 90°,上臂构成了肩轴的延长部分,拍头位于头部的前上方;同时身体右侧继续向后转,通过这种方式形成侧身的姿势对着球,击球手臂的肘关节向后引;在这个时候,拍头在头后处于与击球方向相反的位置,前臂外旋,腕关节向手背弯曲;拍面划出完成理想击球所必须的回环运动的最初部分;当球拍在右肩的后面并且靠近右肩的位置垂直指向地面时,引拍动作应该和谐地转化为击球动作;身体和击球手臂已经形成的张力化解到右髋、右肩向前和右肘向前上方相互交融地转化的、快速有力地向前挥拍动作,击球手臂伸展,前臂旋转,在挥拍到击球点之前的一刹那腕关节用力。

(二)反手击高远球

反手击高远球的技术要点是,在场地中间保持基本姿势的状态利用右脚的第一步移动使身体向左转,然后向前跑动。在跑动过程中举起球拍,上臂处于肩轴的延长线,目光投向右肩上方的来球,在右脚最后落地之前,右脚在身体前方,击球手臂的肘部引至体前,髋关节和拍头也紧接着引至身体前方。前臂向外转动,腕关节和拍头向下至左大腿方向,前臂向内转动,腕关节向手背弯曲,当小指的边缘部分面线朝上时,击球动作的第一部分结束。右肩和肘关节连贯流畅地朝着来球方向加速,击球手臂向球伸展。在击球点之前的一刹那前臂快速有力地向外旋转,腕关节向手背弯曲,以此达到拍头很快的加速。击球点位于侧面靠近身体的位置,拍头高于击球手臂的腕关节,击中球的同时右脚落地。

(三)平高球击球

(1)技术要点:准备、引拍、随前的动作要点与高远球击球动作基本一致,只是在击球瞬间拍面与地面几乎成垂直,并击球托的后下部,使球飞行速度快,抛物线平。

(2)易犯错误:由于平高球击球动作要点与高远球击球动作要点基本一致,因此易犯的错误也有共同点。另外,平高球还会出现飞行速度慢和抛物线稍高等情况。

(四)平射球击球

(1)技术要点:准备、引拍、随前的动作要点与高远球击球动作基本一致,不同的是在击球瞬间拍面与地面成垂直,并击中球托的后中下部,使球的飞行弧度比平高球更平,速度更快。

(2)易犯错误:击平射球易犯的错误与高远球易犯的错误相同,而且击平射球还会出现飞行抛物线高、速度慢等错误。

(五)吊球击球

把对方击来的后场高球,以向下的弧度回击到对方的网前区,这种吊球可以调动对方的位置,有利我方组织进攻。

吊球可分为快吊(劈吊)、慢吊(轻吊、近网吊)、拦截吊三种,可用于正手、反手和绕头顶击吊球。

1. 正手快吊(劈吊)

(1)技术要点:准备、引拍、击球、随前动作要点与击高远球的动作要点基本一致,只是在击球一瞬间改变拍面的运行角度,如快吊对角网前,则使拍面向对角的方向减速挥动,并切击球托的右侧后下部,使球向对角网前直线快速飞行;如快吊直线,则使拍面由右上方向左上方减速挥动,并轻切击球托的正面后下部,使球向网前直线快速飞行。

(2)易犯错误:与击高远球易犯的错误相同,不同的是快吊对角时须切击球托右侧后下部,而不是正击,手腕动作如下压不明显也是错误的,如快吊直线时须切击球托正面后下部,而不是正击。

2. 正手慢吊(轻吊、近网吊)

正手慢吊的技术要点是,准备、引拍、击球、随前动作要点与击高远球的动作要点基本一致,只是在击球一瞬间改变拍面的运行角度,如慢吊对角网前时,应使拍面向对角的方向减速挥动,并切击球托的右侧后下部,切击的力量比快吊要轻,使球向对角网前成弧线飞行;如慢吊直线,则使拍面由右上方向左上方减速挥动,并轻切击球托的正面后下部,使球向直线网前成弧线飞行。

正手慢吊的易犯错误:与击高远球易犯的错误基本相同,不同的是对角时切击的力量更小。若慢吊时过网路线过高,容易被对方上网扑杀。

3. 正手拦吊球

(1)准备、引拍动作要点。准备时右脚向前,左脚向后,上体稍微向前倾,膝微屈,球拍自然持于胸前。当对方击来正手后场平高球时,向右侧身后退一步并迅速起跳向右后侧方跃起,此时,右臂自然向右上摆起至最高点。

(2)击球动作要点。击球瞬间屈腕,使球拍轻轻地正面击球托的后下部,使球在进网处落下。

(3)随前动作要领。由于击球动作很轻,故球拍很自然地回收至胸前。

(4)易犯错误。除了与击高远球易犯的错误基本相同外,还易击球过重。因此最重要的是击球瞬间用力要轻,过重就达不到拦吊的目的。

4. 绕头顶快吊球

(1)准备、引拍、击球和随前动作要点。与上手头顶击高远球基本一致,不同的是击球瞬间改变拍面的运行角度,如快吊(劈吊)对角网前,则使拍面向对角的方向减速挥动,击球瞬间手腕做弧形外展闪动,并切击球托左侧后下部,使球向对角网前直线的方向减速挥动,击球瞬间手腕做内收闪动,并切击球托的右侧后下部,使球向直线网前直线快速飞行。

(2)易犯错误。与击高远球易犯的错误基本相同,不同的是绕头顶快吊对角击球瞬间须有手腕的外展弧形闪动动作,并切击球托左侧后下部,如无外展、弧形、切击这三个环节就是错误动作。快吊直线如未内收、切击也是错误动作。

5. 绕头顶慢吊球

(1)准备、引拍、击球和随前动作要点。与绕头顶快吊基本相同,只不过在击球瞬间的用力控制得比较轻,使球成弧线飞行,落至网前近网区内。

(2)易犯得错误。与绕头顶快吊球相同。

6. 反手慢吊球

(1)准备、引拍动作要点。与反手击高远球动作基本相同。

(2)挥拍击球动作要点。前臂快速由左肩下往右上稍有外旋地挥动,手腕内收闪动,并切击球托下部,在击球瞬间拍面与水平面的夹角应稍大于90°,并有前推的动作,以免吊球落网。

(3)随前动作要点。与反手击高远球动作要领相同。

(4)易犯错误。准备、引拍动作与反手击高远球易犯错误动作相同。另外,在挥拍击球动作上没有前臂的外旋挥动,而只是前后挥动和手腕闪动;没有内收切击动作,而只有伸腕动作,这些都是错误的动作。随前动作易犯错误与反手击高远球时相同。

(六)杀球击球

杀球击球是把对方击来的中后场高球,用较大的力量和较快的速度,以向下的弧度将球回击到对方的中后场区。杀球是主动进攻与得分的重要手段。

杀球以力量大小区别,可分重杀、轻杀;以落点区别,可分为长杀和短杀。这几种杀球均可运用正手、绕头顶杀直线和对角线。由于反手杀球技术要求高,因此极少数人能掌握并运用。

1. 正手原地跳杀球

(1)准备、引拍动作。右脚在后,侧面对网,屈膝降低重心,做好起跳击球的准备。起跳后,身体左转,同时后仰,挺胸成弓形。随后凌空转体,收腹,上臂向上摆起,肘部领先,前臂快速往前上方挥动,腕部充分后伸,拉长挥拍的工作距离。

(2)挥拍击球动作。前臂快速往前上方挥动,球拍也高速往前上方挥动。当球落至肩前上方的击球点时,前臂内旋,腕部在内收的状态下前屈内腕发力。与此同时,手指突然握紧拍柄,使手腕的发力集中到击球点上。此时,球拍和水平面的夹角应小于90°,拍面正面击球托的后部,使球快速向下直线飞行。

(3)随前动作。杀球后,前臂随惯性往体前回收,形成右脚在前、左脚在后的回动姿势。

(4)易犯错误。与正手击高远球基本相同,不同的是击球瞬间球拍与水平面的夹角,高远球应大于90°,杀球应小于90°。

2. 正手突击杀球

(1)准备、引拍动作。向右方侧身,后退一步并迅速跳起。跳起后,身体后仰,拉长腹肌及胸大肌,球拍自然往后下方摆动,加大挥拍的工作距离。

(2)挥拍击球动作。右上臂带动前臂急速往上前方挥拍,手腕从后伸经前臂的内旋至屈收,并突然紧握球拍闪腕以爆发力击球。此时,拍面与水平面所成的夹角小于90°。

(3)随前动作要点。随惯性回收球拍于胸前,落地时应右脚在后,左脚在前,并迅速回动。

(4)易犯错误。与击高远球易犯的错误基本相同,不同的是高远球的击球点是在肩的前上方,而突击杀球的击球点是在肩的右侧斜上方。另外,手腕的压腕动作应使拍面从后向前挥动,不应有切击的动作。

3. 绕头顶杀球

(1)准备、引拍动作。左脚向后移一步,右脚迅速侧身向左后退一大步并迅速起跳。身体成弓形,拉长挥拍的工作距离,完成引拍动作。

(2)挥拍击球动作。凌空转体、收腹、肘部先行并在瞬间发力等一系列击球动作与原地起跳杀球动作基本相同。

(3)随前动作要点。与原地跳杀动作基本相同,只不过落地时左脚后撤较大,使重心不后倒,并能更快回动。

(4)易犯错误。与绕头顶击高远球基本相同,不同的是击球时拍面与水平面夹角小于90°,不然就难于击出较好的杀球。

4. 反手杀球

(1)准备、引拍动作要点。向左后转身以前交叉步后退三步,移动过程中形成反手握拍,前臂往胸前收,右肩有些内收,完成引拍动作。

(2)挥拍击球动作要点。前臂开始向上挥动,球拍从左前下方摆到右前下方。此时,左脚开始发力,腰腹及肩部发力,并带动上臂及前臂做鞭打动作,球拍往上后方挥动。击球瞬间握紧球拍,快速外旋和后伸压腕,击球托的后部,完成挥拍击球动作。

(3)随前动作要点。击球后,前臂内旋,使球拍回收至体前,降低重心,并迅速转体回动。

(4)易犯错误。与上手反拍击高远球的错误基本相同,不同的是击球瞬间拍面与球的接触角度,击高远球时拍面与水平面的夹角大于90°,而击反手杀球时拍面与水平面的夹角小于90度。

(七)网前击球

网前击球技术有搓球、放网前球、推球、勾球和扑球等,搓、推、勾、扑均属于主动进攻技术,威胁性大,常能直接得分或创造下一拍进攻的机会,是关键性技术。为了能掌握好网前击球技术,使之更具威胁性,必须做到以下几点。

(1)击球点高,一致性好。一般要求击球点在离网顶30cm左右,或更高些。击球前期动作一致性要强,握拍要放松、灵活,以便在击球瞬间利用手腕、手指的灵活性进行突变击球。

(2)准确判断,反应快,步法准确到位。这是为击球点高创造先决的条件,步法起动、移动快,并准确到位,才能完成高点击球。

(3)出手击球快,控制能力强。除了步法准确、快速到位、抢到较高击球点外,前臂要迅速往前上方举起,球拍略前伸,这是搓、推、勾前期动作的一致性。在击球瞬间,根据战术需要灵活、快速地出手击球,再结合使用搓、推、勾技术,威力较大。搓、推、勾、扑击球技术,对击球力量和拍面击球角度要求较高,必须掌握得恰到好处。力量大小主要靠身体前冲力、手臂、手腕和手指来控制,而拍面击球角度主要靠手腕和手指来调整。控制能力强和落点准确,取决于击球技术、力量和拍面角度的准确控制。

(4)战术意识强,变化机动灵活。要正确适时、机动灵活地结合运用搓、推、勾、扑等击球技术,必须有很强的战术意识。当对方回击网前球之后急于后退时,我方应采用搓球;当对方回击网前球之后回动慢,或想抓住我重复搓球时,应采用推球等动作。

1. 搓球击球

搓球击球是从离网顶 30cm 左右或更高处,以球拍搓切球托的左侧、右侧或底部,使球向右侧或左侧旋转与翻滚过网。旋转翻滚性能越强,对方回击的难度就越大,从而为我方创造更有利的进攻形势。搓球可分为正手搓球与反手搓球。

(1)正手搓球的准备动作要点。右脚在前,左脚在后,两脚间距比肩略宽,右手握拍自然地聚在胸前,身体微微前倾,收腹。

(2)正手搓球的引拍动作要点。采用后交叉步加蹬跨步至右网前区。前臂随步法移动伸向右前上方并有外旋,手腕稍后伸,完成引拍动作。

(3)正手搓球的挥拍击球动作要点。击球瞬间,前臂外旋,手腕由后伸至稍向前内收闪动,握拍手的食指和拇指夹住拍柄,中指、无名指和小指轻握拍柄,使球拍在手腕和手指的用力下搓切来球的右下底部,使球旋转翻滚过网。挥拍用力大小、速度快慢和拍面击球角度大小,主要取决于来球离网的远近和速度的快慢,如来球离网远、速度快,则搓球时力量要大些;如来球离网近、速度慢,则搓球时力量小些。总之,网前击球用力和拍面的控制要合适,否则会搓球下网或过高,造成失误或陷入被动局面。击球后球拍回收至胸前,右脚回收。

(4)准备姿势易犯错误。手指握拍太紧,手臂伸的太直,两脚平站,身体太直立,影响起动速度和手腕灵活发力。

(5)引拍动作易犯错误。起动太慢,不能准确地到位,前臂为伸向前方,导致击球点太低。

(6)挥拍击球动作易犯错误。由于引拍动作错误,在高点搓球时,拍框头部高于拍框与拍柄交接处,拍面搓球时角度不对,造成搓球不过网而失误。

(7)随前动作易犯错误。击球后,球拍未回收至胸前,而是垂向下,步法回动太慢。

(8)反手搓球的引拍动作要点。用前交叉步加蹬跨步至网前左区,随步法移动改为反手握拍,前臂上举。手腕前屈,手背约与网同高,拍面低于网顶,以反拍拍面迎球。

(9)反手搓球的挥拍击球动作要点是,击球瞬间主要靠前臂的前伸并外旋,手腕由内收至外展,搓切球托的右侧后底部,拍面应有一定的斜度。

2. 放网前球击球

放网前球与搓球不同之点是球过网后没有旋转与翻滚,但落点较近网,而且能适应各种位置的回击,如远网球、被动球,均可采用放网前球的击球技术,目的是调动对方,为我方创造有利的进攻形势。

放网前球可分为正手和反手两种。

(1)正手放网前球的准备与引拍动作要点。与正手搓球基本相同。

(2)挥拍击球动作要点。击球点在腰际以下,击球瞬间,不是用搓切的动作,而是轻轻向上提,碰击球托后底部,使球过网后垂直下落。

(3)易犯错误。与正手搓球易犯的错误基本相同。

3.反手放网前球

挥拍击球动作要点:击球点在腰际以下,击球瞬间,不是用搓切的动作,而是轻轻向上提,碰击球托后底部,使球过网后垂直下落。

易犯错误:与反手搓球易犯得错误基本相同。

4.推球击球

推球是以推的动作把对方击来的网前球推击到对方后场底线去,球的飞行弧线较低平,速度较快,可造成对方回击困难。推球可分为正手推直线、推对角线与反手推直线、推对角线四种。

1)正手推直线球

(1)准备动作要领。右脚在前,左脚在后,两脚间距离比肩略宽,右手握拍自然地举在胸前,身体微微前倾并含胸收腹。

(2)引拍动作要点。用后交叉步加蹬跨步至网前右区,前臂随步法移动伸向右前上方,并外旋,手腕稍后伸,球拍随着往右下方摆,使拍面正对来球。

(3)挥拍击球动作要点。击球瞬间,前臂内旋,带动手腕由后伸到屈腕闪动,并特别注意运用食指的推压力量。球过网飞行弧度的高低,取决于击球瞬间击球点的高低和拍面角度的大小。

(4)随前动作要领。击球后,球拍回收至胸前,右脚回蹬回位。

(5)易犯错误。准备、引拍、随前动作易犯错误与正手搓球基本相同。挥拍击球时,拍面的角度和推球力量大小不能适当控制,造成失误。

2)正手推对角线球

(1)准备、引拍动作要点。与正手推直线球相同。

(2)挥拍击球动作要点。击球瞬间,前臂内旋,带动手腕由后伸到屈腕闪动,并运用食指的推压力量。击球点靠近肩侧前,采用由右至左的挥拍击球路线。

(3)随前动作要点。与正手推球动作相同。

(4)易犯错误。与正手推直线球易犯的错误相同

3)反手推直线球

(1)准备动作要点。与正手推球动作要点相同。

(2)引拍动作要点。用前交叉步加蹬跨步至网前左区,前臂随步法移动伸向左前上方,并向左胸前收引。此时,肘关节微屈,手腕外展,手心朝下。

(3)挥拍击球动作要点。击球瞬间,前臂稍外旋手腕由外展到伸直闪腕,中指、无名指、小指突然紧握拍柄,拇指顶压拍柄。击球点在左侧前,推击球托的后部,使球沿直线较低抛物线飞向对方后底线。

(4)随前动作要点。击球后球拍回收至胸前,右脚回蹬回位。

(5)易犯的错误。握拍太紧,手臂伸得太直,两脚平站,身体太直立,影响起动速度和手腕灵活发力。起动太慢,不能准确到位;前臂未伸向左前上方,以致击球点太低;击球前手背朝网的屈腕动作使发力太慢,击球速度不快。

4)反手推对角线

(1)准备、引拍及随前动作要点。与反手推直线球相同。

(2)挥拍击球动作要点。与反手推直线球基本相同,只不过击球点在反边近肩侧方,击球托的左侧后部,使球朝对角线方向飞行。

(3)易犯错误。与反手推直线球基本相同。

5.勾球击球法

勾球是把对方击来的两边网前球用勾的动作将球回击到对角网前区,球的飞行速度快。当球朝对角飞越过网顶时,不能离网太高,最好是贴网而过。这是一种主动进攻技术,如能与搓球、推球结合好,则战术效果更佳。

勾球可分为正手主动勾球、正手被动勾球及反手主动勾球、反手被动勾球。

(1)正手主动勾球挥拍击球动作要点。击球瞬间,前臂稍有内旋,并向左拉收,手腕由后伸至内收闪腕,挥拍拨击球托的右侧下部,使球朝对角线网前方向飞行。

(2)反手主动勾球挥拍击球动作要点。击球瞬间,前臂外旋,手腕由稍屈至后伸闪腕,拇指内侧和中指往右侧拉收拍柄,其他手指突然握紧,击球托的左侧后部,使球飞向对角网前。

6.扑球击球

扑球是网前进攻技术中威胁最大的一项技术,即将对方击过来离网顶10~20cm高的球,以最快的速度向下扑压。球必须是向下飞行,腕力爆发力强,动作小,出手快,给对方造成很大的威胁,一般是直接得分的一项技术。

扑球可分为正手扑球和反手扑球。

(1)正手扑球的引拍动作要点。左脚先蹬离地面,然后右脚向右网前蹬跃起。在蹬跃的过程中,前臂稍上伸并略有外旋,在腕后伸的同时,握拍略有变化,虎口对准拍柄的宽面,小指和无名指稍松开,使拍柄离开鱼际肌。击球瞬间,手腕由后伸略内收闪动至外展,使球拍从右侧向左侧挥动发力。如球离网顶较近,则应采用自右至左的"滑动式"挥拍扑球,以免球拍触网犯规。

(2)易犯错误。准备、引拍动作与正手搓球基本相同,挥拍击球时的错误在于挥拍路线不论球距网顶远或近,均采用前后挥动球拍的动作,这样,当球离网顶较近时就易造成触网犯规。

(3)反手扑球的动作要点。左脚先蹬离地面,然后右脚向左网前蹬跃起,在蹬跃过程中,前臂前伸将球拍上举,手腕外展,拇指顶压在拍柄的宽面上,食指和其他三指并拢。

五、步法

1.上网步法

(1)技术要点是,判断准来球后,左脚掌内侧用力蹬地并向来球方向迈出,接着右脚也向前迈出一大步,落地后,右膝关节弯屈缓冲并成弓步,紧接着左脚自然向前脚靠上小半步。击球后,右脚蹬地用小步或并步退回中心位置。

(2)练习方法。①先做分解步法练习再过渡到完整上网步法练习。②在场外教师手势指挥下做上网步法练习。③结合多球击网前技术,从中心位置向左右两边网前做上网步法练习。

(3)练习提示。右腿成弓步时,要防止因上网前冲力过大使身体重心越过右腿而失去平衡。另外,前脚落地时,脚尖应朝着边线,而不应朝向内侧。

2. 后退步法

(1)技术要点。判断准来球后,右脚蹬地先向后撤一小步同时上体右转,左肩对网,接着左脚用前步靠近右脚(或从右脚后交叉后撤一步),右脚再向后撤,左脚再跟上,一直移至球下。在移动过程中,必须完成挥拍击球前的引拍动作。击球后,身体重心随右脚前移迅速用小步回到中心位置。

(2)练习方法。后退步法练习方法同上网步法。

(3)练习提示。在练习后退步法时,要注意侧身后退,前几步要小,最后一步要大,在做完击球动作后重心由后前移,并回到场地中心位置。

第三节 羽毛球运动的基本战术

一、单打战术

1. 发球抢攻战术

从发球的第一拍起,争取控制对方,以攻杀得分。这种战术,一般为发网前低球结合平快球、平高球,争取第二拍的主动进攻。用这种战术对付应变能力较差的对手,或实施于比赛的关键时刻,效果往往很好。实施这一战术时,应有高质量的发球予以保证,否则很难成功。

2. 攻后场战术

此战术是通过击高球,重复压对方的底线两角,造成对方的被动,然后寻找机会进攻。用它来对付初学者,或后场还击能力较差与后退步子较慢以及急于上网的对手是很有效的。

3. 攻前场战术

对网前技术较差的对手,可运用此战术先将其吸引到网前,然后再攻击其后场。采用此战术,自己首先要有较好的网前击球技术。

4. 打四方球战术

若对手步子移动较慢,体力较差、技术不全面,可以用快速、准确的落点攻击对方场区的四个角落,寻找机会向空当进攻。此战术的主要目的是通过打落点,逼迫对方前后奔跑、被动应付,并在其加球质量下降或露出破绽时进行攻击得分。

5. 杀、吊上网战术

对对手打来的后场高球,我方先以杀球配合吊球把球下压,落点选在场区的两条边线附近,致使对手被动回球。若对手回网前球时,我方迅速上网搓球、勾对角球或平推球,创造在中场大力扣杀的机会。这种战术必须很好地控制杀、吊球的落点,在对方被动回网前球时,主动迅速上网攻击。

6. 打对角线战术

对付身体灵活性差、转体较慢的对手,不论是进攻还是防守,均应以打对角线球为主。这样,对方会因移动困难而被动,为我方进攻创造机会。

二、双打战术

1. 攻人战术(二打一)

集中攻击对方中有明显弱点的人,并伺机攻击另一人因疏忽而露出的空当,或对此人偷袭。双打比赛中的配对选手的技术,一般总有一人好,另一人稍差些,即便两人水平相差不多,但若能集中力量攻击其中一人,也可给其造成很大的心理压力,从而使其出现失误。

2. 攻中路战术

当对方分边站位防守时,将球攻击到对方两人的中间;当对方前后站位时,可将球下压或平推两边半场。这样可使对方防守时互相争抢或互让而出现失误。

3. 攻后场战术

对方后场扣杀能力差,我方可采用平高球、推平球、接杀挑底线,把对方一人紧逼在底线两角移动。当对方回球质量不高时,则抓住机会大力扣杀。如另一对手后退支援时,即可攻网前空当。

4. 后攻前封战术

当我方处于主动进攻地位时,站在后场的队员见高球就杀或吊网前,迫使对方接球挡网前,这为我方前场队员创造了封网扑杀的机会。前场队员要积极封锁前场,迫使对方被动挑高球。一旦对手挑高球达不到后场,就为我方创造了再进攻的机会。

第四节 羽毛球运动的主要规则

国际羽联对 21 分制做了最后修订,并宣布新规则从 2006 年 2 月 1 日起正式实施。据介绍,新规则的最大变化是取消了发球得分制,另外规定每局获胜分统一定为 21 分。

具体规定如下。

一、球场

球场应是一个长方形,用宽 40mm 的线画出。场地线的颜色最好是白色、黄色或其他容易辨别的颜色。测试正常球速区域的 4 个 40mm×40mm 的标记,应画在单打发球区边线内沿,距端线 530mm 和 990mm 处。这些标记的宽度均包括在所画的尺寸内,即距端线外沿 530～570mm 和 950～990mm。所有场地线都是它所确定区域的组成部分。如果面积不够画出双打球场,可画一单打球场,端线亦为后发球线,网柱或代表网柱的条状物应放置在边线上。

二、网柱

从球场地面起,网柱高1.55m。网柱必须稳固地同地面垂直,并使球网保持紧拉状态,应放置在双打的边线上。如不能设置网柱,必须采用其他办法标出边线通过网下的位置。例如,使用细柱或40mm宽的条状物固定在边线上,垂直向上到网顶绳索处。在双打球场上,不论进行的是双打还是单打比赛,网柱或代表网柱的条状物均应置于双打边线上。

三、球网

球网应是深色、优质的细绳织成。网孔方形,各边长均在15～20mm之间。网上下宽760mm。网的顶端用75mm的白布对折而成,用绳索或钢丝从夹层穿过。白布边的上沿必须紧贴绳索或钢丝。绳索或钢丝须有足够的长度和强度,能牢固地拉紧并与网柱顶部取平。球场中央网高1.524m,双打边线处网高1.55m。球网的两端必须与网柱系紧,它们之间不应有空隙。

四、羽毛球

羽毛球可由天然材料、人造材料或用它们混合制成。只要球的飞翔性能与用天然羽毛和包裹羊皮的软木球托制成的球的性能相似即可。

羽毛球应有16根羽毛固定在球托部。羽毛长64～70mm。但每一个球的羽毛从托面到羽毛尖的长度应一致。羽毛顶端围成圆形,直径为58～68mm。羽毛应用线或其他适宜材料扎牢。球托直径25～28mm,底部为圆形。羽毛球重4.74g～5.50g。用合成材料制成裙状或羽毛。

五、球拍

球拍由拍柄、排弦面、拍头、拍杆、连接喉组成整个框架。拍柄是击球者握住球拍的部分。拍弦面是击球者用于击球的部分。拍头界定了拍弦面的范围。连接喉连接拍杆与拍头。拍头、连接喉、拍杆和拍柄总称拍框。拍框总长度不超过680mm,宽不超过230mm。拍弦面应是平的,用拍弦串过拍头十字交叉或其他形式编织而成。编织的式样应保持一致,尤其是拍面中央的编织密度不得小于其他部分。拍弦面长不超过280mm,宽不超过220mm。不论拍弦用什么方式拉紧,规定拍弦伸进连接喉的区域不超过35mm,连同这个区域在内的整个拍弦面长不超过330mm。球拍不允许有附加物和突出部分,除非是为了防止磨损、断裂、振动,或调整重心的附加物,或预防球拍脱手而将拍柄系在手上的绳索;但尺寸和位置应合理,不允许改变球拍的规定式样。

六、单打

每场比赛采取三局两胜制,率先得到21分的一方赢得当局比赛,如果双方比分打成20∶20,率先超过对手2分的一方才算取胜;如果双方比分打成29∶29,则率先得到第30分的一方取胜;首局获胜一方在接下来的一局比赛中率先发球。

七、双打

1. 每球得分 21 分制

(1)旧规则。15 分制(女单 11 分制),获发球权方可得分。

(2)新规则。21 分制,任何一方只要将球打"死"在对方的有效位置,或者因为对方出现违例或失误,均可得分。

(3)解读。取消有发球权的一方可得分的规则后,比赛速度加快了。

2. 增加技术暂停

(1)旧规则。球员在比赛中可向裁判提出暂停比赛,到场边擦汗、喝水或绑鞋带。

(2)新规则。除非特殊情况(比如地板湿了,球打坏了),球员不可再提出中断比赛的要求。但是,每局一方以 11 分领先时,进行 1 分钟的技术暂停,让比赛双方进行擦汗、喝水。

3. 平分后的加分赛

(1)旧规则。当比赛双方打成 13 平、14 平时,先获 13 或 14 分的一方,有权决定双方加打 5 分或 3 分(女单出现 9 平或 10 平时,可分别要求加打 3 分或 2 分)。

(2)新规则。每局双方打到 20 平后,一方领先 2 分即算该局获胜;若双方打成 29 平后,一方领先 1 分,即算该局取胜。

(3)解读。这些细则的变化对比赛整体的冲击不是太大。尽管规则要求在 20 平后,双方须有 2 分的差距,但因为取消了发球权,因此不会造成比赛的拖沓。

4. 取消第二发球

(1)旧规则。双打赛,一方的一名球员失去发球权后,本方的另一名球员还有一次发球权。

(2)新规则。得分方有发球权,如果本方得单数分,从左边发球;得双数分,从右边发球。

(3)解读。推行每球得分制后,取消双打第二发球权也是顺理的。双打运动员的配合因为赛制的改变面临着配合战术的改变。

5. 取消后发球线

(1)旧规则。双打除了有前发球线,还有后发球线。

(2)新规则。取消后发球线。

(3)解读。没有后发球线后,发球方可以大胆地发后场球,这对接球方提出更高的要求。很多球员还很不适应,造成接球失误。

6. 发球的顺序与单打中的顺序一样

即以分数的单数或双数来决定,只有发球方在得分时才交换发球区。得分方有发球权,如果我方得单数分,从左边发球;得双数分,从右边发球。除此以外,运动员继续站在上一回合的各自发球区不变,以此保证发球员的交替。

(1)如果双方在 A/B 组合和 C/D 组合之间进行,A/B 一方选择先发球。假如 A 站在两人的右手区域,那么 A 先发球给对角线位置上的 C(假设)。

(2)如果 A/B 一方得分,那么 A 和 B 需要交换彼此的站位元区,还要由 A 来发球,将发给 D(A/B 一方得分 C/D 两人不换位置)。

(3)如果此时 C/D 一方得分,那么双方四名队员都不换位置,发球权交给 C/D 一方。

(4)如果 D 发球后 C/D 一方得分,那么 C 和 D 交换位置继续由 D 发球给 B。

(5)如果 D 发球后得分的是 A/B 一方,那么双方队员不用换位,发球权交给 B。

第九章　乒乓球

第一节　乒乓球运动概述

乒乓球(Table Tennis)起源于英国,由网球发展而来,欧洲人把其称为"桌上的网球"。19世纪末,欧洲盛行网球运动,但极易受到场地和天气的限制,英国大学生便把网球移到室内,以餐桌为球台,书作球网,用羊皮纸做球拍,在餐桌上打来打去。球台和球网的大小、高度及记分方法均无统一规定,发球的方法也无严格限制。最初,这种游戏叫做"弗利姆-弗拉姆"(Flim—Flam),又称"高西马"(Goossime)。

约1890年,英格兰运动员詹姆斯·吉布从美国带回了赛璐空心玩具球,将其稍加改进,逐步在英国和世界各地推广运用。后有人根据球触拍、触桌时发出"乒乓"的声音,又称这项运动为"乒乓球"。

1926年12月,国际乒乓球联合会在英国伦敦成立,举行了第一届世界乒乓球锦标赛。世界乒乓球运动的发展主要经历了五个阶段:第一阶段欧洲乒乓球运动的全盛期(1926—1951年);第二阶段日本称雄世界乒坛时期(1952—1959年);第三阶段中国乒乓球运动的崛起时期(1960—1965年);第四阶段欧洲乒乓球运动的复兴和欧亚乒乓球运动对抗时期(1971—1987年);第五阶段进入奥运时代(1988年至今)。

1904年,乒乓球运动由日本传入中国上海。由于器材均从国外进口,故仅限于上层社会人士参加,运动水平极低。1930年,中国队首次参加了第九届远东运动会的乒乓球赛。1935年,中华全国乒乓球协会在上海成立。中华人民共和国成立后,乒乓球运动得到了迅速的普及与发展。20世纪50年代,我国在全国范围内开展了群众性的乒乓球运动,使其技术水平得以迅速提高。1952年10月,在北京举行了第一次全国乒乓球比赛。1959年,我国优秀运动员容国团在第二十五届世乒赛中获得第一个男子单打世界冠军,这标志着我国乒乓球运动在世界乒坛的崛起。自此,我国乒乓球技术水平进入了世界最先进的行列,并长盛不衰。

第二节　乒乓球运动的基本技术

乒乓球技术主要由握拍法、基本站位、基本姿势、基本步法、发球和接发球以及各种击球方法所组成。

一、握拍

当前世界上流行的握拍法有两种：直握拍、横握拍。

1. 直拍握法

此握法正反手都用球拍的同一拍面击球，一般情况下不需要两面转换，出手较快；正手攻球快速有力，攻斜线、直线球时拍形变化不大，对手不易判断，便于从速度、球路和力量上取得主动；手腕动作灵活，发球可作较多变化；但反手攻球时，因受身体阻碍较难掌握，不易起重板；攻削交替时手法变化大，影响击球速度和准确性；防守时照顾面积较小。

直拍的基本握法是，用拇指和食指握住球拍拍柄与拍面的结合部位。拍柄右侧贴在食指的第三关节内侧。食指的第二关节压住球拍的右肩，其第一关节自然向内弯曲，拇指的第一关节压住球拍的左肩，其他三指自然弯曲斜形重叠，以中指第一关节贴于球拍的 1/3 上端。

2. 横拍握法

此握法照顾面比直拍大，攻球和削球时握拍的手法变化不大；反手攻球不受身体阻碍，便于发力；削球时用力方便，易于发挥手臂的力量和掌握旋转变化。但在还击左右两面来球时，需变换击球拍面；攻斜、直线球时调节拍形的幅度大、动作明显，易被对方识破；台内正手攻球也较难掌握。

横拍的基本握法是，以中指、无名指、小指自然地握住拍柄，拇指在球拍正面轻贴在中指旁边，食指自然伸直斜于球拍的背面，虎口轻微贴拍。

在准备击球时或将球击出后，握拍都不宜过紧或过松。过紧会使手腕僵硬，影响球的飞行弧线；过松会因拍面不稳，影响发力和击球的准确性。

二、基本站位

乒乓球运动员的基本站位应根据不同类型的打法、个人技术特点和身体特点来选定。一般情形如下（以右手持拍为例）。

(1) 左推右攻打法的运动员，其站位在近台偏左，距球台 30～40cm。

(2) 两面攻打法的运动员，基本站位也在近台中间偏左，距球台 40～50cm。

(3) 弧圈球打法的运动员，基本站位在中台偏左，距球台约 50cm。两面拉弧圈球的运动员，其站位中间略偏左。

(4) 横板攻削结合打法的运动员，基本站位在中台附近；削球打法的运动员，基本站位则在中远台附近。

三、基本姿势

击球前身体的基本姿势应做到：①两脚平行站立，距离略比肩宽，保持身体平稳，重心置于两脚之间；②两脚稍微提踵，前掌内侧着地，两膝微屈内扣，上体含胸略前倾；③右手握拍腹前，手臂自然弯曲，持拍手腕放松，左手协调平衡；④下颌稍向下收，两眼注视来球，形如箭在弦上，视球以外无物。

关键是要做到重心低，起动快。两脚略比肩宽和屈膝内扣是为了保持身体重心的稳定性;脚掌内侧着地和稍微提踵是为了保证快速的起动。横握球拍时肘部向下,前臂自然平举即可,其余与直握拍相同。

四、基本步法

乒乓球运动常用的基本步法有单步、跨步、跳步、并步、交叉步等。

1. 单步

以一只脚为轴心,另一只脚向前或向后、左、右移动一步,身体重心随之落到移动脚上,挥拍击球。其特点是移动简单,范围小,身体重心平稳。当来球离身体较近时采用。

2. 跨步

从来球方向的异侧脚蹬地,同侧脚向来球方向跨出一大步,身体重心随即移到同侧脚,异侧脚迅速跟上。特点是移动范围比单步大。当来球离身体较远时采用。移动速度快,多用于借力回击。

3. 跳步

以来球方向的异侧脚蹬地为主,两只脚发力同时离地,异侧脚先落地,另一只脚随即着地即挥拍击球。跳移过程中,身体重心起伏不宜过大,落地要稳。特点是移动范围比单步和跨步大,移动速度快,一般在来球离身体较远较急时采用。

4. 并步

由来球方向的异侧脚向同侧脚并一步,然后同侧脚再向来球方向迈一步,挥拍击球。特点是移动时脚步不腾空,身体重心平稳,移动范围不如跳步大。

5. 交叉步

来球方向的同侧脚发力,异侧脚迅速从体前做平行交叉横跨一大步,同侧脚迅速跟上落地还原,挥拍击球。特点是移动范围比其他步法大,适用于主动发力进攻,一般在来球距身体较远时采用。

五、发球

乒乓球比赛是从发球开始的,发球技术的好坏将直接影响到得分和失分,发球是力争主动、先发制人的第一个环节。现介绍几种常用的发球技术。

1. 平击发球

平击发球速度慢,力量轻,几乎不带旋转,易掌握,是初学者的入门技术,也是掌握其他发球技术的基础。它分为正手平击发球和反手平击发球两种。

正、反手平击发球时,站位近台,抛球的同时,向右(左)侧后方引拍。当球下降至稍高于网时,上臂带动前臂向前平行挥动,拍形稍前倾,或接近垂直,击球的中上部。击球后,手臂继续向左(右)前上方顺势挥动,并迅速还原。

2. 正手发转和不转球

正手发转与不转球是用相似的动作迷惑对方,发出旋转差异较大的球,往往能够取得主动。它是中国队 1959 年发明的一种技术。

准备姿势与正手平击发球相似。发加转球时,拍面后仰,用球拍下半部靠左的一侧去摩擦球的底部。发不转球时,拍面的后仰角度小一些,用球拍上半部偏右的一侧碰击球的中下部。

3. 发短球

发短球指发至对方距球网约 40cm 范围内的球,且第二跳不出台。具有动作小、出手快、落点短的特点。正反手均可发短球。

在抛球时,向身体右后方引拍,手腕放松。当球从高点下降至稍高于网时,前臂向前下方稍用力,拍面后仰,击球瞬间主要以手腕发力为主,触球中上部并向底部摩擦。

4. 正手发左侧上、下旋球

用近似发球方法发出两种旋转方向完全不同的球,极易迷惑对方,并具有较大的威胁性,是极常用的发球技术。所发出的球均具有较强烈的左侧旋。

发球方法为右脚在后,抛球时,持拍手向右上方引拍,手腕略向外展。当球下落时,手臂迅速向左下方挥动,在与网同高时触球,触球瞬间手腕快速向左上方挥动,使球拍从球的中部略偏下向左上方摩擦。发左侧下旋球时,手腕快速向左下方转动,使球拍从球的中下部向左下方摩擦。

5. 侧身正、反手发高抛球

由于将球高抛至 2~3m,故下降的球获得加速度,从而增大球与拍的合力,增强了发球的旋转;也因高抛球下落时间长,改变了击球节奏,可影响对手的注意力和心理状态,从而增大发球的威胁性。

六、接发球

接发球的基我方法由点、拨、带、拉、攻、推、搓、削、摆短等技术综合组成。运用这些方法接发球时,存在着一般的规律,即用某单一接发球方法可以接稳对某种性能的发球。下面介绍一般接发球的规律和最基本的接发球方法。

1. 接上旋球

一般采用推、拨、攻、拉等技术回接。

2. 接下旋球

发过来的球速度较慢,触拍后向下反弹,用搓球回接时,注意拍面后仰以增加向前上方的发力。用拉攻或弧圈球回接时,一定要增加向上提拉的力量。

3. 接左侧上、下旋球

接左侧上旋球一般采用推、攻为宜。回接时,拍面角度要稍前倾,拍面向左偏斜以抵消来球的左侧旋,向前下方用力要相对加大,防止球触拍时向自己右上方反弹。接左侧下旋球一般采用搓、削为宜。回接时,拍面角度要稍后仰,拍面所朝方向向左偏斜以抵消来球的左侧旋,稍向上用力,防止球触拍时向自己左下方反弹。

4. 接旋转不明发球

当旋转判断不明时,站位应稍远,运用慢搓,击球下降中期,这样有利于增加判断时间,降低来球旋转强度和赢得接球的技术选择时间。

5. 接短球

由于对方发来的球是台内近网短球,回接时最主要的是注意及时上前,以获得最适合的击球位置。同时要控制好身体的前冲力量。接发球后要迅速还原,准备下一拍来球。无论采用搓、削、挑、带哪一种方法回接短球,都应特别注意,来球是在台内,台面会影响引拍,因此要充分依靠前臂和手腕发力,同时要根据来球的旋转性能调节拍面角度、击球部位、击球时间和用力方向。

七、推挡

推挡,顾名思义,具有推和挡的两种功能:"挡"着重防守,强调借力,如在接重板或速度较快的球时,多采用"挡",其主要有平挡、减力挡、侧挡等技术;"推"力主进攻,强调主动加力,加快球速,主要技术有快推、加力推、推挤、下旋推挡等。这里着重介绍平挡、快推和加力推三种技术。

1. 平挡(挡球)

两脚平行站位,身体靠近球台。击球前,上臂贴近身体,前臂约与台面平行,球拍置于腹前,略高于台面呈半横状,拍面近乎垂直。击球时,调整好拍形,在来球上升前期触球中部或中上部,借来球的反弹力将球挡回。平挡具有速度慢、发力均匀柔和、力量小等特点。

2. 快推

近台中偏左站位,右脚稍前,上臂和肘关节靠近右侧身旁。拍面垂直,当球弹起至上升期或中期时,拍面略前倾,大臂带动前臂向前或前上方加速推出,击球中上部。

3. 加力推

动作较大,回球力量重,球速快,主要用于对付反手位速度较慢、反弹偏高的球。当来球弹至上升后期或高点期时,拍面前倾,大臂带动前臂,前臂带动手腕向前或前下方加速发力推出,击球中上部或上中部。加力推时,可以配合髋、腰以及身体前移共同发力。

八、攻球

攻球可分为正手攻球和反手攻球两种。每种又可包括许多不同的攻球方法。下面我们主要介绍几种常用的攻球技术。

1. 正手快攻

正手快攻具有站位近、动作小、速度快、攻击性强的特点。动作时左脚稍前,身体离球台40~50cm,呈基本姿势站立。以前臂为主引拍至身体右侧方。球拍呈半横状。击球时,在上臂带动下前臂和手腕由右侧方向左前上方挥动,拇指压拍,食指放松,拍面稍前倾,在来球弹起上升period,击球的中上部。击球后,手臂随势向前挥摆,迅速还原成击球前的准备姿势。

2. 正手台内攻

正手台内攻具有站位近、动作小、速度快、突然性强等特点,动作时站位近台,右方大角度来球时右脚上步,中间或偏左方向来球时左脚上步。上步同时上臂和肘部前移,前臂伸进台内迎球。当来球跳至高点期,下旋强时,拍面稍后仰,前臂和手腕向前上方发力,击球的中下部;下旋弱时,拍面接近垂直,前臂和手腕以向前发力为主击球的中部;上旋球时,拍面稍前倾,前臂和手腕向前发力击球的中上部。

3. 正手中远台攻

正手中远台攻具有站位远、动作大、力量重的特点。动作时,左脚稍前,身体离球台1m左右。持拍手臂较大幅度向右后方引拍,拍面接近垂直。击球时,右脚蹬地、向左转体的同时,上臂带动前臂由右后方加速向左前上方发力挥动,手腕边挥边转使拍形逐渐前倾,在来球弹起至下降前期,击球中部或中上部。

4. 正手扣杀

正手扣杀具有力量重、速度快、攻击性强的特点。动作时前臂内旋使拍面稍前倾,随着身体向右转动的同时,持拍手臂引拍于身体右后方。随着右脚蹬地,身体左转的同时,持拍手上臂带动前臂加速向左前上方发力挥动,拍面稍前倾,在来球弹起至高点期,击球的中上部。一般击球点在胸前50cm为宜。

5. 反手快攻

左脚稍后,身体离球台40～50cm。持拍手臂自然弯曲并外旋使拍面前倾,上臂与肘关节自然靠近身体,引拍至腹前偏左的位置。击球时,在上臂带动下前臂和手腕向右前上方挥动,同时配合外旋转腕动作,使拍面稍前倾,在来球弹起上升期,击球中上部。

6. 反手中远台攻

右脚稍前,身体离球台0.7～1m。身体左转的同时,持拍手的上臂和肘关节靠近身体,前臂向左下方移动,引拍至身体左侧下方,拍面稍前倾。击球时,身体右转的同时,手臂由左后向前挥动,前臂在上臂带动下,向前上方用力,并配合向外转腕,使拍面稍倾,在来球弹起下降期,击球中下部。

九、搓球

对初学者来说,首先应学反手搓球,再学正手搓球。先练习慢搓,再练习快搓。在基本熟悉以上技术之后,再练习搓转与不转的球。

1. 快搓

动作幅度较小,回球速度较快,能借助来球的前进力去回击。它是对付削球和搓球的一种方法。

右脚稍前,身体靠近球台。来球在身体左侧时,可运用反手搓球。击球时,上臂迅速前伸,前臂跟随向前,拍形稍后仰,利用上臂前送力量,在上升期击球中下部。来球在身体右侧,可以运用正手搓球。搓球时,身体稍向右转,手臂向右前上引拍,然后前臂和手腕向前下方用力,在上升期击球中下部。

2. 慢搓

慢搓的动作幅度较大,回球速度较慢,靠主动发力回击,回球有一定旋转强度。

反手搓球时,向左上方引拍,前臂以肘关节为轴,快速向前下方用力挥摆,伸手腕辅助用力,手指配合使拍面后仰,在球的下降前期切击球的中下部。

正手搓球时,手臂外旋使拍面后仰,前臂提起,向右上方引拍至右肩高度。当来球至下降前期,手臂快速向左前下方挥摆,屈手腕辅助用力,切击球的中下部。

3. 搓转与不转

搓转与不转的特点是用近似手法搓出转与不转两种性质不同的球,使对方难以判断,增加其回球难度或直接导致接球失误。

搓转与不转球的动作方法与快搓技术的动作相同。决定转与不转要看击球作用力是偏离球心还是通过球心。搓转球时,除击球速度、击球力量和拍面后仰角度要加大以外,还要在球拍切击球时切薄一些,使其作用力远离球心,形成较旋转的下旋球。而搓不转球时,减小拍面后仰角度,击球中下部并向前上推,使击球力量接近或通过球心,这样就形成相对的不转球。搓转与不转球时,一定要在相似的动作上下功夫,如若搓不转球的动作意图很明显,则会弄巧成拙,送给对方进攻机会。

第三节 乒乓球运动的基本战术

本节将介绍乒乓球的基本战术:发球抢攻战术、接发球战术、对攻战术、推攻战术、搓攻战术、削攻战术等。

一、发球抢攻战术

发球抢攻战术是乒乓球所有打法特别是进攻型打法的主要战术和得分手段。发球抢攻战术以发球的旋转、速度、落点灵活变化为主要技术特征,常用的有以下几种。

(1)发下旋转与"不转"球抢攻。

(2)发正、反手奔球抢攻。

(3)发正、反手侧上、下旋球抢攻。

发球抢攻要注意:①发球要有线路和落点变化,以便使对方在前、后、左、右走动中接发球;②发球后要有抢攻准备,以便不失抢攻的机会;③自己发什么球,对方可能以什么技术回击,这些要在发球前做到心中有数。这样,才能较好地做好抢攻的准备。

二、接发球战术

接发球战术是发球抢攻战术的直接对立面。接发球战术一方面要抑制、扰乱或破坏对方运用发球抢攻的战术,降低发球抢攻的质量,形成相持状态;另一方面要从被动中求主动,通过过渡性接发球技术力争在第四板抢先上手,转入对己方有利的战局,同时抓住机会采用接发球抢攻直接得分或设法取得明显的战术优势。接发球战术是各类型打法的选手都必须掌握的战术,主要有主动法、稳健法和相持法。

三、对攻战术

对攻战术是进攻型选手经常采用的战术。运用正、反手攻球或反手推挡等技术,采用攻击对方两角、追身攻、轻重结合来达到目的。常用的有以下几种:①压反手,伺机正手侧身攻;②调右压左,转攻两角或追身;③连压中路,突变攻两角。

四、推攻战术

推攻战术主要运用正手攻球和反手推挡的速度和力量,并结合落点变化和节奏变化来压制和调动对方,以争取主动或得分。推攻战术是用左推右攻打法对付攻击型打法的主要战术,具有反手推挡能力的两面攻的运动员和攻削结合的运动员也时常使用它。方法如下:①左推右攻;②推挡侧身攻;③推挡、侧身攻后,扑正手;④左推结合反手攻;⑤左推、反手攻后,侧身攻;⑥左推、反手攻、侧身攻后,扑正手。

五、搓攻战术

搓攻战术主要运用"转、低、快、变"的搓球控制对方,以寻找战机,然后采用低突、快点或快拉等技术展开攻势并进入连续进攻;在搓球中遇到机会球时进行扣杀,常常带有突然性,往往可以直接得分。搓攻战术是乒乓球各种打法都不可缺少的辅助战术。方法如下:①正、反手搓球结合正手快拉、快点、突击或扣杀;②正、反手搓球结合反手快拉、快点、突击或扣杀。

六、削攻战术

削攻是利用削球的旋转、节奏、落点变化来控制对方的攻势,并为进攻创造机会,达到反击对方目的的一种手段。削攻战术是削攻型打法对付进攻型、弧圈型打法的重要战术,常用的有以下几种:削转与不转球,伺机反攻;削长、短球反攻;削逼两角,伺机反攻;逢直变斜,逢斜变直,伺机反攻。

第四节 乒乓球运动的主要规则

本节将阐述发球、击球、先分、次序、方位、间歇等乒乓球比赛的主要规则。

一、发球

(1)发球开始时,球自然地置于不持拍手的手掌上,手掌张开,保持静止。

(2)发球时,发球员须用手将球几乎垂直地向上抛起,不得使球旋转,并使球在离开不执拍手的手掌之后上升不少于16cm,球下降到被击出前不能碰到任何物体。

(3)当球从抛起的最高点下降时,发球员方可击球,使球首先触及我方台区,然后越过或绕过球网装置,再触及接发球员的台区。双打中,球应先后触及发球员和接发球员的右半区。

(4)从发球开始,到球被击出,球要始终在台面以上和发球员的端线以外,而且不能被发球员或其双打同伴的身体或衣服的任何部分挡住。

(5)在运动员发球时,球与球拍接触的一瞬间,球与网柱连线所形成的虚拟三角形之内和一定高度的上方不能有任何遮挡物,并且其中一名裁判员要能看清运动员的击球点。

二、击球

对方发球或还击后,我方运动员必须击球,使球直接越过或绕过球网装置,或触及球网装置后,再触及对方台区。

三、失分

(1)未能合法发球。

(2)未能合法还击。

(3)击球后,该球没有触及对方台区而越过对方端线。

(4)阻挡。

(5)连击。

(6)用不符合规则条款的拍面击球。

(7)运动员或运动员穿戴的任何物件使球台移动。

(8)运动员或运动员穿戴的任何物件触及球网装置。

(9)不执拍手触及比赛台面。

(10)双打运动员击球次序错误。

(11)执行轮换发球法时,发球一方被接发球一方或其双打同伴,包括接发球一击,完成了13次合法还击。

四、一局比赛

在一局比赛中,先得11分的一方为胜方;10平后,先多得2分的一方为胜方。一场单打或双打(男、女双打和混合双打)比赛的淘汰赛采用七局四胜制,团体赛中的一场单打或双打采用五局三胜制。

五、次序和方位

(1)在获得2分后,接发球方变为发球方,以此类推,直到该局比赛结束,或直至双方比分为10平,或采用轮换发球法时,发球和接发球次序不变,但每人只轮发1分球。

(2)在双打中,每次换发球时,前面的接发球员应成为发球员,前面的发球员的同伴应成为接发球员。

(3)在一局比赛中首先发球的一方,在该场比赛的下一局中应首先接发球,在双打比赛的决胜局中,当一方先得5分后,接发球一方必须交换接发球次序。

(4)一局中,在某一方位比赛的一方,在该场比赛的下一局应换到另一方位。在决胜局中,一方先得5分时,双方应交换方位。

六、间歇

(1)在局与局之间,有不超过1min的休息。

(2)在一场比赛中,双方各有一次不超过1min的暂停。

(3)每局比赛中,每得6分球后,或决胜局交换方位时,有短暂的时间擦汗。

七、竞赛方法

已经举办过的几届奥运会乒乓球比赛,竞赛方法大同小异,但均不完全相同,主要是采用分组预选和单淘汰加附加赛或排名淘汰赛加附加赛的方式。

第十章 网 球

第一节 网球运动概述

网球(Tennis)运动历史悠久,其早在13世纪至14世纪,便盛行于法国、英国的宫廷,被称为皇家网球。1873年,英国人温菲尔德改进了早期的网球打法,使之成为能在草坪上进行的一项运动,取名为"草地网球",并出版了《草地网球》手册,制定了最早的网球运动规则。温菲尔德因此被人们称为近代网球运动的创始人。1877年7月,在英国的温布尔顿举行了第一届草地网球比赛,这标志着近代网球运动的开始。

网球比赛分男子单打、女子单打、男子双打、女子双打、混合双打、男子团体和女子团体七个项目。影响较大、较著名的网球赛事包括温布尔顿网球锦标赛、美国网球公开赛、法国网球公开赛、澳大利亚网球公开赛。凡参加"四大赛"的选手,如有一名(单打)或两名(双打)运动员能在一个年度内赢得这四个锦标赛的单打或双打冠军,便被誉为"大满贯得主"。

第二节 网球运动的基本技术

本节将阐述握拍、基本步法、发球、接发球、底线正手击球、底线反手击球、截击球等网球运动的基本技术。

一、握拍

目前,网球基本的握拍法可分为三种:东方式握拍法、西方式握拍法、大陆式握拍法。

1. 东方式握拍法

东方式握拍法分为正手握拍法和反手握拍法。

(1)正手握拍法

握拍手的虎口对正拍柄右上侧棱,手掌根与拍柄右上斜面紧贴,拇指垫握住拍柄的左垂直面,食指稍离中指,食指下关节压住拍柄右垂直面,五指紧握拍柄。拍面与地面垂直,手握拍柄好像与人握手一样。也称"握手式"握拍法。

(2)反手握拍法

在正手握拍法的基础上把手向左转动1/4(即转动90°)或拍柄向右转动1/4(即转动90°),虎口对正拍柄左侧棱面。即用手掌根压住拍柄的左上斜面,拇指直贴在拍柄的左垂直面上,食指下关节压住右上斜面。

2.西方式握拍法

握拍时,球拍面与地面平行,拇指与食指几乎成直角,拇指直伸压住拍上平面,食指下关节握住右上斜面,与拍底平面对齐,手掌从上面握住拍柄。这是底线上旋攻击型打法的首选握拍方法。这种握拍法的优点在于能击出强有力的上旋球,且稳定性强。但是其技术难度相对较大,初学者在开始学习时较难掌握。

3.大陆式握拍法

由于其形状像握着锤子的样子,所以又称为握锤式握拍法。由拇指与食指形成的"V"字型虎口放在拍柄的上平面与左上斜面的交界线上,手掌根部贴住上平面,与拍柄底部平齐,大拇指与食指不分开,食指与其余三个手指稍分开,食指下关节紧贴在右上斜面上。这种握拍法的优点在于无论正、反手击球时都不需要转换握拍,简单灵活。但是底线击球时不容易发力,因此是底线的攻击性打法所不适宜采用的握拍方法。

二、基本步法

网球击球时,脚步主要采用"开放式"和"关闭式"两种方法。

1."开放式"步法

击球时,两脚平行站立,以前脚掌为轴,转胯转体形成击球步法。通常在有一定技术基础的前提下运用这种步法。

2."关闭式"步法

左脚向来球的方向迈出一步,两脚的假想连线与来球的方向平行。这种步法在底线正反手击球和网前截击中大量运用。初学者应首先学习这种步法。

三、发球

发球动作由准备姿势和站位、抛球与后摆动作、挥拍击球和随挥动作四个技术环节组成。下面介绍几种常见的发球方法。

1.平击发球

平击发球的击球点应在身体的右前上方,击球的后上部,挥拍时"鞭击"动作发力要集中,充分向上伸展身体以获得最高的击球点来提高命中率。这种发球几乎没有旋转,球差不多笔直地下去,力量大,往往贴着网才能进入场内,在绝大多数场地上球反弹较低,一般用于第一发球,发球成功时有时能直接得分,但平击发球失误率较高。

2.切削发球

这种发球实用且易掌握,对初学者最适宜。它是一种以右侧旋转(稍带上旋)为主的发球法,球抛在右侧前上方,球拍击球部位在球的右侧偏上方,整个挥拍动作是从右侧上方至左下方,使球产生右侧旋转。球的飞行路线是一条从右向左的弧线,可以提高命中率并把对方拉出场外回击,尤其在右区发球。削击发球的准确率高,常用于第二发球。

3.上旋发球

上旋发球时,抛出球的位置在头后偏左的头上方;拍面的触球点在球的中部偏下方;击球时身体成弓形,利用杠杆力量对球施加旋转,球拍快速从左向右上方挥动,并从下向上擦击球的背面,使球产生右侧上旋。球的过网点较高,落地急速,球落地后反弹很高,但这种发球难度较大。

四、接发球

接发球在态势上是被动的,受发球方的制约,并且发球在瞬间千变万化,多数发球都指向接球方软弱的地方,因此,接发球技术是最难掌握的技术之一。

接发球的站位,一般位于端线附近,力求在接发球时向前移动击球。同时,保持着两脚平行站位,比肩略宽,右手持拍者一般右脚稍前,两膝微屈,上体稍前倾,脚跟提起,将球拍置于体前。

在接发球的全过程中眼睛始终要注视来球,一直到完成还击动作。要观察对手的抛球,这样有利于判断发球的方向和旋转。对方第一次发球时多采用大力发球,站位应偏后一些;如果对方是第二次发球,站位可略向前移,这样有利于采取攻击性的还击。

接大力发球时不要做大幅度的后摆动作,主要是控制好拍面角度,并握紧球拍,以免拍面被震转动。还击来球之前要观察对方行动,对自己的回球路线和落点要有所考虑。选择好接发球落点,对控制对手发球后抢攻有重要意义。

五、底线正手击球

1. 正手平击球

后摆引拍时,手腕稍上翘使拍头高于手腕,并引拍至头部同高。挥拍时手腕相对固定握拍,以减少拍面挥动过程中的变化。击球时拍面与地面保持垂直并以同样拍面继续前挥。击球后,球拍向前挥动于左肩上方自然收拍。这种击球方法简单易学,适合初学者使用。

2. 正手上旋击球

正手上旋球是从网球的后下方向前上方挥拍,整个球体受摩擦,产生一种从后下方朝前上方的旋转。其特点是飞行弧线高,落地迅速,落地后弹起的反射角度较小,产生较大的前冲力。这种击球方法适合于有一定技术基础,能发力击球的人使用。

3. 正手削球

是指以底线正手切削方法击出下旋球的技术动作。后摆引拍时,直线将球拍引至身体后侧,动作较小。挥拍时手腕固定握拍,使拍面斜向地面稳定前挥。击球时用斜向地面的拍面以切削动作在身体侧前方击球。击球后球拍随球前送,并在身体前方以左手扶拍结束动作。

六、底线反手击球

1. 反手平击球

反手平击球的特点是球速快,球的飞行路线比较平直,球落地后的前冲力量大。其动作方法:后摆引拍时右脚向左侧前方跨出并用力踏地,屈膝降低重心。击球时手腕绷紧,使球拍与地面垂直。挥拍击球的路线是从后向前上方比较平缓的挥击,同时左臂自然展开留在身后,保持身体的平衡。击球后,球拍应随着惯性挥至右肩上方,持拍手臂挥直。

2. 反手下旋球

反手下旋球又称为反手削球，一般是防御性的。削球时挥拍不要过于用力，击球后拍面向上做托盘状运动。击球后，不要急于把球拍提拉起来，应该让球拍平稳向前运动一段距离。下旋球的好处是击出的球向下旋转，飘向对方场区后回弹高度较低，落地后还可向前滑行。这种击球方法较为简单易学，且比较安全，适合于初学者使用。

3. 双手反手击球

这种击球方法由于双手握拍，拍面容易稳定，初学者易于学习和掌握。双手反手击球的准备姿势与单手反手击球相同，左手在转肩引拍的同时，顺着拍柄下滑至双手相接成双手反手握拍，引拍尽量向后，转动上体，使右肩前探侧身对网，手腕固定球拍稍稍低于击球点，右脚向左前方跨一步，重心落在左脚上，球拍从低到高向前挥出，击球点同腰高，比单手反手击球点略靠后，重心前移，随上体移动将球拍充分挥向右前上方，拍头朝上。然后迅速回到准备姿势。

七、截击球

截击球是指凌空击对方来球的技术动作，即当球在落地之前将来球击回对方场区，可以在网前截击，也可以在场内任何地方截击空中球。截击球以网前截击为主。截击球的特点是缩短击球距离，扩大击球的角度，加快回球速度，在网球比赛中成为一种主要打法和进攻手段。

1. 正手截击球

后摆引拍时，左脚立即向右前方跨出，同时转肩，带动球拍向后引，拍头要高于握拍手，绷紧手腕，握紧球拍。截击球的动作有点像挡击或撞击，在拍面短促向前撞击的同时微微向下做切削球的动作，击球时保持拍头上翘，拍面稍向后仰。击球后有一个小幅度向前的随挥动作，随挥过程仍紧握拍。

2. 反手截击球

对大多数人来说，反拍截击比正拍截击更容易，因为它更符合人体解剖学肌肉用力结构特点。其技术要点是：后摆引拍时，右脚立即向左前方跨出，左手扶拍手向后拉拍，同时转肩，做短距离后摆引拍动作，拍头高于握拍手，眼睛注视来球。挥拍击球时，左手松开稍后伸，右手握紧球拍前挥并在身体前方切削来球。向前挥拍时，两只手的动作好像在拉长一根橡皮筋，以保持身体平衡。

第三节　网球运动的基本战术

一、单打战术

1. 变换发球的位置

一个聪明的队员要知道通过改变发球的位置来取得优势。因为这种战术迫使对手必须从不同角度来判断不同旋转的球，回球的难度会大很多。

2. 发球上网战术

发球上网是利用发球的力量进行主动进攻,先发制人,然后上网抢攻的一项主要战术。它是上网型选手在比赛中的主要得分手段。

3. 接发球破网战术

对付发球后直接冲到网前的对手,挑出有深度的高球是相当有效的破网方法。

4. 攻击对方反手

众所周知,绝大部分球员的反手是比较弱的,只要加大力量攻击对方反手,迫使对方逐步离开场区的位置,就可掌握主动权。

5. 不上网战术

发球或接发球之后,如果自己不上网,应该把对方也控制在端线后面,使对手也难以找到得分的机会。在一次较长的端线来回球中,谁耐不住性子,谁就有可能因失误而失分。

二、双打战术

1. 发球上网抢网战术

运用抢网战术首先是网前同伴可以在背后做手势,告诉发球员应发什么落点,抢与不抢;采取此战术可以干扰对方接发球,为发上网前得分及抢网得分创造条件。其次要强调发球员的发球质量、成功率和落点的变化。

2. 澳大利亚网前战术

澳大利亚网前战术的特别之处是发球方的一名同伴以低姿势在网前的中央准备截击。这样能给接发球方造成很大的压力,起到破坏对方接发球节奏,为发球上网截击和抢网创造有利条件。运用这一战术时,要求同伴告知发球落点和抢与不抢,另外第一发球成功率要高,这样才能有良好的战术效果。

第四节 网球运动的主要规则

网球比赛参赛选手数量为:男、女单打各 64 名,男、女双打各 32 对。为了避免高水平球员的过早相遇,按照世界排名,单打前 16 位和双打前 8 位的球员及组合被列为种子选手,抽签时提前分开,同时来自同一国家或地区的选手也要分到不同的半区。

比赛采取单淘汰赛制,每轮只有获胜者才能进入下一轮比赛。除了在男子单打决赛中采用五局三胜制外,其他所有的比赛将采用三局两胜制;除了在男子单打的第五局以及其他比赛的第三局,即决胜局的比赛中,只有净胜两局才能赢得该局比赛(长局制)外,其他每局比赛都采用平局决胜制(抢七局)。

第十一章 武 术

第一节 武术概述

一、武术的渊源

武术(Martial Arts)是以技击动作为主要内容,以套路和格斗为运动形式,注重内外兼修,增强体质、培养意志的中华传统体育项目。

武术萌芽于人类祖先与野兽的搏斗。随着部落战争的此消彼长,攻防格斗技术不断积累。自卫本能的升华、猎取食物的需求和实战技术的积累为武术发展奠定了基础。青铜兵器的使用,战车、机弩的发明,刀、剑、钩、钺、戟的出现,武器向多样化发展,使得武术的技击性进一步突出。从单纯的军事技术到带有健身色彩的民间体育运动,从相击形式的搏斗到舞练形式的演练,从单练、对练到套路,武术的内容不断充实。

狭义的武术特指中华武术,它是中华民族的宝贵遗产,以中国传统文化为基础。在其源远流长的发展过程中,摄养生之精髓,集技击之大成,攻防自卫,养身健体,具有"内外合一""神形兼备""尚武崇德"的特点。中国武术历史悠久,受到了古代道家、儒家、释家等诸家思想的影响,得到了传统医学、杰出兵法、哲学思辨等理论的熏陶,以阴阳五行学说为基础,形成了独特的武学文化,既包括讲礼守信、尊师重道、行侠仗义的道德标准,又富含博大精深、攻防兼备的动作套路。

我国武术代表团曾多次出国访问,以精湛的技艺和表演在众多国家和地区引起强烈的反响,"武术热"风靡全球。1990年国际武术联合会(简称国际武联)在北京成立,1994年该组织被国际单项体育联合会接纳为会员,2002年在国际奥委会第113次全会上被正式承认。1990年第十一届亚运会,武术便被列为正式比赛项目,2008年第二十九届奥运会将武术作为特别竞赛项目。原国际奥委会主席萨马兰奇先生指出:"作为中国传统体育项目之一的武术现已超越国界,许多国家成千上万的爱好者聚集一起,他们相互交流,探讨武术的体育价值及道德观念,以教育年轻人"。现任国际奥委会主席罗格先生曾明确表示,欢迎武术进入奥林匹克大家庭。

二、武术的分类

我国武术运动根深叶茂,流派众多。战国时代的《司马法》中记有"长兵""短兵"的分法。

戚继光在《纪效新书》中介绍拳技时则使用了打、踢、跌、拿四种技法的概念。清初黄宗宪又提出了内家拳、外家拳的分类概念。此外，民间还流传着"南拳""北腿"的说法。

1. 按运动形式分类

1)功法运动

功法运动是以单个武术动作作为主体进行练习，以达到增强专项体能或健体目的的运动。包括内功(内养功)、外功(外壮功)、轻功(弹跳)、硬功(击打和抗击打)等，既是套路运动和搏斗运动的基础，又是极好的锻炼方法。例如，习浑元桩可以调心、调身、调息，站马步桩可以增强腿力等。

2)套路运动

套路运动是指以踢、打、摔、拿、击、刺等技击动作为主要内容，以攻守进退、动静疾徐、刚柔虚实等矛盾运动的变化规律编成的整套练习形式。按其练习形式可分为单练、对练、集体表演三种类型。

(1)单练是指单人练习的套路运动，包括徒手拳术与器械。徒手拳术种类众多，有长拳、南拳、太极拳、形意拳、八卦拳、通背拳、劈挂拳等。器械又可分为短器械、长器械、双器械和软器械四种。短器械主要有刀、剑等；长器械主要有棍、枪等；双器械主要有双刀、双剑、双钩、双枪、双鞭等；软器械主要有三节棍、九节鞭、流星锤等。

(2)对练是由两人或两人以上，在预定条件下进行的假设性攻防练习套路，包括徒手对练、器械对练、徒手与器械对练等。

(3)集体演练指六人或六人以上徒手或持器械同时进行练习的演练形式，有一定的集体造型和队形变化，可有音乐伴奏。

3)搏斗运动

搏斗运动，是两人在一定条件下，按照一定的规则，运用相应的攻防技法，斗智、斗勇、较技、较力的对抗性练习形式，如散打、推手、短兵等。

2. 按依附地域分类

传统的武术流派往往是依托不同的山川名胜而自然形成的，并传承至今，如少林派(嵩山)、武当派、峨眉派、青城派、华山派、崆峒派、天山派等。

3. 按二分法来分类

按技术、技击风格的不同，兴盛地域的差异等，民间多以二分法，通过比较对武术进行分类，如南拳与北腿、长拳与短打、内家拳与外家拳等。

第二节　武术基础

一、武术的基本功

武术的基本功是发展某项专门素质的基础功法。它能有效地提高关节的伸展性和灵活性，增强韧带的柔韧性和肌肉的力量，既是武术入门必不可缺的基础功夫，又是提高体能和武术技能的必要手段。

按人体的身体部位可划分为:肩臂功、腿功、腰功和桩功。

1. 肩臂功

肩臂功主要是加大肩关节的活动范围并增进其韧带的柔韧性,发展肩臂部肌肉力量,提高上肢运动的伸展、敏捷、松长、转环等能力。

练习方法主要有压肩、吊肩、转肩、绕肩等。

(1)压肩。开步站立(两脚平行,左右站立),与肩同宽或稍宽,上体前俯,手握肋木,下振压肩。也可两人面对面站立,互相扶按肩部,做体前屈振动压肩动作。要点:挺胸、塌腰、收髋,两臂、两腿伸直;振幅逐步加大,压点集中于肩部。

(2)吊肩。并步站立(两脚内侧相靠),背对肋木,两手反臂抓握,然后下蹲,两臂拉直或悬空吊起。要点:两臂伸直,肩部放松。

(3)转肩。开步站立,两手正握棍于体前。以肩关节为轴,两臂伸直上举经头顶绕至体后,再从体后向上绕至体前。要点:两臂始终伸直;两手握棍距离应由宽到窄,一般与肩同宽。

(4)绕肩。单臂绕环,成左弓步姿势,左手按于左膝上(也可两脚开立,左手叉腰),右臂上举,由上向后、向下、向前环绕,为后绕环;右臂由上向前、向下、向后环绕,为前绕环。左右臂交替练习。要点:臂要伸直,肩应放松,贴身划立圆,逐渐加速。双臂绕环有三种,三种都要两脚开立,与肩同宽:①前后绕环,两臂垂于体侧,依次由下向前、向上、向后做绕环,数次后,再做反方向的绕环;②左右绕环,左右两臂同时向右、向上、向左、向下绕环,数次后,再做反方向绕环;③交叉绕环,两臂直臂上举,左臂前绕环,同时右臂后绕环,数次后,再做反方向绕环。要点:松肩、探臂,划立圆绕环。

2. 腿功

腿功主要是拉长腿部的肌肉和韧带,加大髋关节和膝关节的活动范围,发展腿部的柔韧性、灵活性、协调性和力量等素质。练习方法主要有压腿、搬腿、劈腿等。

(1)压腿。①正压腿。右腿直立支撑,将左脚跟放在与髋同高或稍高的肋木上,脚尖勾紧,两手扶按在膝关节上(或双手抱脚),立腰、收髋、挺膝,上体前屈,向前、向下做压振动作,左右腿交替练习。要点:逐渐加大振幅,先以前额、鼻尖触及脚尖,然后过渡到下颏触及脚尖,以提高腿的柔韧性。②侧压腿。身体侧对肋木,右腿伸直支撑,脚尖外展。左脚跟放在肋木上,脚尖勾紧,右臂上举,左掌附于右胸前,立腰、展髋,上体向左侧压振,左右腿交替练习。要点:逐步加大振幅,直到右手握左脚掌、上体侧卧在左腿上。③后压腿。背对肋木,右腿支撑,左脚背放在肋木上,脚面绷直,上体后仰做压振动作,左右腿交替练习。要点:挺胸、展髋、腰后屈。④仆步压腿。右腿屈膝全蹲,左腿挺膝伸直,脚尖里扣,两脚全脚掌着地,两手分别抓握两脚外侧,成仆步向下压振,左右腿交替练习。要点:挺胸、塌腰、沉髋,左右移动不宜过快,臀部尽量贴近地面。

(2)搬腿。①正搬腿。右腿直立与上体保持正直,左腿屈膝提起,右手托握左脚外侧,左手抱膝。然后,左腿挺膝向前上方举起,脚尖勾紧。也可由同伴托住脚跟上搬,左右腿交替练习。要点:挺胸、立腰、收髋;上搬高度应由低到高。②侧搬腿。左腿直立与上体保持正直,右腿屈膝提起,右手经小腿内侧托住脚跟,然后将右腿向右上方搬起,左臂上举亮掌,也可由同伴托住脚跟向侧上搬起,左右腿交替练习。要点:挺胸、立腰、髋关节放松。③后搬腿。手扶一定高度的物体或肋木,左腿支撑,由同伴托起右腿从身后向上搬举,挺膝,脚尖绷直,上体后屈,左右腿交替练习。要点:挺胸、塌腰、髋放正、腰后屈。

(3)劈腿。①竖叉。两臂侧平举或扶地,两腿前后分开成一直线,左腿后侧着地,脚尖勾起,右腿内侧或前侧着地。要点:挺胸、立腰、沉髋、挺膝。②横叉。两臂侧平举或在体前扶地,两腿左右分开成一直线,两腿内侧着地。要点:挺胸、立腰、展髋、挺膝。

3. 腰功

俗语曰"练拳不练腰,终究艺不高"。腰是贯通上下肢体的枢纽,是表现身法技巧的关键。腰功主要发展脊椎和腰部各肌肉群的柔韧性和弹性,加大腰部的活动范围。练习方法主要有俯腰、甩腰、涮腰、下腰等。

(1)俯腰。①前俯腰。并步站立,两手手指交叉,直臂上举,掌心朝上。上体前俯,两掌心尽量贴地。也可两手分别抱住两脚跟腱部位,头贴近腿部,持续一定时间后再站立。要点:两腿挺膝伸直,挺胸、塌腰、收髋,尽力向前折体。②侧俯腰。基本同前俯腰相同,但两手手指交叉在脚外侧触地,向左或向右转体。要点:两腿挺膝伸直,两脚不可移动,上体尽量下屈。

(2)甩腰。开步站立,两腿挺膝伸直,两臂上举。以腰、髋关节为轴,上体做前后屈的甩动动作,两臂也随之摆动。要点:快速、紧凑而有弹性。

(3)涮腰。两脚开立,略宽于肩,上体前俯,两臂向左前下方伸出。然后以髋关节为轴,向前、向右、向后、向左翻转绕环一周,左右交替练习。要点:尽量增大绕环幅度。

(4)下腰。两脚开立,与肩同宽,两臂伸直上举,腰向后屈,抬头、挺胸、顶腰,两手撑地成桥形。要点:挺膝、挺髋、挺胸、腰向上顶,桥弓要大;脚跟不可离地。

4. 桩功

桩功是以静站的方式锻炼气息、修养意念、增强力量并形成动作动力定型的锻炼方法。通过桩功练习能增加并稳固下肢力量,使内劲饱满,气血畅活,达到壮内强外的效果。练习方法主要有马步桩、虚步桩、浑元桩(升降桩和开合桩)等。

二、武术的基本动作

武术运动讲究心、神、意、气和手、眼、身、步的配合与统一,利关节、强筋骨、壮体魄、理脏腑、通经脉、调精神,使身心得到全面发展。武术的基本动作是指武术各项目中基础的、简单的、典型的、不可缺少的动作。主要包括手型、步型、手法、步法、腿法、平衡和跳跃动作等。

1. 手型

1)拳

如图11-1所示,四指并拢卷握,拇指紧扣食指和中指的第二指节。拳眼朝上为立拳,拳心朝下为平拳。要点:拳握紧,拳面平,直腕。

2)掌

如图11-2所示,四指并拢伸直,拇指弯曲紧扣于虎口处。手腕伸直为直掌,掌指朝上为立掌。要点:竖指并拢,掌心展开。

3)勾

如图11-3所示,五指第一指节捏拢在一起,腕屈紧。要点:五指指尖齐平,腕屈紧。

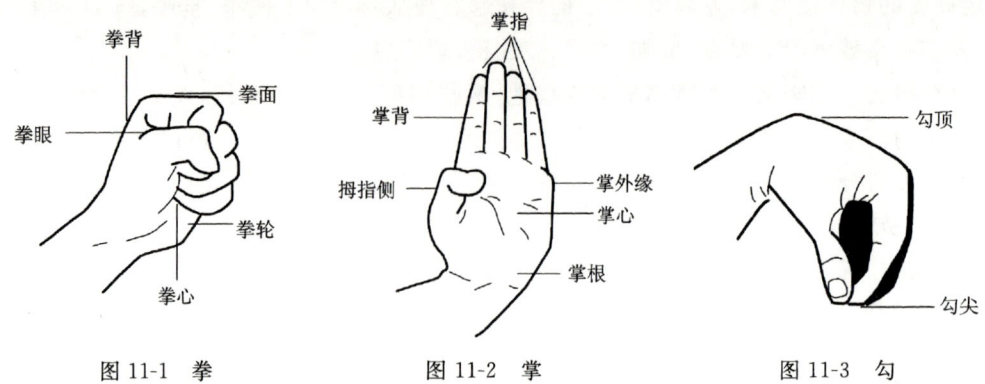

图 11-1 拳　　　　　图 11-2 掌　　　　　图 11-3 勾

2.手法

1)冲拳

(1)预备姿势。开步站立,与肩同宽;两手握拳分别抱于腰侧,拳心向上,肘尖向后,目视前方。

(2)动作说明。右拳从腰间猛力向前冲出,肘关节过腰后,前臂内旋,力达拳面,臂伸直高与肩平,同时左肘向后牵拉,目视右拳,左右臂交替练习。

(3)要点。挺胸、收腹、拧腰、顺肩,出拳应快速有力且有寸劲(即爆发力)。

2)推掌

(1)预备姿势和要点同冲拳。

(2)动作说明。拳变掌,以掌根为力点立掌(翘掌、沉腕)推出,力达掌外沿。

3)亮掌

(1)预备姿势同冲拳。

(2)动作说明。右拳变掌,由腰间经体侧向右、向上划弧至头部右上方,肘微屈,抖腕翻掌;同时头向左转,目视左方。

(3)要点。挺胸、收腹、立腰,抖腕翻掌与转头要同时完成。

3.步型

步型与步法的练习主要是增进腿部的速度和力量,提高两腿移动的灵活性和稳固性。

(1)弓步。前腿屈膝半蹲,大腿接近水平,脚尖微内扣,与膝垂直;后腿挺膝伸直,脚尖内扣斜向前(约 45°);两脚全脚掌着地,间距约为本人脚长的 4～5 倍;上体正对前方,两手抱拳于腰间,平视前方。弓左腿为左弓步,弓右腿为右弓步。要点:前腿弓、后腿绷、挺胸、塌腰、沉髋。

(2)马步。开步站立,两脚间距约为本人脚长三倍,脚尖正对前方;屈膝半蹲,大腿接近水平,膝关节不超过脚尖;两手抱拳于腰间,目视前方。要点:挺胸、塌腰、直背、膝微内扣、脚跟外蹬。

(3)虚步。两脚前后开立,后腿屈膝半蹲,大腿接近水平,脚尖外展约 45°,全脚着地;前腿微屈,脚尖前伸虚点地面,脚面崩平并稍内扣,重心落于后腿,目视前方,左脚在前为左虚步,右脚在前为右虚步。要点:挺胸、塌腰、虚实分明。

(4)仆步。两脚左右开立,间距约为本人脚长的四倍;一腿屈膝全蹲,大小腿紧靠,臀部接近小腿,脚和膝稍外展;另一腿挺直平仆接近地面,脚尖内扣;两脚全脚掌着地,两手抱拳于腰间,眼向仆出腿一方平视,仆左腿为左仆步,仆右腿为右仆步。要点:挺胸、塌腰、沉髋。

(5)歇步。两腿交叉靠拢,屈膝全蹲,前脚全脚掌着地,脚尖外展;后脚脚跟离地,膝部贴近前腿外侧,臀部坐于后小腿接近脚跟处;两手抱拳于腰间,眼向前腿一方平视,左脚在前为左歇步,右脚在前为右歇步。要点:挺胸、塌腰、两腿靠拢并贴紧。

(6)丁步。两腿并拢半蹲,一脚全脚掌着地支撑(重心落于此腿);另一脚脚面绷直,脚尖内扣并虚点地面,靠于支撑脚的脚弓处;两手抱拳于腰间,目视前方,左脚尖点地为左丁步,右脚尖点地为右丁步。要点:挺胸、塌腰、虚实分明。

4.步法

1)击步

(1)预备姿势。两脚前后开立,同肩宽,两手叉腰。

(2)动作说明。上体略前倾,前脚蹬地前纵,后脚提起在空中向前碰击前脚跟;两脚依次落地,后脚先落,前脚后落;目视前方。要点:腾空时,上体保持正直并侧对前方。

2)弧形步

(1)预备姿势同击步的预备姿势相同。

(2)动作说明。两腿略屈半蹲,沿弧形路线迅速连续行步,脚跟先着地并迅速过渡到全脚掌,步幅略比肩宽,目视前方,向左跨为左弧形步(或左环绕步),向右跨步为右弧形步(右环绕步)。

(3)要点。挺胸、塌腰;身体重心要平稳;注意转腰。

5.腿法

1)正踢腿

(1)预备姿势。并步站立,臂侧平举,立掌,目视前方。

(2)动作说明。左脚向前上半步,左腿伸直支撑,右腿挺膝,脚尖勾起向前额处快速踢起;上体正直,目视前方,左右腿交替练习。要点:收腹、挺胸、立腰;踢腿过腰后加速;踢腿时脚尖勾起绷落或勾起勾落。

2)斜踢腿

(1)预备姿势和要点同正踢腿。

(2)动作说明。一腿向异侧耳际踢起。

3)侧踢腿

(1)预备姿势同正踢腿。

(2)动作说明。右脚向前上半步,脚尖外展;左脚跟稍提起,身体略右转,左臂前伸,右臂后举。随即左腿挺膝,勾脚向左耳侧踢起;同时右臂上举亮掌,左臂屈肘立掌于右肩前。踢左腿为左侧踢,踢右腿为右侧踢。

(3)要点。挺胸、立腰、开髋、侧身、猛收腹。

4)外摆腿

(1)预备姿势同正踢腿。

(2)动作说明。右脚上步支撑,左脚脚尖勾紧向右侧上方踢起,经面前向左侧上方摆动,而后直腿下落,还原成预备姿势。左掌可在左侧上方迎击左脚脚面,左右腿交替练习。

(3)要点。挺胸、立腰、收腹、展髋,摆腿成扇形,幅度要大。

5)里合腿

(1)预备姿势同正踢腿。

(2)动作说明。左脚向左上方踢起,经面前向右侧上方直腿摆动。

(3)要点。挺胸、立腰、合髋,腿成扇形里合,幅度要大。

6)弹腿

(1)预备姿势。并步站立,两手抱拳于腰间,目视前方。

(2)动作说明。左腿支撑,右腿屈膝提起,右脚绷直,大腿与腰平,迅速挺膝,小腿猛力向前弹击,力达脚尖。大腿与小腿成一直线,高与腰平,左右腿交替练习。

(3)要点。挺胸、直腰、收髋,脚面绷平,弹踢有力。

7)后扫腿

(1)成左弓步,同时两掌从腰侧向前推出,掌指朝上。然后,左腿屈膝全蹲,脚尖内扣,成右仆步,同时上体右转并前俯,两掌在右腿内侧撑地,随上体向右后拧转的惯性力量,以左前掌为轴,右脚贴地向后扫转一周。

(2)要点。转体、俯身、撑地,扫转要连贯协调,一气呵成。

6.平衡

平衡练习的主要作用是增加腰、髋的柔韧性和肌肉的控制力量。

1)提膝平衡

(1)右腿伸直支撑,左腿屈膝高提过腰,脚面绷直,垂扣于右腿前侧。右臂上举于头上亮掌,左手反臂后举成勾手。两眼向左平视。

(2)要点。挺胸、立腰、收腹;平衡站稳,提膝近胸,脚内扣。

2)燕式平衡

(1)左腿支撑站稳,右腿屈膝提起,两掌在身前交叉,掌心向内。然后,两掌向两侧直臂分开平举,上体前俯,略高于水平,脚面绷平向后上蹬伸至高于头顶水平部位。

(2)要点。两腿伸直;挺胸、抬头、腰后屈。

7.跳跃

跳跃是指蹬地跳起,身体腾空时完成各种手法、腿法等动作。它能增强腿部力量,并提高弹跳能力。

1)腾空飞脚

(1)预备姿势。并步站立,两臂垂于体侧,目视前方。

(2)动作说明。上体稍后仰;右脚向前迈步,以脚跟着地,蹬地跃起;左腿随之向前、向上踢摆;同时,两臂向头上摆起,右掌背碰击左掌心;双眼平视前方,身体向上腾起;右腿挺膝向前上方弹踢,脚面绷平过腰,右掌迎击右脚面;同时左腿屈膝收控于右腿侧,脚面绷直,脚尖向下,左掌直臂摆至头部左上方,变勾手,勾尖向下,略高于肩;上体微前倾,目视右脚。左右脚依次落地,以前脚掌先着地,然后过渡到全脚,随之屈膝加以缓冲。

2)旋风脚

旋风脚:是武术运动四大跳跃基本运动之一,一般由助跑、抡臂、起跳、空中翻腰里合腿(脚高过肩)、落地四大部分组成。而动作的难易程度主要体现在腾空的高度和落地的下法中。落地法从简单到复杂分为:左右脚依次落地、左右脚同时落地(通常为马步),单脚落地,旋风脚接竖叉,旋风脚720°接竖叉这几个等级。要想打出漂亮飘逸的旋风脚需要很好的弹跳力以及很好的腰腹部力量和协调性,腿部韧带要好。

3)腾空摆莲

(1)预备姿势。高虚步挑掌站立。并步站立,右脚后撤一大步,同时右臂向前、向上挑掌,左臂后摆至体后。重心后移,左脚回收至身前虚点地面,成高虚步;同时右臂向上、向后、向下、向前环绕一周于身前挑掌,左臂向前、向上、向后绕环抡摆至身后,两臂与肩齐平,两掌掌指朝上;挺胸、直腰、顺肩、目视前方。

(2)动作说明。弧形步上跳。左脚向前进半步,右脚随之向前进一大步,脚尖外展,屈膝微蹲。同时右掌弧形回收至腰间,左臂由后经上摆至头前上方。右腿蹬伸上跳,左脚屈膝提起收扣于身前,身体腾空。同时右臂经左臂内侧向上弧形斜上举,左臂顺势摆向身后,头部左转,右肩前顺。右脚落地,左脚随之在身前落步,右脚再进一步,脚尖外展;身体右转,同时右臂顺势下落,左臂前摆。重心前移右腿,右脚蹬地跳起,同时左腿向右上方里合踢摆,两手上摆于头上击响,上体向右旋转,身体腾空。右腿上踢外摆呈扇形,两手先左后右依次拍击右脚面,左腿屈膝收控于右腿侧。上体微前倾,两眼随视两手。空中击响时,左腿充分伸直分开摆动控于体侧。

第三节 太极拳

一、太极拳概述

"太极"一词源出《周易·系辞》:"易有太极,是生两仪,两仪生四象,四象生八卦,八卦定吉凶,吉凶成大业。"意即"太极"是产生万物的本源,含有"至高""至极""绝对""唯一"之意。太极拳亦是取义于此。

太极拳的起源,众说纷纭,大致有唐朝许宣平、李道子,明朝张三丰、陈卜,清朝陈王廷、蒋发、王宗岳等几种不同的说法。太极拳并非一人所创,而是前人不断开发、总结、吸收、整理、创新、发展而来的。

太极拳在道家导引、吐纳等养生之术的基础上,吸收了明代名家拳法之长,结合了中国古代的阴阳学说和中医经络学说,形成了完整独立的体系。具有强身健体、祛病延年、陶冶性情之保健功效。

太极拳动作柔和、缓慢、圆活、连贯、自然、协调,迈步如猫行,运劲似抽丝。讲求体松心静,精持贯注,以意导形,上下相随,中正安舒,虚实分明。整套动作行云流水,连绵不断,自然又高雅,既有音乐的韵律、哲学的内涵,又有美的造型、诗的意境。其特点是以柔克刚,以静待动,以圆化直,以小胜大,以弱胜强。

太极拳(Hexagram Boxing)主要身型身法如下。
(1)头：虚领顶劲,头正、顶平、项直、颏收,有上悬意念。
(2)肩：沉肩,平正松沉。
(3)肘：坠肘,自然弯曲垂坠。
(4)臂：掤劲,上肢充满膨胀的内力。
(5)腋：虚腋,腋下保持一定空隙。
(6)腕：塌腕,劲力贯注。
(7)手：展指舒掌,五指自然分开,掌心微含。
(8)胸：含胸,舒松微含。
(9)背：拔背,舒展伸拔。
(10)脊：正脊,中正竖直。
(11)腰：松腰,松活沉直。
(12)臀：敛臀,向内微敛。
(13)胯：松胯,松正含缩,使劲力贯注下肢。
(14)膝：活膝,松活柔和。
(15)足：扣足,稳健扎实,转旋轻灵,移动平稳。

二、二十四式太极拳

二十四式太极拳又称作简化太极拳,其动作分8组,共24个。

第一组分：起势、左右野马分鬃、白鹤亮翅；第二组分：左右搂膝拗步、手挥琵琶、左右倒卷肱；第三组分：左揽雀尾、右揽雀尾；第四组分：单鞭、左云手、单鞭；第五组分：高探马、右蹬脚、双峰贯耳、转身左蹬脚；第六组分：左下势独立、右下势独立；第七组分：左右穿梭、海底针、闪通臂；第八组分：转身搬拦捶、如封似闭、十字手、收势。

身体自然直立,两脚并拢；头正颈直,下颌微收,眼平视,口轻闭,舌抵上颚；两臂自然垂于体侧,手指微屈；全身放松,呼吸自然,精神集中。下面分别介绍二十四式太极拳的24个动作。

1. 起势

(1)两脚开立。左脚缓缓提起(不超过右踝的高度)向左横跨半步,与肩同宽,脚尖、脚跟依次落地,成开立步。

(2)两臂前举。两臂缓缓向前平举,至高、宽同肩。手心向下,指尖向前。

(3)屈膝按掌。上体保持正直,两腿缓缓屈膝半蹲；同时两掌轻轻下按,落于腹前；掌膝相对。

要点：眼向前平视；两肩下沉,两肘松垂,手指自然微屈；屈膝、松腰、敛臀,身体重心落于两腿中间；落臂按掌与屈膝下蹲的动作要协调一致；两臂前举时吸气,向下按落时呼气。

2. 左右野马分鬃

(1)左野马分鬃：①收脚抱球。上体微右转,身体重心移至右腿上；同时右手向右、向上、向左划弧,右臂平屈于右胸前,掌心向下,手指微屈,左手向下、向右划弧,逐渐翻转至右腹前,掌心向上,两掌心上下相对成抱球状;左脚随即收到右脚内侧,脚尖点地(即脚前掌着地,下同),成左丁步;目视右手。②转体迈步。上体缓缓左转,左脚向左前侧迈出一步,左腿自然伸直,脚跟着地;同时左、右手分别向左上、右下分开;视线随左手移动。③弓步分掌。随转体左脚全掌逐渐踏实,左腿屈膝前弓,身体重心逐渐前移至左腿,右腿自然伸直,右脚跟后蹬稍外碾,成左弓步;同时两手继续分开,左手高与眼平,掌心斜向上,右手落于右胯旁,掌心向下,指尖朝前;两肘微屈,保持弧形;目视左手。

(2)右野马分鬃:①后坐翘脚。上体慢慢后坐,右腿屈膝,身体重心后移至右腿;左腿自然伸直,膝微屈,脚尖翘起;目视左手。②收脚抱球。身体左转,左脚尖随之外摆(40°~60°),左脚全掌踏实,屈膝弓腿,身体重心移至左腿,右脚跟进收至左脚内侧,脚尖点地;同时左手翻转划弧至左臂胸前平屈,右手向左上前摆至左手下,两掌心相对在胸前左侧成抱球状;目视左手。③转体迈步。动作说明与"左野马分鬃"中"转体迈步"相同,只是左右式相反,且转体幅度稍小。④弓步分掌。动作说明与"左野马分鬃"中"弓步分掌"相同,只是左右式相反。

要点:上体舒松正直,松腰松胯;身体转动时要以腰为轴;做弓步时,迈出脚的脚跟先着地,然后过渡至全脚掌,脚尖向前,膝不可超过脚尖,后腿自然伸直,前后脚尖约成45°~60°夹角(下同);野马分鬃式弓步时,前后脚的脚跟应分在中轴线的两侧,两脚横向距离(身体的正前方为纵轴,两侧为横向)约10~30cm;转体、弓腿和分手要协调一致;进步时先进胯,使两腿虚实分明;抱球时为吸气,转体迈步、弓步分掌时为呼气。

3.白鹤亮翅

(1)跟步抱球:上体微左转,右脚脚跟先离地,向前跟进半步,前脚掌着地,落于左脚后(约20cm),身体重心仍在左腿;同时左手翻掌向下,左臂平屈于左胸前,右手翻掌向上,向左上划弧至左腹前,与左手成抱球状;目视左手。

(2)后坐转体:上式不停(表示动作与动作之间的连贯性),上体稍右转,右脚全脚掌踏实,右腿屈蹲,重心移至右腿;同时两手向右上、左下分开;视线随右手移动。

(3)虚步分掌:上式不停,上体稍向左转,面向前方(前进方向),左脚稍向前移,脚尖点地,膝微屈,成左虚步;同时右手继续向右上划弧至右额前,掌心斜向左后方,指尖稍高于头,左手下按至左胯前,掌心向下,指尖朝前;目视前方。

要点:上体舒松正直;转体、分掌和步型的调整要协调一致,同时完成;转动动作要以腰带臂,虚步动作要收腹敛臀;抱球过程吸气,转体分掌过程呼气。

4.左右搂膝拗步

左右搂膝拗步的整体步骤如下:左搂膝拗步→右搂膝拗步→左搂膝拗步,具体分解动作如下。

(1)左搂膝拗步:①转体摆臂。上体微左转再右转;左脚收至右脚内侧,脚尖点地;同时右手体前下落,由下经右胯侧向右肩外侧划弧,至与耳同高,掌心斜向上,肘微屈,左手由左下向上,经面前再向右下划弧至右肩前,肘部略低于腕部,掌心斜向下;目视右手。②弓步搂推。上式不停,上体左转,左脚向左前方迈出,成左弓步,身体重心移至左腿;同时右手内旋回收,经右耳侧向前推出于右肩前方,高与鼻平,掌心向前,指尖朝上,左手向下经左膝前搂过(即向左划弧搂膝),按于左胯侧稍前,掌心向下,指尖朝前;目视右手。

(2)右搂膝拗步：①后坐翘脚。右腿屈膝，上体后坐，身体重心移至右腿，左腿自然伸直，脚尖翘起，略向外撇（约40°）；同时右臂微收，掌心旋向左前方，左手开始划弧外展；目视右手。②摆臂跟脚。上体左转，左脚掌逐渐踏实，左腿屈膝前弓，身体重心移至左腿，右脚跟至左脚内侧，脚尖点地；同时两手继续翻掌划弧，左手向左上摆举至左肩外侧，与耳同高，掌心斜向上，右手随转体向上经面前，向左下摆至左肩前，肘部略低于腕部，掌心斜向下，目视左手。③弓步搂推。动作说明与"左搂膝拗步"中"弓步搂推"相同，只是左右式相反。

要点：推掌时，上体舒松正直，松腰松胯，沉肩垂肘，坐腕舒掌；搂膝拗步成弓步时，两脚跟的横向距离约30cm（同肩宽）；两手推搂和转体弓腿必须协调一致，同时完成；转体摆臂、后坐翘脚、摆臂跟脚动作过程中吸气，弓步搂推动作过程中呼气。

5．手挥琵琶

(1)跟步展臂：右脚跟进半步，前脚掌着地，落于左脚内后约20cm处；同时右臂稍向前伸展，腕关节放松；目视右手。

(2)后坐引手：上体后坐，右脚全脚掌踏实，身体重心移至右腿；上体稍向右转，左脚跟离地；随转体左手由左下向前上弧形挑举，高与鼻平，肘微屈，掌心斜向下，右手屈臂后引，收于左肘里侧，掌心斜向下；目视左手。

(3)虚步合臂：上体微向左回转，但仍保持稍向右侧身状；左脚稍向前移，脚跟着地，膝微屈，成左虚步；同时，两臂外旋，屈肘合抱，左手与鼻相对，掌心向右，右手与左肘相对，掌心向左，犹如怀抱琵琶；目视左手。

要点：身体姿势平稳自然，胸部放松，沉肩垂肘；上肢与下肢动作应协调一致；在练习动作时呼气。

6．左右倒卷肱

左右倒卷肱的整体步骤如下：左倒卷肱→右倒卷肱→左倒卷肱→右倒卷肱，具体分解动作如下。

(1)左倒卷肱：①转体撤掌。上体右转；两手翻转向上，右手向下撤引，经腰侧向右后上方划弧，至与耳同高，掌心斜向上，肘微屈；目随转体先右视，再转看左手。②提膝屈肘。上体微向左回转，左腿屈膝提起，脚尖自然下垂；同时右臂屈肘卷回，右手收向右耳侧，掌心斜向前下方；目视前方。③退步推掌。上式不停，上体继续微向左回转至朝前；左脚向后略偏左侧退一步，脚前掌先着地，然后全脚掌踏实，屈膝微蹲，身体重心移至左腿，右脚跟离地，并以前脚掌为轴随转体将脚扭正（脚尖朝前），膝微屈，成右虚步；同时右手经耳侧向前推出，高与鼻平，左臂屈肘收至左胯旁，掌心向上；目视右手。

(2)右倒卷肱：①转体撤掌。上体稍左转；左手向左肩外侧引举，腕与肩同高，掌心斜向上，肘微屈，右手随之翻掌向上；目随转体先左视，再转看右手。②提膝屈肘。动作说明与"左倒卷肱"中"提膝屈肘"相同，只是左右式相反。③退步推掌。动作说明与"左倒卷肱"中"退步推掌"相同，只是左右式相反。

要点：前推和后撤的手臂均应划弧线；退左脚略向左后斜，退右脚略向右后斜，避免两脚成一直线；最后退右脚时，脚尖外撇的角度应略大些，以便于接下来做"左揽雀尾"的动作；转体撤掌和提膝屈肘时吸气，退步推掌时呼气。

7. 左揽雀尾

(1)转体抱球：上体右转，左脚收至右脚内侧，脚尖点地，成左丁步，重心落于右腿；同时右手由胯侧向右后上方划弧屈臂于右胸前，掌心向下，左手由体前划弧下落至右腹前，掌心向上，两手相对成抱球状；目视右手。

(2)弓步掤臂：上体左转，左脚向左前方上步，屈膝，右腿自然蹬直，身体重心前移至左腿，成左弓步；同时左臂向左前方平屈掤出（即左臂平屈成弧形，用前臂外侧和手背向左侧推出），高与肩平，掌心向内，右手向右下方划弧落按于右胯旁，掌心向下，指尖朝前；目视左前臂。

(3)转体伸臂：上体稍向左转；左前臂内旋，左手前伸翻掌向下，右前臂外旋，右手翻掌向上，经腹前向前上伸至左前臂下方；目视左手。

(4)转体后捋：上式不停，上体右转；右腿屈蹲，上体后坐，左腿自然伸直，身体重心移至右腿；同时两手经腹前向右后上捋，直至右手掌心斜向上，高与耳平，左臂平屈于胸前，掌心向内；目视右手。

(5)弓步前挤：上体微左转，左腿屈膝前弓，右腿自然蹬直，重心前移成左弓步；同时右臂屈肘回收，右手经面前附于左腕内侧，掌心向内，左掌心向外，双手同时向前慢慢挤出，与肩同高，两臂呈半圆形；目视左腕。

(6)后坐收掌：左前臂内旋，左掌下翻，右手经左腕上方向前伸出，掌心向下，两手左右分开，与肩同宽；然后上体后坐，屈右膝，左腿自然伸直，脚尖翘起，身体重心移至右腿；同时两臂屈肘，两手划弧回收至腹前，掌心均向前下方；目视前方。

(7)弓步按掌：上式不停，左脚掌踏实，左腿屈膝前弓，右腿自然蹬直，身体重心前移成左弓步；同时两手向前、向上推按，与肩同宽，腕高与肩平，掌心向前，指尖朝上，两肘微屈；目视前方。

要点：左揽雀尾中包括掤、捋、挤、按4种击法；上体舒松正直，松腰松胯；动作处处带弧，以腰为主宰，带动手臂运动；掤臂、松腰与弓腿，后坐与引捋，前挤、转腰与弓腿，按掌与弓腿，均要协调一致；转体抱球时吸气，掤式时呼气，捋式时吸气，挤式时呼气，后坐收掌时吸气，按式时呼气。

8. 右揽雀尾

(1)转体抱球：上体右转并后坐，屈右膝，左腿自然伸直，脚尖内扣，身体重心后移至右腿；同时右手经面前平摆右移，掌心向外，两臂成侧平举；视线随右手移动。上体微左转，屈左膝，右脚收至左脚内侧，脚尖点地，成右丁步，重心回移到左腿；同时左臂平屈胸前，掌心向下，右手由体侧右下向上翻掌划弧至左腹前，掌心向上，两手相对成抱球状；目视左手。

(2)弓步掤臂：动作说明与"左揽雀尾"中"弓步掤臂"相同，只是左右式相反。

(3)转体伸臂：动作说明与"左揽雀尾"中"转体伸臂"相同，只是左右式相反。

(4)转体后捋：动作说明与"左揽雀尾"中"转体后捋"相同，只是左右式相反。

(5)弓步前挤：动作说明与"左揽雀尾"中"弓步前挤"相同，只是左右式相反。

(6)后坐收掌：动作说明与"左揽雀尾"中"后坐收掌"相同，只是左右式相反。

(7)弓步按掌：动作说明与"左揽雀尾"中"弓步按掌"相同，只是左右式相反。

要点：与"左揽雀尾"的要点相同。

9. 单鞭

(1)转体扣脚:上体左转并后坐,左腿屈膝微蹲,右膝自然伸展,右脚尖翘起内扣,身体重心移至左腿;同时左手经面前至身体左侧平举,肘微垂,掌心向左,指尖朝上,右手向下经腹前向左划弧至左肋前,臂微屈,掌心向后上方;视线随左手移动。

(2)丁步勾手:上体右转,屈右膝,左脚收至右腿内侧,脚尖点地,身体重心移至右腿;同时右手逐渐翻掌,并向右上方划弧,经面前至身体右侧时变勾手,勾尖朝下,腕高与肩平,肘微垂,左手向下经腹前向右上划弧至右肩前,掌心转向内;视线随右手移动,最后目视右勾手。

(3)弓步推掌:上体左转,左脚向左前方迈出,成左弓步,身体重心移至左腿;同时左掌经面前翻掌向前推出,掌心向前,腕与肩平,左掌、左膝、左脚尖上下相对;视线随左手移转,最后目视左手。

要点:上体保持正直,松腰;上下肢动作应协调一致;在练习动作时呼气。

10. 云手

(1)云手一:①转体扣脚。身体渐向右转,右腿屈膝半蹲,左脚尖翘起、内扣、着地,身体重心回移至右腿;同时左手下落经腹前向右上划弧至右肩前,掌心斜向后,右手松勾变掌,掌心向右前方;目视右手。②收步云手。上体左转,身体重心随之左移;右脚提起,收至左脚内侧(相距 10~20cm),前脚掌先着地,全脚掌逐渐踏实,两脚平行,两膝微屈;同时左手划弧经面前向左运转,至身体左侧时,内旋外撑,掌心向外,腕与肩平;右手下落经腹前向左上方划弧,至左肩前,掌心斜向里;目视左手。

(2)云手二:①开步云手。上体右转,左脚向左横跨一步,脚尖向前,前脚掌先着地,全脚掌逐渐踏实,身体重心移至右腿;同时右手经面前向右划弧,至身体右侧时,内旋外撑,掌心向外,腕与肩平;左手下落经腹前向右上方划弧,至右肩前;目视右手。②收步云手。动作说明与"云手一"中"收步云手"相同。

(3)云手三:①开步云手。动作说明与"云手二"中"开步云手"相同。②收步云手。动作说明与"云手一"中"收步云手"相同。

要点:云手左右各做3次,左云手时收右脚,右云手时跨左脚;视线随云手移动;身体转动以腰为轴,松腰松胯,重心应稳定;两臂随腰而动,要自然圆活,速度应缓慢均匀;最后右脚落地时,脚尖微内扣,以便于接做"单鞭"的动作;转体扣脚和开步云手时吸气,收步云手时呼气。

11. 单鞭

(1)转体勾手:上体右转,左脚跟离地,身体重心移至右腿;同时右手经面前向右划弧至身体右侧,内旋、五指屈拢变成勾手,勾尖朝下,左手向下经腹前向右上划弧至右肩前,掌心斜向内;视线随右手移动,最后目视右勾手。

(2)弓步推掌:动作说明与"单鞭"中"弓步推掌"相同。

要点:与"单鞭"要点相同。

12. 高探马

(1)跟步翻掌:上体微向右转,右脚跟进半步,前脚掌先着地,全脚掌逐渐踏实,屈膝后坐,身体重心移至右腿,左脚跟提起;同时右勾手变掌外旋,两掌心翻转向上,两肘微屈;目视左手。

(2)虚步推掌:上体微向左转,左脚稍向前移,脚尖点地,膝微屈,成左虚步;同时右臂屈肘,右手经耳侧向前推出,腕与肩平,掌心向前,左手收至左腰前,掌心向上;目视右手。

要点:上体舒松正直;上下肢动作应协调一致;跟步翻掌时吸气,虚步推掌时呼气。

13. 右蹬脚

(1)弓步分掌:左脚提起向左前侧方迈出,脚尖稍外撇,成左弓步,身体重心前移至左腿;同时左手前伸至右腕背面,两腕背对交叉,腕与肩平,左掌心斜向后上,右掌心斜向前下;随即两手分开,经两侧向腹前划弧,肘微屈;目视前方。

(2)收脚抱手:上式不停,右脚跟进,收至左脚内侧,脚尖点地;同时两手下落经腹前由外向内上划,相交合抱于胸前,右手在外,掌心均向内;目视右前方。

(3)蹬脚分掌:右腿屈膝上提,右脚向右前方慢慢蹬出,脚尖朝上,力贯脚跟;同时两手翻掌左右划弧分开,经面前至侧平举,肘微屈,腕与肩平,掌心均斜向外;右臂与右腿上下相对;目视右手。

14. 双峰贯耳

(1)屈膝并掌:右小腿回收,屈膝平举,脚尖自然下垂;同时左手摆至体前,两手并行由体前向下划弧,落于右膝上方,掌心均翻转向上;目视前方。

(2)迈步落手:右脚向前方落下,脚跟着地,同时两手继续下落至两胯旁,掌心均斜向上;目视前方。

(3)弓步贯拳:右脚掌逐渐踏实,右腿屈膝前弓成右弓步,身体重心移至右腿;同时两手继续向后划弧,并内旋握拳,从两侧向前、向上弧形摆至面部前方,高与耳齐,宽约与头同,拳眼斜向下,两臂微屈;目视右拳。

要点:头颈正直,松腰松胯,沉肩垂肘,两拳松握;弓步与贯拳要协调一致,同时完成;屈膝并掌到迈步落手时吸气,迈步落手到弓步贯拳时呼气。

15. 转身左蹬脚

(1)转体分掌:上体向左后转,左腿屈膝后坐,右脚尖内扣(约90°),身体重心移至左腿;同时两拳变掌,向左右两侧分开平举,掌心斜向外,肘微屈;目视左手。

(2)收脚抱手:上式不停,右腿屈膝后坐,左脚收至右脚内侧,脚尖点地,身体重心回移至右腿;同时两手下落经腹前向上划弧,交叉合抱于胸前,左手在外,两掌心皆向内;目视前方。

(3)蹬脚分掌:动作说明与"右蹬脚"中"蹬脚分掌"相同,只是左右式相反。

要点:与"右蹬脚"相同。

16. 左下势独立

(1)收腿勾手:左腿回收平屈,小腿稍内扣,脚尖自然下垂;随之上体右转;同时右掌变勾手,勾尖朝下,左手向上、向右经面前划弧下落,立于右肩前,掌心斜向后;目视右勾手。

(2)仆步穿掌:右腿慢慢屈膝下蹲,左脚向左侧偏后伸出,脚尖内扣,成右弓步,上体左转,右腿继续向下全蹲成左仆步;同时左手外旋下落,向左下沿左腿内侧向前穿出,掌心向外;目视左手。

(3)弓步立掌:左脚以脚跟为轴,脚尖外摆,左腿屈膝前弓,右脚尖内扣,右腿自然蹬直,身体重心前移;上体微向左转并随步型转换向前起身;同时左臂继续前伸,立掌挑起,掌心斜向右,右勾手内旋下落于身后,勾尖转向后上方,右臂伸直成斜下举;目视左手。

(4)提膝挑掌:身体重心继续前移,右腿慢慢屈膝提起,与腹同高,脚尖自然下垂,左腿微屈支撑,成左独立式;同时右勾手变掌,下落经右腿外侧向体前弧形挑起,屈臂立于右腿上方,肘膝相对,掌心斜向左,指尖朝上,腕与肩平,左手下按落于左胯旁,掌心向下,指尖朝前;目视右手。

17. 右下势独立

(1)落脚勾手:右脚落于左脚右前方,脚尖点地,然后以左脚前掌为轴脚跟内转,身体随之左转;同时左手向左后侧提起,成勾手平举,勾尖朝下,腕与肩平,臂微屈;右手随转体经面前向左划弧至左肩前,掌心斜向后;目视左勾手。

(2)仆步穿掌:动作说明与"左下势独立"中"仆步穿掌"相同,只是左右式相反。

(3)弓步立掌:动作说明与"左下势独立"中"弓步立掌"相同,只是左右式相反。

(4)提膝挑掌:动作说明与"左下势独立"中"提膝挑掌"相同,只是左右式相反。

要点:右脚尖触地后要稍提起,再向下仆腿;其他均与"左下势独立"要点相同。

18. 左右穿梭

(1)左穿梭:①落脚转体。上体左转,左脚向左前落地(先以脚跟着地,再全脚掌踏实),脚尖外摆,两腿屈膝,成半坐盘式,身体重心略前移;同时左手内旋屈臂于左胸前,掌心向下,右手外旋摆至腹前,掌心向上;目视左手。②收脚抱球。上体继续左转,右脚收到左脚内侧,脚尖点地,身体重心移至左腿;同时两手左上右下成抱球状;目视左手。③弓步架推。上体右转,右脚向右前方迈出,成右弓步,身体重心前移;同时右手内旋,向前、向上划弧,举架于右额前,掌心斜向上,左手先向左下划弧至左肋前,再向前上推出,与鼻同高,掌心向前;目视左手。

(2)右穿梭:①收脚抱球。右脚尖稍向外撇,左脚收至右脚内侧,脚尖点地,身体重心移至右腿;同时右臂屈肘落于右胸前,掌心向下,左手外旋,向下、向右划弧下落于右腹前,掌心向上,两手右上、左下在右胸前成抱球状;目视右手。②弓步架推。动作说明与"左穿梭"中的"弓步架推"相同,只是左右式相反。

要点:身体正直,重心平稳;架推掌和前弓腿动作要协调一致;弓步时,两脚跟的横向距离同搂膝拗步式,约30cm;落脚转体和收脚抱球时吸气,弓步架推时呼气。

19. 海底针

(1)跟步提手:上体稍向右转,右脚向前跟进半步,右腿屈膝微蹲,左脚稍提起,身体重心移至右腿;同时右手下落经体侧向后、向上屈臂提抽至右耳侧,掌心斜向左下,指尖斜向前下,左手经体前下落至腹前,掌心向下,指尖斜向右前方;目视右前方。

(2)虚步插掌:上式不停,上体稍左转;左脚稍向前移,脚尖点地成左虚步,同时右手向斜前下方插出,掌心向左,指尖斜向前下,左手向下、向后划弧,经左膝落至左大腿侧,掌心向下,指尖朝前;目视前下方。

要点:右手前下插掌时,上体稍前倾,松腰松胯,收腹敛臀,不可低头;跟步提手时吸起,虚步插掌时呼气。

20. 闪通臂

(1)提脚提手:左腿屈膝,左脚微提起;同时右手经体前上提至肩,掌心向左,指尖朝前;左手向前、向上划弧至右腕内侧下方,掌心向右,指尖斜向上;目视前方。

(2)迈步分手:上体稍右转,左脚向左前方迈出,脚跟着地;同时右手上提内旋,掌心翻向外;目视右前方。

(3)弓步推撑:上体继续右转,左脚掌踏实,左腿屈弓成左弓步,重心前移;同时左手向前推出,掌心向前,高与鼻平,肘微屈;右手屈臂上举,圆撑于右额前上方,掌心斜向上;目视左手。

要点:上体正直,松腰沉胯;推掌、撑掌和弓腿动作要协调一致;弓步时,两脚跟横向距离不超过10cm;提脚提手时吸起,迈步分手和弓步推撑时呼气。

21.转身搬拦捶

(1)转体扣脚:上体右转,右腿屈膝后坐,左脚尖翘起内扣,身体重心移至右腿;同时两手向右划弧,右手成右侧举,左手至头左侧,掌心均向外;目视右手。

(2)坐身握拳:上体继续右转,左腿屈膝后坐,右脚跟离地,以脚前掌为轴微向内转,身体重心回移至左腿;同时右手继续向下、向左划弧,经腹前屈臂握拳,摆至左肋旁,拳心向下;左手继续上举至左额前上方,掌心斜向前上;目视右前方。

(3)摆步搬拳:上式不停,身体右转至面向前方;右脚提收到左踝内侧(不触地),再向前垫步迈出,脚尖外撇,脚跟先着地,随即全脚掌踏实;同时右拳经胸前向前翻转搬出(即右手经胸前以肘关节为轴,向上、向前搬打),高与肩平,拳心向上,拳背为力点,肘微屈;左手经右前臂外侧下落,按于左胯旁,掌心向下,指尖朝前;目视右拳。

(4)转体收拳:上体微向右转,右腿屈膝,重心前移,左脚跟提起;同时左掌经体侧向前上划弧,右拳内旋回收至体侧,拳心转向下,右臂平屈于胸前侧;目视前方。

(5)上步拦掌:上式不停,左脚向前上步,脚跟着地;同时左手向前上划弧拦出,高与肩平,掌心斜向右,指尖斜向上;右拳向右摆,内旋屈收于右腰旁,拳心转向上;目视左手。

(6)弓步打拳:身体稍左转,左脚掌踏实,左腿屈弓成左弓步,重心前移;同时右拳向前打出,高与胸平,拳眼向上,肘微屈;左手微收,附于右前臂内侧,掌心向右,指尖斜向上;目视右拳。

要点:上、下肢动作应协调一致;"搬"要先按后搬,在体前划立圆,并与右脚外撇提落相配合;"拦"以腰带臂平行绕动向前平拦,并与上步动作相配合;"捶"拳要螺旋形向前冲出,应与弓步动作相配合。

22.如封似闭

(1)穿手翻掌:右拳变掌,两掌心翻转向上,左掌经右手前臂下向前伸出;两手交叉,随即分别向两侧分开,与肩同宽;目视前方。

(2)后坐收掌:上式不停,右腿屈膝,上体慢慢后坐,左脚尖翘起,身体重心移向右腿;同时两臂屈肘回收,两手翻转向下,沿弧线经胸前内旋向下按于腹前,掌心斜向下;目视前方。

(3)弓步推掌:上式不停,左脚掌踏实,左腿屈膝成左弓步,重心前移;同时两手向上、向前推出,臂微屈,腕与肩平,掌心均向前;目视前方。

要点:上体保持正直;两手距离不超过两肩;穿手翻掌时吸气,后坐收掌和弓步推掌时呼气。

23.十字手

(1)**转体分掌**:上体稍右转,右腿屈膝后坐,脚尖稍外撇,左腿自然带直,脚尖内扣,成右侧弓步,身体重心移向右腿;同时右手随转体经面前向右平摆划弧,与左手成两臂侧平举,肘微屈,掌心均向前;目视右手。

(2)**收脚合抱**:上式不停,上体稍左转,左腿屈膝,右脚尖内扣,脚跟离地,身体重心移至左脚;随即右脚轻轻提起向左回收,前脚掌先着地,进而全脚掌踏实,脚距与肩同宽,脚尖朝前,两腿慢慢伸直成开立步,身体重心移到两腿中间;同时两手下落经腹前再向上划弧,交叉合抱于胸前,腕与肩平,两臂撑圆,两掌心均向内,右手在外,成十字手;目视前方。

要点:动作要虚实分明;两手向外分开时吸气,两手向下划弧时呼气,两手向上向里合抱交叉时吸气。

24.收势

(1)**翻掌分手**:两手向外翻掌,掌心向下,左右分开,与肩同宽;目视前方。
(2)**垂臂落手**:两臂慢慢下落至两胯外侧,自然下垂,松肩垂肘;目视前方。
(3)**并步还原**:左脚提起与右脚并拢,两脚尖向前,恢复成预备姿势;目视前方。

要点:全身放松;两掌下按的过程呼气,动作完成后应再进行3~4次深呼吸。

第十二章 健美操

第一节 健美操运动概述

一、健美操运动的渊源

健美操(Aerobics)是一项以有氧练习为基础,融体操、舞蹈、音乐为一体的体育运动。其寓健身于娱乐之中,能有效地增进心肺功能,塑造优美的形体,陶冶艺术的情操。

自古以来,人类对自身的"美",就有着执著的追求。孔子主张"尽善尽美",讲究身体姿态端正。古希腊人采用跑跳、投掷、柔软体操和健美舞蹈等各种体育项目进行人体美的锻炼。而古印度的瑜伽术中,许多姿势与现代健美操的动作相一致。

1980年,世界健美操冠军联合会(ANAC)成立。1983年,国际健美操联会(IAF)成立。20世纪80年代起,健美操运动在世界各地蓬勃发展。美国健身、影视明星简·方达编写了《简·方达健美术》,对健美操运动在世界范围的推广起到了积极作用。在法国,仅巴黎就有一千多个健美操中心。在前苏联、波兰、保加利亚等国,健美操已列入大、中、小学的体育教学大纲。在日本不仅有青年、妇女喜爱的健美操,还创编了孕妇健美操、婴儿健美操等。健美操以其鲜明的韵律感、全面的协调性、广泛的适用性、显著的实效性风靡全球。

二、健美操运动的分类

健美操的分类方法众多,根据练习的主要目的和任务,可分为竞技健美操和健身健美操;根据练习形式,可分为徒手健美操、器械健美操和特殊场地健美操;根据性别特征,可分为女子健美操和男子健美操;根据年龄特征,可分为幼儿健美操、儿童健美操、少年健美操、青年健美操、中年健美操和老年健美操;根据锻炼部位,可分为颈部健美操、肩部健美操、臂部健美操、胸部健美操、腹部健美操、腰部健美操、髋部健美操、腿部健美操等。

第二节 健美操运动的基本动作

一、下肢动作

健美操的基本步伐有5类:踏步类、迈步类、点地类、抬腿类和双腿类。

1. 踏步类

运动强度较低，两脚始终依次交替落地。

(1)踏步：两腿原地依次抬起，依次落地，两臂自然前后摆动。落地时，由脚尖过渡到脚跟，踝、膝、髋关节依次有弹性地缓冲。

(2)走步：迈步向前走时，脚跟先落地，过渡到全脚掌；向后走时则相反。其技术要点基本与踏步相同。

(3)一字步：一只脚向前一步，另一只脚并于前脚，然后依次还原。前后均要有并脚过程；每一拍动作膝关节始终有弹性地缓冲。

(4)"V"字步：一只脚向前侧方迈一步，另一只脚随之向另一侧方迈一步，成两脚开立，屈膝，然后依次退回原位。两脚间距离略比肩宽，重心落于两腿之间。

(5)漫步：一只脚向前迈出，屈膝，重心随之前移，另一只脚稍抬起，然后原地落下；或向后撤一步，重心后移，另一只脚稍抬起，然后原地落下。动作富有弹性，身体重心随之前后移动。

(6)跑步：两腿经过腾空，依次屈膝落地缓冲，脚跟要着地，两臂屈肘摆臂。

2. 迈步类

一条腿先迈出一步，重心移至该腿，另一条腿用脚跟、脚尖点地或吸腿、屈腿、踢腿后向另一个方向迈步。

(1)并步：一只脚迈出，另一只脚随之并拢屈膝点地；再向反方向迈步。两膝保持弹动，重心随之移动，动作幅度和力度可随风格而定。

(2)侧交叉步：一只脚向侧迈一步，另一只脚在其后交叉，随之再向侧迈一步，另一只脚并拢，屈膝点地。第一步脚跟先落地，屈膝缓冲，身体重心随脚步快速移动。

3. 点地类

一条腿屈膝站立，另一条腿伸出，用脚尖或脚跟点地后还原到并腿位置。

(1)脚尖点地：一条腿稍屈膝站立，另一条腿伸出(向前、向后、向一侧)，脚尖点地，然后还原到并腿姿势。支撑腿始终保持屈膝站立，并随动作有弹性地屈伸。

(2)脚跟点地：一条腿稍屈膝站立，另一条腿伸出，脚跟点地，然后还原到并腿姿势。只可做向前和向侧的脚跟点地。

4. 抬腿类

一条腿站立，另一条腿抬起。

(1)吸腿：一条腿屈膝抬起，落地还原。上体保持正直，大腿用力上提超过水平，小腿自然下垂。

(2)摆腿：一条腿稍屈膝站立，另一条腿做摆动。摆腿时，上体顺势前倾、后倾或侧倾。

(3)踢腿：一条腿稍屈膝站立，另一条腿抬起，然后还原。踢腿时，加速用力且有控制，上体保持正直。

(4)弹踢腿(跳)：一条腿站立(蹬跳)，另一条腿先向后屈，再向前下方弹踢、还原。腿弹出时要有控制，无需太高，上体保持正直。

(5)后屈腿(跳)：一条腿站立(蹬跳)，另一条腿向后屈膝折叠，放下腿还原。后屈腿脚跟靠近臀部，支撑腿有弹性地缓冲落地，两膝并拢。

5. 双腿类

双腿站立或跳跃，身体重心在两腿之间。

(1)并腿跳:两腿并拢跳起,落地缓冲且有控制。

(2)分腿跳:两腿分立,屈膝半蹲(大、小腿夹角不小于 90°),向上跳起,分腿落地屈膝缓冲。

(3)开合跳:由并腿跳起,分腿落地,再由分腿跳起,并腿落地。分腿屈膝蹲时,两脚自然外开,膝关节沿脚尖方向弯曲。落地时,屈膝缓冲,脚跟着地。

(4)半蹲:分为并腿半蹲和分腿半蹲,两腿有控制地同时屈和伸。分腿半蹲时,两腿左右分开稍大于肩,脚尖稍外展,膝关节角度不小于 90°,与脚尖方向一致,上体保持直立。

(5)弓步:两脚前后分开,平行站立,一条腿屈膝,脚尖与膝垂直,另一条腿伸直,重心落于两脚之间。也可两膝皆屈,后腿的大腿垂直于地面。

二、上肢动作

1. 手形

健美操中,手掌随臂的姿态而灵活变化,一般而言,手臂伸展时,手指和手腕随之伸展,手背呈反弓形;手臂弯曲时,手指、手腕放松,从肩至手指成一柔和弧线。恰当地运用各种手形,能使手臂动作更加丰富多彩、生动活泼。健美操常见手形如下所述。

(1)并拢式:五指伸直并拢,大拇指微屈,指关节贴于食指旁。

(2)分开式:五指用力伸直,充分张开,手腕保持一定的紧张程度。

(3)一指式:握拳,食指或拇指伸直。

(4)芭蕾手式:五指微屈,后三指并拢、稍内收,拇指内扣。

(5)拳式:握拳,拇指在外,指关节弯曲,紧贴于食指和中指。

(6)立掌式:五指伸直,手掌用力上翘。

(7)西班牙舞手式:五指用力,小指、无名指、中指自掌指关节处依次屈,拇指稍内扣。

(8)花式:在分开式的基础上小指伸直向掌心回弯到最大限度,无名指会随小指回弯。

(9)剑指:拇指与无名指、小指相叠,中指、食指并拢伸直。

2. 臂部动作

健美操的手臂动作包括举、摆、屈、伸、绕、绕环等,如表 12-1 所示。

表 12-1 健美操手臂基本动作

动作分类	动作界定	动作变化
举(摆/提/拉)	以肩为轴,臂伸直向某方向抬起并停止在某一部位,活动范围不超过 180°	单或双臂的前、后、侧举。其中双臂既可以做相同的动作,也可以做不同的动作;既可同时,又可依次,还可交叉
屈(伸)	肩关节或肘关节,关节角度减小(或增大)的动作状态	包括胸前平屈(伸)、肩侧屈(伸)、肩上侧屈(伸)、肩下侧屈(伸)、肩上前屈(伸)、腰间屈(伸)、头后屈(伸)。既可以一臂做动作,又可以两臂同时做相同动作,也可以两臂依次做相同动作
绕(绕环)	以肩关节为轴,手臂在 180°~360°的运动为绕;大于 360°以上的圆周运动为绕环	单或双臂的前、后、内、外绕(环绕),小绕、中绕、大绕。两臂动作既可以同时,也可以依次

3.肩部动作

单肩或双肩提肩、沉肩、收肩、展肩、绕肩、振肩等。

4.躯干动作

躯干的波浪动作可向前、后、左、右依靠身体各部位依次完成,动作要协调、连贯。例如,前波浪是从下而上,后波浪从上而下等。

第三节 健美操竞赛的主要规则

一、总则

1.定义

健身健美操是在音乐伴奏下,以身体练习为基本手段、以有氧运动为基础,达到增进健康、塑造形体、改善气质、达到娱乐休闲目的的一项运动。

2.目的

制定本规则的目标是保证全国大众健美操比赛评分的客观性、规范性和公正性。

3.比赛内容

规定动作比赛(全国健美操大众锻炼标准)、自选动作比赛。

4.年龄与分组

儿童组(小学生),12岁以下;少年组(中学生),13~17岁;青年组,18~34岁;中年组,35~49岁;老年组,50岁以上。

5.参赛人数

(1)规定动作:每队5人,性别不限,或按比赛规程执行。

(2)自选动作:可分为个人、双人和集体项目等,性别按规程执行。

6.出场顺序

比赛的出场顺序在赛前由组委会竞赛部指定中间人抽签确定。

7.比赛场地与设备

(1)赛台高80~100cm,比赛场地为12×12m的地板或地毯,有背景挡。

(2)有专业的放音设备和舞台灯光。

(3)裁判席设在比赛场地的正前方。

8.成套动作时间

(1)规定动作:成套动作时间按《全国健美操大众锻炼标准》规定时间执行。

(2)自选动作:成套动作时间为2~2min15s,计时从动作开始到动作结束。

9.音乐伴奏

(1)规定动作音乐由主办单位提供《全国健美操大众锻炼标准》规定动作音乐并统一播放。

(2)自选动作音乐由参赛队自备,音乐必须录在磁带A面或光盘的开头,必须准备2份,其中1份报到后交大会放音组。

(3)自选动作音乐允许有 2×8 拍的前奏,音乐速度不限,比赛音乐必须是高质量的。

10.比赛服装

(1)着健身服或运动式休闲服和运动鞋(旅游鞋式,不可穿球鞋、体操鞋等)。

(2)服装上可有亮片等装饰物,女选手可化淡妆;比赛时选手不得佩戴首饰。

11.裁判组组成

裁判组由 1 名裁判长、5～7 名裁判员、1 名总记录长、2～3 名记录员、1 名计时员(自选动作比赛)、1～2 名放音员、2～3 名检录员、1 名宣告员组成,也可根据比赛规模大小适当增减裁判人员。

12.评分方法

(1)采取公开示分的方法,成套动作满分为 10 分制,裁判员的评分精确到 0。1 分。

(2)裁判员的评分去掉 1～2 个最高分和最低分,中间 3 个分数的平均分即为得分,再减去裁判长减分即为最后得分。

(3)对比赛成绩和结果不接受申诉。

13.比赛成绩与奖励

(1)比赛成绩按比赛规程执行。

(2)奖项设置与奖励办法按比赛规程执行。

二、成套动作评分

1.规定动作评分(10 分制)

评分因素与分值:表演和团队精神 4 分,动作的完成 6 分,如表 12-2 所示。

表 12-2 规定动作评分表

评分因素	内容	减分项		
		一般	较差	不可接受
表演和团队精神(4 分)	表现力与热情	0.1～0.2	0.3～0.4	0.5 或更多
	队形	0.1～0.2	0.3～0.4	0.5 或更多
	一致性(每次)	0.1	0.2	0.3
动作完成(6 分)	动作的正确性	0.1～0.2	0.3～0.4	0.5 或更多
	动作不熟练、漏做动作	0.1～0.2	0.3～0.4	0.5 或更多
	身体的协调性	0.1～0.2	0.3～0.4	0.5 或更多
	动作连接	0.1～0.2	0.3～0.4	0.5 或更多
	改变动作或附加动作	0.1～0.2	0.3～0.4	0.5 或更多
	动作充分表现音乐的情绪	0.1～0.2	0.3～0.4	0.5 或更多
	动作和音乐节奏配合准确	0.1～0.2	0.3～0.4	0.5 或更多

2.自选动作评分(10 分制)

评分因素与分值:集体/个人动作设计 3 分/4 分,集体/个人动作完成 4 分/4 分,集体/个人表演和团队精神 3 分/2 分,如表 12-3 所示。

表 12-3 自选动作评分表

扣分表					
评分因素		内容	一般	较差	不可接受
动作设计集体(3分)/个人(4分)		主题健康、充满活力	0.1~0.2	0.3~0.4	0.5或更多
		风格突出、富有创意	0.1~0.2	0.3~0.4	0.5或更多
		动作类型丰富,动作的转换自然流畅	0.1~0.2	0.3~0.4	0.5或更多
		服饰选择美观协调	0.1~0.2	0.3~0.4	0.5或更多
		音乐的选择与动作风格相一致并配合协调,录音质量高、清晰	0.1~0.2	0.3~0.4	0.5或更多
		充分利用场地和空间	0.1~0.2	0.3~0.4	0.5或更多
		安全性	0.1~0.2	0.3~0.4	0.5或更多
		每出现一个不安全动作	扣0.2		
动作完成集体(4分)/个人(4分)		动作完成轻松、准确、流畅	0.1~0.2	0.3~0.4	0.5或更多
		动作完成能体现所选择主题的风格和特点	0.1~0.2	0.3~0.4	0.5或更多
		动作与音乐须协调一致	0.1~0.2	0.3~0.4	0.5或更多
		基本姿态和技术正确,动作优美	0.1~0.2	0.3~0.4	0.5或更多
集体	表演和团队精神(3分)	表现力与热情	0.1~0.2	0.3~0.4	0.5或更多
		队形	0.1~0.2	0.3~0.4	0.5或更多
		一致性(每次)	0.1	0.2	0.3
		表现力与热情	扣至0.3	0.4~0.5	0.6或更多
个人	表演(2分)	表现力与热情	扣至0.3	0.4~0.5	0.6或更多

3. 裁判长减分

裁判长对比赛的过程进行组织和监控,并对下列情况进行减分,每项均减 0.2 分:被叫到后 20s 内未出场;参赛人数不符合规定;成套时间不足或超过;着装不符合规定;比赛时掉物或装束散落。

三、不安全动作

1. 不安全动作

各种竞技体操和技巧运动的翻转和抛接动作;过度背弓;无支撑体前屈;仰卧翻臀;头绕环和过度头后仰;膝转;足尖起;仰卧直腿起坐、仰卧直腿举腿、仰卧两头起;臀部低于膝关节的深蹲;高难度的托举动作。

2. 关于难度动作

在成套动作中不鼓励出现竞技健美操中的难度动作,如出现类似的动作,将不予加分,并对出现的错误动作进行减分。

四、纪律与处罚

1. 裁判员纪律与处罚

严格按照国家体育总局关于全国体育竞赛裁判纪律有关规定执行。

2. 赛者纪律与处罚

（1）裁判示意后 1min 未出场者，取消比赛资格。

（2）拒绝领奖者取消所有成绩与名次。

（3）检录三次未到者取消该项比赛资格。

（4）对不遵守大会其他纪律、不尊重裁判员和大会工作人员、有意干扰比赛者将视情况给予以下处罚：警告；取消比赛资格；取消健美操等级指导员资格；终身取消比赛资格。

五、特殊情况处理

运动员在遇到以下特殊情况时，应立即停止做动作并向裁判长反映，在问题解决后重做，在成套动作结束后提出的要求将不被接受：播放错误音乐；由于音响设备故障而出现的音乐问题；由于现场设备问题而出现的干扰——灯光、舞台、会场。

第十三章 体育舞蹈

第一节 体育舞蹈概述

体育舞蹈也称"国际标准交谊舞"(以下简称国标舞),集娱乐、运动、艺术于一体,是以男女为伴的一种步行式双人舞。

体育舞蹈的发展经历了原始舞、公众舞、民间舞、宫廷舞、交际舞、新旧国际标准交谊舞等演变过程。早在殷商乐舞"韶"中,便有"相与连臂踏歌行"的集体舞之说。18世纪20年代后,英国皇家舞蹈教师协会对原舞种、舞步、舞姿等进行了规范整理,制定了比赛方法,形成了国际标准交谊舞。1847年,在德国柏林举行了第一届世界标准交谊舞锦标赛。1992年,国标舞曾被列为奥运会表演项目。

第二节 体育舞蹈的基本技术

本节将介绍舞种、舞程线、方位、角度等体育舞蹈的基本知识,以及标准握持、舞姿、舞步等体育舞蹈的基本技术。

一、体育舞蹈的基本知识

1. 舞种

国标舞按舞蹈的风格和技术结构,分为摩登舞(现代舞)和拉丁舞两大类。摩登舞包括华尔兹、维也纳华尔兹、探戈、狐步和快步舞5种,拉丁舞包括伦巴、恰恰、桑巴、牛仔和斗牛舞5种。每个舞种均有各自的舞曲、舞步及风格,根据各舞种的乐曲和动作要求,编排成各自的成套动作。

(1)摩登舞:①华尔兹。华尔兹(Waltz)也称圆舞,是体育舞蹈中历史最悠久,生命力最强的舞蹈形式,有"舞中之后"的美誉。其动作风格庄重典雅、舒展大方、华丽多姿、飘逸优美。音乐3/4拍,每分钟30~32小节,舞步为一拍一步,每音乐小节跳三步。但前进并合步(追步)、前进锁步、后退锁步等步伐中每小节跳4步。②探戈。探戈(Tango)起源于非洲中西部的民间舞蹈"探戈诺"舞,据传为情人之间的秘密舞蹈,有"舞中之王"的美誉。其动作风格刚劲挺拔、热烈狂放且变化无穷,沉稳中见激越,奔放中显顿挫,在"情绪抑制"的内向中具有丰富的"引诱性"。其伴奏音乐为4/4拍,每分钟28~34小节。③狐步舞。狐步舞

(Slow Foxtrot)起源于美国舞蹈,20世纪初从美国逐渐流行于世界。其动作风格流动感强,轻盈恬适,舒展流畅,平稳大方,悠闲从容。其伴奏音乐为4/4拍,每分钟28~36小节。④快步舞。快步舞(Quick Step)是一种快速四拍子舞蹈,由美国民间舞演变而来,早期吸收了狐步舞动作,后又引入了芭蕾舞的小动作。其动作风格轻快活泼,圆滑流利,富于激情、洒脱自由,奔放灵活,快速多变,饱含动力感和表现力。伴奏音乐为4/4拍,每分钟50~52小节,基本节奏是慢慢快快(SSQQ),慢快快慢(SQQS)。⑤维也纳华尔兹。维也纳华尔兹(Viennese Waltz)俗称快三步,起源于奥地利地区的农民舞蹈,又称"快乐华尔兹"。动作风格流畅华丽,轻松明快,翻跶回旋,活泼奔放。伴奏音乐称为圆舞曲,3/4拍,每分钟56~60小节,第1拍为重拍,第4拍为次重拍。基本步伐是6拍走6步,2小节为1循环,1小节为1次起伏。

(2)拉丁舞:①伦巴。伦巴(Ruba)起源于古巴,最初是表现男女爱情的哑剧舞蹈。其动作风格浪漫奔放,性感热情,曼妙婀娜,被称为拉丁美洲音乐和舞蹈的精神与灵魂。其伴奏音乐是4/4拍,每分钟27~29小节。舞步从第4拍起跳,由一个慢步和两个快步组成。四拍走三步,慢步占二拍(第4拍和下一小节的第1拍),快步各占一拍(第二拍和第三拍)。胯部摆动三次。②桑巴。桑巴(Samba)被称为巴西的"国舞",是一种集体性的交谊舞蹈,源自非洲的黑人舞蹈,原指一种激昂的肚皮舞。男舞者钟情于脚下各种灵巧的动作,两脚飞速移动或旋转。女舞者则以上身的抖动以及腹部与臀部扭动为主。其动作风格狂放不羁,动作幅度很大,节奏强烈,给人以激情似火的感觉。桑巴舞沿舞程线方向绕场移动,是一种行进性舞蹈,伴奏音乐是2/4拍或4/4拍,每分钟48~56小节。③恰恰恰。恰恰恰(Cha-Cha-Cha)是模仿企鹅的动作创编而成的舞蹈,借以表达青年男女之间追逐嬉戏的情景。起源于非洲,传入拉丁美洲后,在古巴获得了很大发展。动作风格风趣诙谐,热烈俏美,步法利落,花哨紧凑。伴奏音乐是4/4拍,每拍跳5步,每分钟9~32小节。④斗牛舞。斗牛舞(PsaoDoble)即帕索多布累,也称西班牙一步舞,起源于西班牙,是模仿西班牙斗牛士的动作创编而成的舞蹈,主要表现斗牛士的强壮和豪迈气概。动作风格澎湃激昂,雄壮强悍,动静鲜明,敏捷顿挫。伴奏音乐是2/4拍,每分钟60~62小节,一拍一步,8拍一循环。⑤牛仔舞。牛仔舞(Jive)又称为捷舞、摆舞、吉特巴、水兵舞,源于美国西部,原是美国西部牛仔跳的踢踏舞。其动作风格快速粗犷,自由奔放,热情欢快。伴奏音乐是4/4拍,每分钟40~44小节,每小节有2拍或4拍,8拍为一个舞步。

2.舞程线

如图13-1所示,跳舞中为避免互相碰撞,规定跳舞者必须按逆时针方向前进,这个行进线路被称为舞程线。其中,长的两条为A线,短的两条为B线。

3.方位

如图13-2所示,以舞场正前方(多为乐队演奏台)为基点,定为"1点",每顺时针移动45°则变动一个方位,依此类推,分别称为2~8号位。

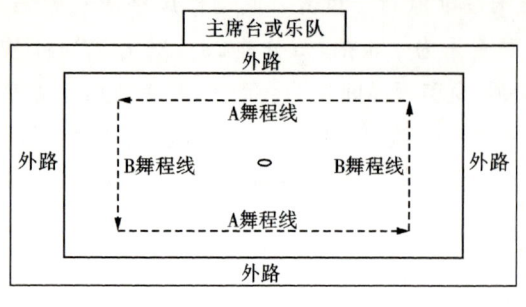
图 13-1 舞程线

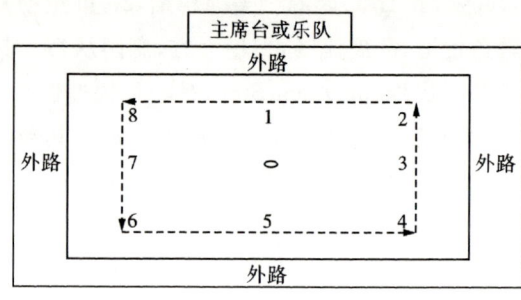
图 13-2 方位

4. 角度

如图 13-3 所示,交谊舞中,舞者旋转的方向有左转和右转,旋转的角度一般分为 45°、90°、135°、180°、225°、270°、315°和 360°。

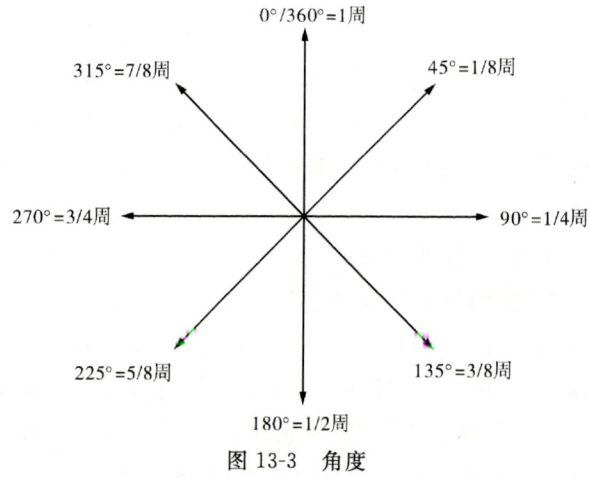
图 13-3 角度

二、体育舞蹈的基本技术

1. 标准握持

标准握持,应当使共舞双方形成整体性结构,融为一体。它不仅关系到造型的优美,而且影响着信息的传递、重心的稳定、用力方法的正确与统一,以及特殊技巧的运用等一系列问题。在现代交谊舞蹈中,除探戈之外,所有舞种的标准握持都是一样的。其要点如下。

(1)脚。双脚平行并拢,切忌不可"八"字形张开;右脚尖对准舞伴的两脚之间;重心集中于前脚掌且不能抬起脚跟。

(2)手。男舞者的右手掌心向里,扶在女舞者左侧腰部的上方,五指并拢,肘与指尖形成一条直线,大臂与肩膀呈椭圆形展开;女舞者左手轻放在男舞者右大臂三角肌处,四指并拢,用虎口定位;男舞者左手和女舞者右手相握。

(3)躯干。在保持双方肩横线平行的前提下,各自的头部向左侧转动 45°,双眼平视前方。女舞者上体后展约 15°,成挺拔式弯曲,表现出女性特有的曲线美。

2. 舞姿

舞姿泛指舞者跳舞的姿态,是舞步变化的基础。

(1)合对位舞姿(闭式舞姿):C. P. (Closed Position),"合"指两舞者交手握抱,"对"指面对面,泛指男女面对双手扶握的身体位,女舞者应偏向男舞者右侧约1/3。

(2)散式舞姿:P. P. (Promenade Position),指男士的右侧与女士的左侧身体紧密贴靠,身体的另一侧略向外展开成"V"形的站立或行进的身体位置。双方的视点集中在握手的延伸方向。

3. 舞步

(1)直步:面向舞程线,双脚并拢,脚尖正对正前方,脚跟正对正后方,前进或后退。

(2)横步:以直步为参考点,向脚外侧方向平移。

(3)切步:以直步为参考点,运步时,动作脚内侧朝向前进方向。

(4)扣步:以直步为参考点,运步时,动作脚外侧朝向前进方向。

(5)擦步:当动力脚从一个开位向另一个开位移动时,必须先与主力脚靠拢,且重心不变。

(6)滑步:舞步由三步组成,在第二步双脚并拢。

(7)锁步:两脚前后交叉。

(8)踌躇步:前进暂时受阻,而重心停留于一脚后时间超过一拍的舞步。

(9)逗留步:身体运动或旋转受阻时,双脚几乎静止不动的舞步。

(10)轴转:脚掌的旋转,另一脚处于或前或后的反身动作位置。

第三节 体育舞蹈竞赛的主要规则

体育舞蹈竞赛规则要点有以下几点。

(1)团体舞锦标赛有以下两种形式:标准舞和拉丁舞。

(2)比赛着装。标准舞部分:男子服装必须为黑色或藏蓝色。拉丁舞部分:允许男子穿彩色的服装,但每队的所有男队员必须服装颜色统一,不允许使用道具。

(3)标准舞比赛队的动作编排必须是基于华尔兹、探戈、维也纳华尔兹、慢狐步舞和快步舞,并最多可选16小节任何其他舞包括拉丁舞。

(4)拉丁舞比赛队的动作编排必须是基于桑巴、恰恰恰、伦巴、斗牛舞、牛仔舞和任何其他拉丁节奏,并最多可选16小节其他任何舞包括标准舞。

(5)标准舞的每段独舞将严格限制在8小节以内,在整个舞蹈编排中最多24小节。此规则不适用于拉丁舞,在拉丁舞中独舞通常作为一部分。

标准舞和拉丁舞都不允许有托举动作[①]。

(6)在所有比赛中,参赛队由6或8对选手组成。在同一比赛中,任何人不得参加超过一队的比赛。

(7)在比赛中的任何阶段,各队队员最多可以有4名替补。

---

① 托举动作是指一名舞者在舞伴的协助或支持下双脚同时离地的动作。

(8)包括入场和出场每队的表演不得超过 6min。在此 6min 内,将评判不超过 4.5min 的表演,表演的开始和结束应有明确的指示。未遵守这些要求的队可由主席决定取消比赛资格。

(9)比赛必须安排来自不同国家的不少于 7 名有团体舞经验的裁判。

(10)应使用磁带或其他音响设备。

(11)必须为各队的彩排做充足的安排,为各队在舞厅安排充足的时间带音乐排练。

(12)必须任命一名主席。主席必须参加彩排并警告违反规则的队。如有参赛队在比赛中违反规则,主席有权和裁判们协商后取消该队的比赛资格。

在比赛时只允许使用彩排时的动作编排和音乐,比赛时不允许更换服装。

(13)当比赛参赛队超过 5 支时,必须举行第二轮比赛。

第十四章 跆拳道

第一节 跆拳道概述

跆拳道(Taekwondo,TKD),是一项运用手脚技术进行搏击格斗的体育项目。跆意为以脚蹬踢、腾跃,拳意为以拳头击打、防御,道意为人生的正确道路,是技术方法和精神的修炼。它是在吸收中国传统武术和日本空手道的基础上,创新与发展起来的一门独特技击术。由品势(拳套)、搏击、功力检验三部分内容组成。跆拳道最为注重的并非格斗,而是提高技艺和磨炼品质,使练习者在艰难的练习中培养出理想的人格和体魄。

跆拳道古称跆跟、花郎道,是起源于古代朝鲜的民间武艺。早在公元688年,新罗王国统一朝鲜后,便建立了"花郎制度"。到真兴王时,创立了"花郎道",即将年轻人组织到一起进行武艺锻炼,其宗旨是"事君以忠,事亲以孝,事友以信,临阵无退,杀身有择"。

1973年,世界跆拳道联合会(WTF)在汉城成立,同年,跆拳道第一届世界锦标赛举行。1974年,第一届亚洲锦标赛举行。1980年,跆拳道被国际奥委会正式承认。1986年,跆拳道被列为第十届亚运会正式比赛项目。1988年,跆拳道成为第二十四届汉城奥运会表演项目。2000年,跆拳道被列入第二十七届悉尼奥运会正式比赛项目。每年的9月4日为世界跆拳道日。

跆拳道有"十级""三品""九段"的划分。"级"分为十级至一级,十级水平最低,一级较高。一级以后入"段",段位从低到高分为一段至九段。未成年选手达到一段至三段水平,则授予"一品"至"三品"。腰带的颜色则代表着选手的技术水平,从低到高依次为白带(十级)、白黄带(九级)、黄带(八级)、黄绿带(七级)、绿带(六级)、绿蓝带(五级)、蓝带(四级)、蓝红带(三级)、红带(二级)、红黑带(一级、一品至三品)、黑带(一段至九段)。

第二节 跆拳道基本技术

跆拳道运动以腿为主,拳脚并用,以刚制刚,内外兼修。

1. 实战姿势

实战姿势即预备姿势。两脚前后开立(左脚在前为左势,右脚在前称为右势),与肩同宽,前脚脚尖右摆15°~45°,后脚尖为90°~110°,后脚跟稍提起,膝微屈,身体重心落于两脚之间。上体直立,斜向右前方,双手握拳,两臂微屈肘,自然垂放,目视前方。

2. 进攻拳法

进攻拳法(直拳)左脚蹬地,上体快速有力地向左前方扭转。同时,右臂内旋,拳心向下方转动,拳面、前臂、肘关节与肩成一条直线,快速弹伸。

动作要点:蹬地、转髋,转腰、顺肩一气呵成,力达拳面;击打时,全身关节应富有弹性。

3. 进攻腿法

(1) 前踢:实战姿势开始,右脚蹬地,髋关节向左旋转,双手握拳置于胸前;右腿屈膝上提,脚面稍绷直,当大腿抬至水平或稍高时,小腿快速向前上方弹出,右腿蹬直,用脚面或前脚掌击打目标;踢击后快速右转髋,使小腿沿原路折叠返回,右脚落于左脚前,仍成实战姿势。前踢发力部位由脚尖改为脚跟时,前踢动作即变为前蹬动作。主要攻击部位有面部、下鄂、腹部等,亦可用于防守。

动作要点:抬腿时,膝关节夹紧,小腿放松;高踢时,髋关节往前送,膝关节抬高;小腿前踢与回收速度一样迅速。

(2) 横踢:实战姿势开始,右脚蹬地,重心前移至左腿,右腿屈膝提起,双手握拳置于胸前;左脚外旋180°,髋关节左转,左膝内扣,同时小腿迅速有力地向左前方横向踢出,力达脚背;顺鞭打之势上体右转,右腿屈膝回收,右脚落回原处,成实战姿势。主要攻击部位有头部、胸部、腹部、肋部等。

动作要点:转身、踢腿要一气呵成;踢腿时,腰、髋、膝、腿、踝成一直线,踝关节下扣。

(3) 侧踢:实战姿势开始,右脚蹬地屈膝提起,左脚以前脚掌为轴外旋180°,髋关节左转;同时右脚向右前方直线踢出,力点在于脚刃与脚跟。发力后沿起腿路线收腿落地,成实战姿势。主要攻击部位有头部、胸部、腹部、肋部、膝部等。

动作要点:起腿时,大小腿、膝关节夹紧;提膝、转体、展髋,一气呵成;踢击时,头、肩、髋、腰、膝、腿、踝在同一直线上。

(4) 后旋踢:以左势开始,两脚掌均内旋约180°,身体随之右转约90°,上体持续右转,与双腿拧成一定角度,右脚蹬地,以髋关节为轴提膝摆起,右腿继续向右后旋摆鞭打,呈弧形摆至身体右侧后,右腿屈膝回收,顺势放松,仍呈左势实战姿势。主要攻击部位有头部、胸部等。

动作要点:转身、旋转、踢腿一气呵成,无停顿;重心在原地旋转360°,屈膝抬腿的速度要快;蹬地、转腰、转上体、摆腿顺序发力,击打点在正前方,呈水平弧线。

(5) 下劈:从左势实战姿势开始,右脚向后蹬地,身体重心前移至左腿,双手握拳置于胸前;右腿以髋关节为轴屈膝上提,左脚跟提起,左腿伸直;膝关节至胸部时,小腿迅速向上伸直,右脚尽量上举至头部上方。然后放松、快速下落,以右脚掌与脚跟为力点劈击目标,右脚落地,呈右势实战姿势。主要攻击部位有头顶、面部等。

动作要点:身体重心往高起,向上送髋,脚尽量高抬、往头后举。起腿要快速、果断;脚、踝关节放松往下劈落,落地应有控制。

(6) 推踢:实战姿势开始,右脚蹬地,身体重心前移至左脚,右腿屈膝提起,左脚以前脚掌为轴外旋约90°,重心向前压,同时右脚迅速向正前方水平推踢,力达脚掌,推踢后迅速屈膝,身体重心前落成左势。主要攻击部位为腹部。

动作要点:提膝时尽量收紧膝关节;身体重心往前移,增加前推力度。

(7)后踢:实战姿势开始,转身,背对对方,右脚前蹬后屈膝提起,髋关节收紧,右脚贴近左大腿;随即左腿蹬地伸直,右脚向右后方随展髋伸膝向后方直线踢出,上体侧倾,力达脚跟;踢击后,右腿按原路线迅速收回,呈实战姿势。主要攻击部位有头部、胸部、腹部、裆部、膝部等。

动作要点:起腿后上体和大小腿应折叠收紧,蓄势待发;转身、提腿、出脚、发力一气呵成。

第三节 跆拳道竞赛的主要规则

跆拳道比赛时,双方运动员都要穿道服和护具,戴头盔,用脚或直拳击打对手的合法部位。即只能击打对手被护具包裹的锁骨以下、髋骨以上的躯干部位和头部(禁止用拳击打对手头部)。

1. 行礼

比赛开始前,双方运动员互相敬礼以表示尊重。场上裁判发出"准备(Joon—bi)"和"开始(shi—jak)"后,比赛正式开始。

2. 比赛时间

跆拳道比赛分为 3 局,每局 2min,局间休息 1min。蓝方和红方选手使用规则允许的技术动作努力击败对手。比赛结果根据双方运动员三局的得分总和来计算,得分多者为胜者。

3. 允许攻击的部位

跆拳道竞赛规则允许攻击的部位只有两个,一是头部,二是躯干。在对抗中,允许使用拳和脚的技术攻击躯干被护具包裹的部分,但禁止攻击后背脊柱。允许使用脚的技术攻击对手头部,但不能攻击对手的后脑部位。即可以用脚踢击对手头部和被护甲包裹的躯干部位,但不能用脚踢击对方后脑部分,同时禁止用拳击打头部。运动员可以使用拳的技术击打被护甲包裹的躯干的前面和侧面部位。

4. 得分

在比赛中,用脚踢击对手躯干部位一次只能得 1 分,而用脚击打对手头部则可以得 2 分;如果击倒对手,裁判员读秒后再加 1 分。因此,虽然用脚踢技术击打对手头部的难度比较大,但许多运动员在比赛中还是千方百计地使用脚击打头部以尽可能多得分。比赛由一名主裁判员在场上主持,其他四名边裁判员根据运动员的技术使用情况负责评判并打分。

5. 如何判断得分

在比赛中,判断一名运动员是否得分,关键要看运动员的技术是否准确、被允许、有力及有效。跆拳道赛场上加油声、呐喊声总是不断,判断一方运动员是否得分,可以看双方运动员的进攻和反击时的动作,并随时看一下计分板;一个运动员如果得分了,在 1s 内裁判员会按压手中的采分器,该运动员的得分也就及时公布在计分板上了。

6. 警告和扣分

现在的跆拳道规则对运动员倒地的判罚比较严厉。一般来说,运动员故意倒地就有可能被裁判员判罚一个警告。但如果是意外滑倒和被对手重击倒地或是技术性倒地(即在使用动作时无法控制身体平衡而倒地)则不被判罚。如果一名运动员被对方合理技术击中而身体摇晃或摔倒(一般是被击中头部),裁判员要数秒数到 8。如果数到 8 时,该运动员站起来表示能继续比赛,则比赛继续进行;如果运动员没有站起来,则另一方赢得比赛。

在比赛中,如果一方采用搂抱、推拉对手、消极逃避比赛,用肘、膝顶击对手、摔倒对手、故意用拳攻击对手面部等犯规动作则会被判罚警告或扣分。

场上的教练员打断比赛进程或使用过激言语、行为,严重违犯体育道德也会被主裁判警告或扣分。如果一名运动员累计被扣掉4分,则要被判"犯规败",也就意味着输掉了这场比赛。

7. 加时赛

在一场比赛中,如果双方打满3局而出现平分的情况时,要进行加时赛。加时赛实行"突然死亡法",即先得到1分的一方获胜。比赛结束后,运动员在比赛区域内相对而站,听到裁判员的口令后互相行礼,等候裁判员的判定。裁判员举起哪一侧的手臂,就说明哪一侧的运动员获胜。

第十五章　拓展训练

第一节　拓展训练概述

本节将介绍拓展训练的起源与发展;分析其本质特征——亲身体验性、综合活动性、挑战极限性、集体协作性、高峰成就性、自我发展性;概述其流程:亲历、感受、分享、总结、应用,这五个步骤循环往复,巩固并提升着拓展训练的效果。

一、拓展训练的渊源

拓展训练(Outward Bound)意为一艘小船,在暴风雨来临之际,驶离平静、熟悉的港湾,义无反顾地投向未知的旅程,去迎接一次次挑战和考验!

拓展训练的雏形源于第二次世界大战期间的英国。当时,英国的商务船队屡遭德国潜艇的袭击,大批船只被击沉,绝大多数落水船员不幸牺牲,只有极少数人在经历了长时间的磨难之后得以生还。多数生还者不是身体强健、反映机敏的年青船员,而是年纪相对偏大的船员。救生专家们通过调查、分析发现,这些人之所以能逃脱巨大的危难,坚强的意志和相互的支持起了决定性的作用,即成功并非取决于充沛的体能,而是依靠强大的意志力。他们正是凭借良好的心理素质,以其强大的求生欲望和求生能力,勇敢地面对危险,沉着地分析处境,坚韧地对抗困难,最终摆脱了死亡厄运。而许多身强力壮的年轻水手,当灾难来临之际,缺乏信心、无法坚持,精神的沮丧和不知所措的恐慌导致了心理防线的全面崩溃,进而智力和体能迅速下降,最终葬身海底。

鉴于上述判断,1941 年,库尔特·汉恩(Kurt Hahn,德国教育家)等人在英国创办了阿德伯威海上训练学校。训练船员海上生存能力,使其养成坚毅的性格,树立无惧的勇气,全力以赴地面对险情、排解逆境。经过潜心研究,库尔特·汉恩提出了 Outward Bound 的两条核心内容:①Your disability is you ropportunity(你的挫折就是你的机会);②There is more in you than you think(你有很多意想不到的能力)。他认为培养学生面对挫折的能力与培养学生的智力同样重要。

拓展训练以其独特的创意和训练方式,逐渐推广开来。其训练对象由最初的海员扩大到军人、学生、工商业人员等各类群体,训练目标也由单纯的体能训练、生存训练和心理训练扩展到人格训练、管理训练、团队训练等。20 世纪 70 年代,Outward Bound 传入美国,之后进入亚洲。1995 年传入中国,被翻译为"拓展训练",引领了国内体验式培训的蓬勃发展。

拓展训练的实质是利用崇山峻岭、翰海大川等自然环境,或就地取材,通过一些模拟场景的体验和精心设计的活动,获取积极思维、突破自我的经验,取代以前经历中沉淀的一些消极经验。最终达到磨炼意志、陶冶情操、挑战自我、完善人格、激发潜能、熔炼团队的培训目的。

二、拓展训练的特点

有人认为,拓展训练充满未知性,不像其他运动那么循规蹈矩;有人认为,拓展训练就是玩个心跳,找个刺激,是考验胆量,不像其他运动那么平淡;也有人认为,拓展训练可以更好地培养团队合作精神,不像其他运动那么内涵简单,这些说法都在一定层次上反映了拓展训练的表面特征。就本质而言,拓展训练的特点有以下六点。

1. 亲身体验性

亲身体验是拓展训练的真谛。研究表明,人类对听到的知识大约可以记住10%;对看到的知识大约可以记住25%;对亲自经历过的则大约可以记住70%。也就是说,人们更容易接受并记住亲身经历的事情。而拓展训练最大的特点之一就在于抓住了人类学习的记忆特点,以各种方式模拟在实际工作生活中可能会遇到的矛盾,通过身体力行,从中悟出道理。

简而言之,拓展训练是以学员的亲身体验为核心,对人深层次的心理施加影响的训练方式。它在人的心理、性格、态度等方面的教育具有突出的优势,能够真正切实有效地改变一个人的行为习惯,塑造积极的行为方式。

2. 综合活动性

拓展训练以体能活动为引导,蕴涵认知活动、情感活动、意志活动和交往活动,有明确的操作过程,要求参与者全身心投入。

3. 挑战极限性

拓展训练的部分项目需要参与者通过鼓励克服心理障碍,跨越"心理极限"。

4. 集体协作性

拓展训练强调集团合作性,力求每位参与者都能从团队中汲取力量,并竭尽全力地为团体争光。

5. 高峰成就性

在克服重重困难完成扩展训练的项目要求后,参与者能够体会到发自内心的成就感、胜利感和自豪感,获得人生的高峰体验。

6. 自我发展性

参与者在训练中占据主体地位,充分发挥主观能动性,发现自己的问题所在,并努力克服弊端。通过拓展训练,参与者能够提升群体意识,改善人际关系,学会关注他人,发掘自身潜能,增强自信自立,克服懒惰懦弱,磨炼意志品质,启发想象力和创造力。

三、拓展训练的流程

如图15-1所示,拓展训练的流程包括五个步骤:亲历、感受、分享、总结、应用。

1. 亲历

亲历也就是亲身体验。任何一个训练项目的开始都是学生在教师的指引下去经历一种模拟场景,去完成一项任务。

学生在十分开放(这种方式令个体充满疑惑和好奇,对获取知识充满了渴望,这时人的状态是完全开放的)的状态下,体悟到自身在性格、思维、处事方式、应急反应等深层次方面的优势和劣势,进而将影响直接施加到心灵的最深处。

2. 感受

通过置身其中,才能得到最真切的、全方位的、印象深刻的感受。学生在经历的过程中,会产生一些想法、观点,意识到自己的"症结"所在。

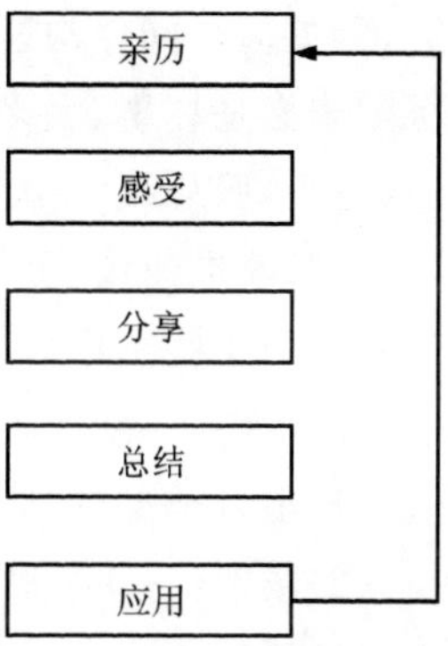

3. 分享

"三人行必有我师",完成任务的过程,也是磨合切磋、交流共进的过程。分享感受、畅所欲言的同时,每个人就会得到数倍的经验,这也正是拓展训练的魅力所在。

4. 总结

通过实践、观察、交流和讨论,个人会有所心得,认识亦由感性上升到理性。

5. 应用

这个过程是训练之后的个人收获。认识由实践获得,最终再用来指导实践,这也是拓展训练的终极意义所在。

图 15-1 拓展训练流程图

第二节 拓展训练项目

本节针对大学生协作能力、沟通能力、创新能力的培养,选取盲人方阵、人椅、连环手、雷阵等具有代表性的拓展训练项目进行详细讲解。

一、协作能力拓展训练

1. 盲人方阵

(1) 项目类型:团队合作项目。

(2) 场地:一块平整的场地。

(3) 器材:眼罩若干、长绳(按条件可以选择不同长度的绳子,如 25m、20m、18m、12m 等)。

(4) 人员:根据绳子长短,每组 5~20 人。

(5) 项目时间:20~30min。

(6) 项目目标:加强参与者的团队合作精神,帮助参与者体会团体工作中沟通的重要性,提高参与者对于结构变动的适应能力。

(7) 项目规则:蒙上眼睛后,每位参与者在原地转 3 圈,再向前走 5 步;教师将一捆缠绕在一起的绳子交给一名参与者,要求在规定时间内利用这捆绳子组成一个最大的正方形;所有参与者要均匀地分布在四边,在项目完成前不许解开眼罩。

(8) 注意事项:提醒并防止参与者互相碰撞。

(9)引导讨论:项目中最困难的环节在哪里(兄弟同心,其利断金)?在非常状态(没有视觉)下,如何与同伴沟通(要尽快选定指挥者)?有些人为什么始终保持沉默,这样是否正确(沉默未必是坏事,太多不成熟的意见反而会干扰决策。在没有明确的决定前,要善于倾听他人的意见,服从统一指挥可能就是对团队的最大贡献)?领导者的指挥是否迅速有效?

(10)改进建议:可以几个组同时进行,不同的组摆出不同的图形,如圆形、三角形、长方形等,并利用这些图形拼出图画,如房屋、汽车、水塔等。

2.人椅

(1)项目类型:团队合作项目。

(2)场地:一块平整的场地。

(3)器材:无。

(4)人员:5人以上。

(5)项目时间:5min以上。

(6)项目目标:认识团队协作的重要性;理解个体和团队之间的辩证关系。

(7)项目规则:全体参与者围成一圈;每人将双手放在前面一名队员的两肩上;大家听从教师的指令,缓缓坐在身后队员的大腿上;坐下后,教师可以带领大家喊出相应的口号,如"齐心协力""团结一致"等。

(8)注意事项:注意参与者的安全。

(9)引导讨论:游戏中自己是否有依赖思想(松懈对团队可能造成怎样的影响)?自己的精神及体力状态发生了怎样的变化(要想坐得长久,坐得舒服,每个人都要先当好一把椅子)?

(10)改进建议:可以以小组竞赛的形式进行。

二、沟通能力拓展训练

(1)项目类型:团队合作项目。

(2)场地:一块平整的场地。

(3)器材:无。

(4)人员:每组10人。

(5)项目时间:20min。

(6)项目目标:让参与者体会在解决团队问题时沟通的重要性,以及团队合作、永不放弃的精神。

(7)项目规则:每个小组围成一圈;每个人交叉左右手,握住身边人的手;在不松手的情况下,把这张网打开,成为小组组员之间手拉手的圆。

(8)注意事项:每组成员要共同想办法,及时交流。

(9)引导讨论:开始思路是否很混乱(参与者应明白,有些问题单凭个人力量无法解决。当一个环节出现问题,可以从全局的角度考虑解决)?当解开一点后,你的想法是否发生了变化(是否能体会到"胜利往往就是再坚持一下")?沟通是否帮助你们解决了问题?

(10)参考答案:先翻转身,使大家手拉着手背对圆心。然后从某一个人开始,从邻近一个人的手下走过去,人全部走完后,手环也就解开了。

三、创新能力拓展训练

(1)项目类型:团队合作项目。

(2)场地:一块平整的场地。

(3)器材:用粉笔画的雷阵。

(4)人员:10人以上。

(5)项目时间:30min。

(6)项目目标:突破定势思维;勇于探索,敢于创新;学会汲取别人的经验,少走弯路;要善于利用工具和资源。

(7)项目规则:每次只有一人进行探雷,只能走相邻的格子,不能隔格跨越,如果没有触雷,指导教师就说"OK",探雷者可以继续前进,如果指导教师说"对不起",请按原路返回,返回后站在队尾,下一个人继续探路。100分为满分,每重复触雷1次扣1分,没按原路返回扣1分。指导教师有雷区图,表明雷的分布,两个大的空白格区是安全区(不要告诉参与者,但只有通过其中一个安全区才能最终走出雷阵)。

(8)注意事项:提醒参与者听清要求,要记住触雷情况及行走路线,注意听从教师指令。

(9)项目控制:活动开始后,教师应始终保持沉默;队员之间可以进行争论;队员试图放弃时,教师应反复询问。

(10)引导讨论:采用了哪些方法帮助完成任务(利用树叶、石块等做标记,分人记忆等)?最终参与者走投无路尝试踏入空白区时,意味着打破了思维定势,是成功的突破。

第十六章　定向越野

本章介绍定向越野的基本内涵和发展历程。概述定向越野的分类,按运动形式的不同可分为徒步定向、山地车定向、轮椅定向、滑雪定向四种。阐述定向越野的基本技术:平路跑、草地跑、上坡跑、下坡跑、下跳跑、林中跑、跨越跑、悬空跑等。

一、定向越野概述

定向越野(Orienteering)是一种参加者借助地形图和指北针(指南针),按规定的顺序独立地完成寻找若干个标绘在地图上的地面检查点或转折点,并以最短的时间通过全程的运动。

定向越野又称为"定向运动""定向跑""野外定向""识图越野"等,能够在强健体魄的同时,有效地培养人们独立思考、独立分析、独立解决困难的能力,切实地铸就人们在体力和智力受到双重压力的环境中作出迅速反应、果断决定的能力和一定的野外生存能力,是一项融趣味性、知识性、竞争性和健身性于一体的新潮别致的智慧型军事体育运动。

定向越野通常在森林、郊外和城市公园里进行,也可在面积较大的学校校园里进行。不同的野外区域,适合于不同的野外定向活动群体。

定向越野比赛中,每一条标准的定向路线都包括起点(用三角表示)、终点(用双圆圈表示)和一系列点标(用单圆圈表示)。这些点标在地图上用阿拉伯数字标明。两点之间的路线没有限制,通常会有两个以上的选择。这种路线选择能力以及借助于地图和指北针在森林和公园辨明方向并以最快速度按顺序到达目的地的能力便是定向运动的精髓所在。

在实际地形中,一个红色和白色相间的点标旗标志着运动员应该找到的点的位置。夜间定向检查点应有光源或具备反光体。运动员必须在到达的每一个点标处使用打卡器打卡。电子打卡系统不仅能证实是否按顺序正确到访,还能记录到访时间。

二、定向越野的发展

"定向"这两个字在1886年瑞典的军营中作为军事训练术语首次使用,意指在地图和指北针的帮助下,穿越陌生地带。真正的定向比赛于1895年在瑞典斯德哥尔摩和挪威奥斯陆的军营区举行,这标志着定向运动作为一种体育比赛项目正式诞生。1918年,瑞典一位名叫吉兰特的童子军领袖组织了一次"寻宝游戏"的活动,引起参加者的极大兴趣,这便是定向运动的雏形。开展定向运动并不需要像其他体育项目那样在场地与器材上支付大量经费,且娱乐性与实用性兼备,因此日益受到军队的重视,并且很快地在民间流传开来。1932年,第一次世界定向运动比赛举行。1946年,瑞典、芬兰、挪威和丹麦成立了世界上第一个定向运动合作组织——北欧定向理事会。1961年,国际定向联合会(IOF,简称"国际定联")在丹麦的哥本哈根成立。1978年,国际定联得到国际奥委会承认,定向运动被接纳为奥林匹克体育运动项目。1998年,在日本举行的冬季奥林匹克运动会上,定向运动成为比赛项目。

20世纪70年代末期,我国当时的体育报刊上陆续刊登了一些介绍国外定向运动的文章。国际定向运动特有的锻炼价值和实用性,逐渐引起了国内体育和军事部门的注意。1983年3月10日,中国人民解放军体育学院首次在广州白云山组织了"定向越野试验比赛"。其后,郑州的测绘学院还举办了难度较大的夜间定向比赛,并将其列为该院每年举办的运动会项目。1985年9月29日,深圳市体委与香港野外定向会共同举办了首届"深港杯野外定向85"比赛。1986年1月,亚洲及太平洋地区定向越野锦标赛在香港举行。1986年4月30日,中国人民解放军体育学院举行了"广州首届白云杯定向越野比赛",在我国首次实现了完全依靠自己的技术力量,组织面向社会的定向越野"公开赛"。1991年12月,原国家体委批准中国无线电运动协会下设"中国定向运动委员会",使定向运动作为一种体育项目开始在国内有组织地推广。1992年7月,中国成为国际定联成员国。1994年,在北京举行了第一届全国定向锦标赛。1995年,"中国定向运动委员会"更名为"中国定向运动协会(Orienteering Association of China,OAC)"。2003年,定向运动被确定为2004年新学期开始实施的《全国普通高等学校体育教学本科专业课程方案》中主干课程的教学内容。同年,隶属于教育部学生体育协会的"中国学生定向协会(Student Orienteering Association of China,SOCN)"在浙江成立。

三、定向越野的分类

定向运动按运动形式的不同可分为徒步定向、山地车定向、轮椅定向、滑雪定向四种。

1. 徒步定向

徒步定向运动按场地的不同,可以分为野外定向、公园定向、校园定向、大院(机关)定向、军营定向等。按活动时间的不同,可以分为白天定向、夜间定向、多日定向等。

2. 山地车定向

定向越野中,高超的山地车技巧是应付陡坡的必备条件。出于环保考虑,运动员不能离开规定的线路。山地车定向从2002年起每隔两年举行一次世界锦标赛。

3. 轮椅定向

轮椅定向是专为伤残人士特别设计的定向运动形式。它既可以让乘坐轮椅的人们加入定向运动的行列中,又可以供新手进行定向运动基本技术的训练。首届轮椅定向世界杯赛于1999年举行。

4. 滑雪定向

滑雪定向在东欧国家十分流行,其选手需要使用滑雪装备(非机动的)。供比赛用的滑道则使用摩托雪橇开辟。许多世界高山运动员、越野运动员和速度滑雪选手同时又是滑雪定向的高手。

四、定向越野的基本技术

通常情况下,定向越野比赛区域内可能存在道路、草地、上坡、下坡、高低不平地、树林以及不同的障碍等各种通道和地形地貌,要在不同的条件下,提高奔跑的效率,就应该采用与之相适应的奔跑技术。

1. 平路跑

运动员在定向越野跑中,若行进路线中有较平坦的道路,应采取与马拉松式或中、长距离跑基本相同的技术。

2. 草地跑

运动员在定向越野跑中,若行进路线上有草地小路,应尽量用全脚掌着地,并随时注意观察面前的路面,避免陷进坑洼或被草丛中的石块、枯枝碰伤腿脚。

3. 上坡跑

运动员在定向越野跑中,若行进路线遇到上坡道路,应上体前倾,抬高大腿,减小步幅,用前脚掌抓地。若斜坡较陡时,应采用之字形小跑或走的方式前进。当斜坡过陡时,应采用以单手或双手辅助攀登的越野方式。

4. 下坡跑

运动员在定向越野跑中,若行进路线上遇到下坡道路,应采用上体稍后倾的姿势,以全脚掌或脚跟着地的方式奔跑。若所遇下坡较陡或坡面较滑,可以采用侧身侧脚掌着地的方式下坡。当坡面过陡过滑时,应采用蹲撑状或蹲坐状的姿势,以手撑地或牵拉住篙草、树枝等方式下跳。

5. 下跳跑

运动员在定向越野跑中,若遇到坡地需要下跳时,应尽量降低高度,并屈膝深蹲缓冲落地速度,以保护肢体安全。也可通过扶地团身滚动来减缓冲击力,并顺借滚动之势起身继续前跑。

6. 林中跑

运动员在定向越野跑中,若行进路线上遇到树林,应尽量选择林木稀疏之径,并且用手护住脸面,防止被枝叶剐伤眼睛及脸部,同时还要注意地面上的小树丛、杂草及藤蔓等植被,不要被其剐住或绊倒。对于通视度较差的树林,不能贸然进入,否则容易迷失方向。

7. 跨越跑

运动员在定向越野跑中,若行进路线上遇到小壕坑、沟渠、矮灌木丛及倒伏的树林时,可以用大步跨跳或跳远的技术越过障碍物。若遇到较宽的沟渠时,则需要采用15~25m的加速跑来提高助跑初速度,以保证能够完全跳过,落地时要保持前倾趋势,防止后仰倒地。若遇到2m以内的围栏或土堰等障碍物时,可以采用正面助跑蹲跳或以单、双手支撑翻越的方法通过。

8. 悬空跑

运动员在定向越野跑中,若遇到独木桥等狭窄悬空障碍物时,可以采用脚尖外展的外八字脚形跑过,以增加身势的稳定性。当这类障碍物较长时,则应平稳地走过,以避免因跑动失衡而跌落其下。

五、定向运动竞赛规则

1. 竞赛种类

(1)日间定向竞赛:首批运动员应在日出后 1h 出发;最后一批运动员最迟应在日落前预计完成全赛程时间的 1.5 倍时间出发。

(2)夜间定向竞赛:首批运动员应在日落后 1h 出发;最后一批运动员最迟应在日出前预计完成全赛程时间的 2 倍时间出发。

(3)日夜交替定向竞赛:①竞赛设两条路线,一条在白天进行竞赛,一条在夜间进行竞赛;②竞赛在夜间出发,完成竞赛时已是白天;竞赛在白天出发,完成竞赛时已是夜间。

2. 竞赛形式

(1)个人赛:运动员独立完成竞赛,包括速度赛、短距离赛、准距离赛、积分赛等。

(2)接力赛:接力队须有 2 名或 2 名以上运动员,每名运动员像个人赛一样独立完成一个赛程,成绩取决于每一运动员正确完成单个赛程的时间的总和。

(3)多日赛:在多日竞赛中,运动员的个人成绩是每日竞赛成绩(时间、名次或得分)的总和。

(4)小组赛:每组有 2 名或 2 名以上运动员,同组运动员须同时出发完成竞赛。

3. 竞赛分组

(1)按性别分组:男子组(代号为 M);女子组(代号为 W)。

(2)按年龄段分组:儿童组(8~11 岁)、少年组(12~15 岁)、青年组(16~18 岁)、大学组(17~26 岁)、成年组(男:19~40 岁,女:19~35 岁)、中年组(男:41~55 岁,女:36~50 岁)、老年组(男≥56 岁,女≥51 岁)。

(3)运动员在同一场竞赛中,只能参加一个组别的竞赛。

(4)按其他原则分组:①按路线的难易程度和运动员的技能,可将同一组别再细分。代号为 A(最难)、B(较难)、C(容易)和 D(最易)。②同一年龄组别和级别,因参加人员过多可划分为相同标准的几个小组,进行竞赛。例如 M 成—A1,M 成—A2,M 成—A3,代号为 1、2、3。

(5)青年组、中年组的运动员可以选择到成年组参加竞赛,儿童组和老年组只能在本组进行竞赛。

(6)精英组其竞赛代号为 E,不受年龄限制,但参赛的资格必须经过中国定向协会确认。

4. 出发

出发地点的选择,应使运动员在出发前看不到前一名运动员所选择的行进路线,也应使已到达终点的运动员无法与待出发运动员取得联系,起点处应有明显的起点标志牌或横幅。

5. 终点计时

(1)通向终点的跑道,可用两条带彩旗的绳子引导,并向终点线逐渐收拢,绳长 50~100m,终点线宽 3m,并应与终点方向垂直。

(2)终点处应有比较有明显标牌或横幅显示,使运动员在远处就能看见终点的位置。

(3)运动员通过终点后即竞赛结束,不得以任何理由再次进入竞赛区域。

(4)运动员到终点时应立即将指卡插入终止器中,表示计时结束,然后打印成绩。

6. 名次排列

依据运动员完成全赛程的时间先后排列名次。如有两名以上的运动员取得相同的成绩,则他们的名次并列,空出下一名次。

7. 犯规与处罚

(1)下列情况者给予警告处罚:①代表队成员擅自出入预备区,但未造成后果;②在出发区提前取图和抢先出发者;③在比赛区域内蓄意帮助或获取他人帮助,但未造成后果;④在赛中妨碍裁判员正常工作;⑤完成赛事者以任何形式向其他运动员传递赛场信息;⑥出发后未到终点报道者;⑦一次检录不到者;⑧未按大会要求佩戴比赛标志者。

(2)下列情况判运动员成绩无效:①受到两次警告者;②在比赛中丢失检查卡、地图、号码布;③因各种原因退出比赛者;④竞赛中超过组委会规定的终点关闭时间;⑤未按规定读取成绩者;⑥未通过全部检查点,即检查卡片上打印器图案不全者;⑦检查卡打印器图案模糊不清,无法辨认者。

(3)下列情况取消竞赛资格:①冒名顶替参加竞赛者;②在越野竞赛中使用交通工具者;③不符合分组年龄标准或谎报年龄、弄虚作假者;④蓄意破坏点标、打卡器或其他竞赛设备者;⑤有意妨碍他人竞赛者。

(4)下列情况,视为作弊,取消比赛成绩:①有证据表明在竞赛前勘查过竞赛场地者;②接受别人帮助,如指路、寻找检查点等;③为别人提供帮助,如指路、寻找检查点等;④故意在竞赛中与对手同跑或跟进者;⑤竞赛未结束,运动员到达终点后,再进入赛区;⑥一个代表队中两人次有作弊行为,取消该队全队成绩,并上报中国定向协会。

参考文献

杨远波,范佳音.普通高校体育选项课教程[M].成都:西南财经大学出版社,2013
倪东业,张有平.民族高校体育与健康(第二版)[M].北京:科学出版社,2014
孔军,侯宪斌.高校体育与健康(第二版)[M].武汉:武汉大学出版社,2016
李兴林,于善安,刘国荣.新编高校体育与健康教程[M].镇江:江苏大学出版社,2016
高宝华,霍焰,高谊.普通高校体育与健康实践教程[M].天津:南开大学出版社,2013